Werner Kästle

36 Wandervorschläge für das Gebiet
Nördliches Markgräflerland – Sulzburg
Weilertal-Sirnitz – Bürgeln – Blauen – Kandern

25 Jahre, nachdem der erste Wanderführer
in dieser Reihe im Verlag Schillinger erschienen ist,
möchte ich dieses Büchle
meiner lieben Gattin und Weggefährtin „Asta" widmen.
Sie ist mit mir gemeinsam jeden beschriebenen Weg
viele Male gewandert. Immer wieder fanden wir
etwas Schönes, immer wieder verliebten wir uns neu
in unsere wunderbare Heimat

Werner Kästle

Wandern · Schauen · Erleben

36 Wandervorschläge

Nördliches Markgräflerland – Sulzburg
Weilertal-Sirnitz – Bürgeln – Blauen – Kandern

auf bezeichneten Wegen mit vielen Hinweisen
auf geschichtliche, geologische,
faunistische und botanische Besonderheiten

Schillinger Verlag · Freiburg im Breisgau

Weitere Wanderführer in dieser Reihe sind in Vorbereitung

Bisher sind erschienen:

Band 1: Kaiserstuhl, Tuniberg, Nimberg, Rheinwälder –
        Neuauflage 2001
Band 2: Staufen, Münstertal, Wiedener Eck, Gießhübel –
        Neuauflage 2000
Band 3: Freiburger Bucht, Schönberg-Hexental, Schauinsland –
        Neuauflage 2000
Band 4: Nördliches Markgräflerland, Sulzburg, Bürgeln, Blauen,
        Kandern – Neuauflage 2001
Band 5: Elztal, Kandel, Glottertal – Neuauflage 1998
Band 6: St.Peter, St.Märgen, Breitnau

Alle Rechte bei Schillinger Verlag, Freiburg
Neuauflage 2001, ISBN 3-89155-215-7
Zeichnungen und Titelbild vom Autor
Gesamtherstellung: Schillinger Verlag, Freiburg

Im Frühjahr 1980 erschien in Erstauflage der Wanderführer für das „Nördliche Markgräflerland" unter dem Titel „Rundwanderungen für Autofahrer". Sofort fand dieses kleine und handliche Büchle guten Anklang und musste bald nachgedruckt werden. Doch plötzlich tat sich etwas, mit dem man vor über zwanzig Jahren noch nicht gerechnet hatte. Das so geliebte Auto blieb am Wochenende in der Garage stehen. Man zog es vor mit dem Zug, dem Linienbus oder gar mit dem Fahrrad die weiter entfernten Wanderziele anzufahren. Der Mensch wurde in großem Maße umweltbewusster. Dazu trug natürlich auch die Einführung der „REGIO-Karte" bei, die es am Sonntag sogar der ganzen Familie möglich macht mit einem Fahrschein weite Teile unserer engeren Heimat zu erreichen. Bis auf ganz wenige Ausnahmen sind alle in diesem Wanderführer angebotenen Ausgangspunkte mit dieser günstigen Karte erreichbar.

Die völlige Neubearbeitung dieses Wanderführers war auch deshalb erforderlich geworden, weil alte Forstwege aufgegeben, dafür neue Routen mit geänderter Linienführung erschlossen wurden. Als an Weihnachten 1999 der mächtige Sturm „Lothar" unser Land heimsuchte, da herrschte in den Wäldern ein Chaos. Doch überraschend schnell konnten die Schäden beseitigt werden. Heute sind die Wege – mit zum Teil neuer Beschilderung – wieder gut zugänglich.

Die Erschließung neuer Wandergebiete mit gut ausgebauten Wegen wird nie ein Ende finden. Ein Grund dafür ist schon darin zu sehen, dass das Rad- und Fußwandern wieder in Mode gekommen ist. Die Menschen in den schnell wachsenden Ballungsgebieten, zu denen auch die Großstadt Freiburg gehört, haben immer mehr das Bedürfnis die Schönheiten unserer Heimat zu erforschen und kennen zu lernen. Aber auch der Mensch auf dem Lande will seinen Horizont erweitern und sucht interessant beschriebene Ziele auf. Weil die Zukunft immer wieder Neuerungen bringen wird, sind wir uns bewusst, dass auch dieser Wanderführer, der den Titel „Wandern – Schauen – Erleben" trägt, bald wieder Lücken aufweisen wird. Wir sind darauf bedacht alle Veränderungen zu verfolgen und uns darauf einzustellen. Sollte Ihnen als Wanderer etwas auffallen, dann sind wir für einen Hinweis jederzeit dankbar.

Autor und Verlag wünschen Ihnen erholsame und erlebnisreiche Wanderungen im wunderschönen Markgräflerland. Dabei sollen Ihnen die in diesem Büchle beschriebenen 36 Angebote behilflich sein. „Christian Morgenstern" sagte bedeutungsvoll: „Wer den Weg nicht kennt, kann das Ziel nicht finden".

Im Sommer 2001

Eine von der Sonne verwöhnte Landschaft, seit jeher fleißige Menschen, ein einzigartiges kulturelles Museum, Lagerstätte vieler Mineralien, ein großer botanischer Garten und ein Paradebeispiel für gutes Essen und Trinken, das ist das „Markgräflerland". Topografisch betrachtet erstreckt es sich von der Staufener Bucht bis ans Rheinknie nach Basel, und von der Ebene des Oberrheins bis über die Ausläufer des südlichen Schwarzwaldes hinweg. Ein Wanderer, den ich auf dem Weg zur Burgruine Neuenfels traf, sagte zu mir: „Sehen Sie, das da unten ist ein einziger Garten, und obwohl ich 60 Jahre meines Lebens im Norden gewohnt habe, will ich meinen Lebensabend in diesem gesegneten Markgräflerland verbringen". Der große Europäer „René Schickele", dessen eigentliche Heimat „Obernai" (Oberehnheim) im Elsaß war, lebte und arbeitete viele Jahre seines Lebens in Badenweiler. Er nannte das Markgräflerland eine himmlische Landschaft. Sein Grab ist auf dem kleinen Bergfriedhof von Lipburg. Ja, und wer verbindet nicht mit dem Markgräflerland automatisch den Namen des Pfarrers und Schriftstellers „Johann Peter Hebel", der am 10 Mai 1760 in der unmittelbaren Nachbarschaft, in Basel, geboren wurde. Bevor man ihn nach Karlsruhe berief, verbrachte er entscheidende Jahre im Markgräflerland. Sie waren richtungsweisend für seine alemannischen Gedichte, in denen er sich mit der Landschaft und den von ihr geprägten Menschen identifizierte.

Die Möglichkeiten der Naherholung und des damit eng in Beziehung stehenden Wanderns sind im Markgräflerland derart vielfältig, dass sich das vorliegende Büchlein zunächst auf den nördlichen Teil beschränken muss. Von allen angebotenen Wanderparkplätzen gehen gut markierte Rundwege aus. Dabei soll dem Wanderer nicht nur der Weg erklärt werden, sondern er soll als interessante Zugabe noch einen Einblick in die kulturellen, geologischen, botanischen, und faunistischen Besonderheiten unserer Heimat bekommen. So vermittelt zum Beispiel die Wanderung Nummer 5, die rund um den Kastelberg bei Ballrechten führt, einen Einblick in die römische Besiedelungsgeschichte in unserem Land, sie zeigt uns die älteste heute noch sichtbare Grenzlinie des

Markgräflerlandes, und sie gibt uns einen botanischen Überblick vom dortigen Naturschutzgebiet.

Sind wir vom Wandern müde, dann wird uns bestimmt ein gutes Vesper und ein Viertele Markgräfler, wobei in der Regel der Gutedel gemeint ist, wieder auf die Beine helfen. Einkehrmöglichkeiten gibt es genügend, in den gemütlichen Gasthäusern der vielen schmucken Ortschaften rund um die Vorbergzone des Schwarzwaldes.

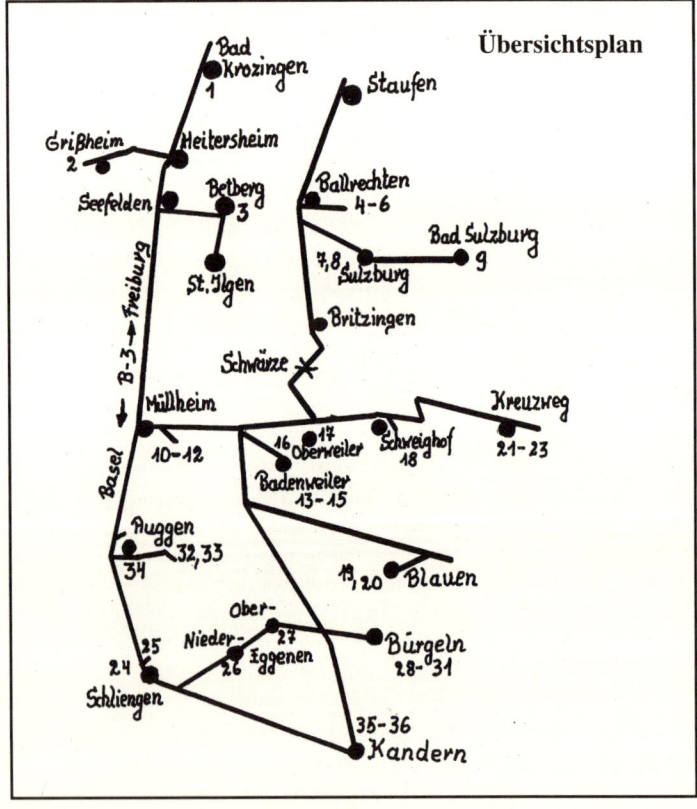

Übersichtsplan

Dem Schwarzwald entgegen

Bahnhof Bad Krozingen – Bahnhofstraße – Badweg – Neumagen – Glöcklehofkapelle – Staufen – evtl. Stadtrundgang – zurück nach Bad Krozingen

Markierung: Weiße Tafel mit grünem Pfeil und F3
Länge: Hin und zurück 11 Kilometer; sehr bequem
Hinfahrt: Mit Zug oder Pkw bis Bad Krozingen Bahnhof

Es sind drei Schwerpunkte, die uns veranlassen sollten, das so malerisch schön in der „Oberrheinischen Ebene" gelegene Bad Krozingen zu besuchen. Einmal sind es die historischen Sehenswürdigkeiten im Ortskern und drumrum, zum anderen die vielen Kur- und Erholungsstätten, die ihren weltweiten Ruhm den 1911 entdeckten kohlensäure- und mineralhaltigen Quellen verdanken. Doch heute wollen wir den Kurort noch von einer dritten Seite kennen lernen. Bad Krozingen ist auch Ausgangspunkt für sehr schöne und äußerst bequeme Wanderungen. Eine davon wird uns entlang am Flüsschen „Neumagen" – immer den Schwarzwald vor uns im Blickpunkt – bis zum Fauststädtchen Staufen führen. Diese Wanderung ist das ganze Jahr über möglich, wobei besonders hervorzuheben wäre, dass jede Jahreszeit die Landschaft in einem ganz eigenen Licht erscheinen lässt. Start ist am Bahnhof in Bad Krozingen. Wer mit dem Auto anreist, der findet auf der Westseite der Bahnlinie, also drüben am Rande des Kurgebietes, immer einen Parkplatz. Der ausgesuchte Wanderweg wird durch eine auffällige weiße Tafel markiert, auf der sich ein grüner Pfeil, zwei Wanderer und der Hinweis **F 3** befindet.

Vom Bahnhof Bad Krozingen folgen wir für etwa 200 Meter der Bahnhofstraße in Richtung Innenstadt. Gleich sind wir am Flüsschen Neumagen, dem wir auf dem Uferweg aufwärts bis zur Nepomukbrücke treu bleiben. An dieser Stelle befand sich schon zur Zeit der römischen Besiedelung (ca. 50 bis 260 nach Christus) ein fester Übergang. Teile der heutigen Brücke stammen noch von 1754, doch am Ende des Zweiten Weltkriegs – im Jahre 1945 – wurde sie gesprengt. Zum Glück blieben die beiden großartigen Barockstatuen des Bildhauers Johann Baptist Sellinger (1714 bis 1779) erhalten. Sie stellen den Brückenheiligen Nepomuk und die Maria Immaculata dar. Nepomuk, 1340 in Pomuk in Böhmen geboren, war ab 1370 Kleriker und Notar in der erzbischöflichen Gerichtskanzlei in Prag. Auf Befehl von König Wenzel wurde er im Jahre 1393 von einer Brücke in die Moldau gestoßen, weil er sich geweigert hatte das Beichtgeheimnis zu brechen. Nach der Brückenunterführung steigen wir nach rechts ein paar Stufen hoch. In großem Bogen bringt uns die Schwarzwaldstraße zum Rathaus und zur katholischen St. Alban Kirche. Im Rathaus bekommen wir von den freundlichen Bediensteten einen kostenlosen Ortsplan, der uns heute noch sicher dienlich sein wird. Gleich nach der Kirche, hinter dem Baum der

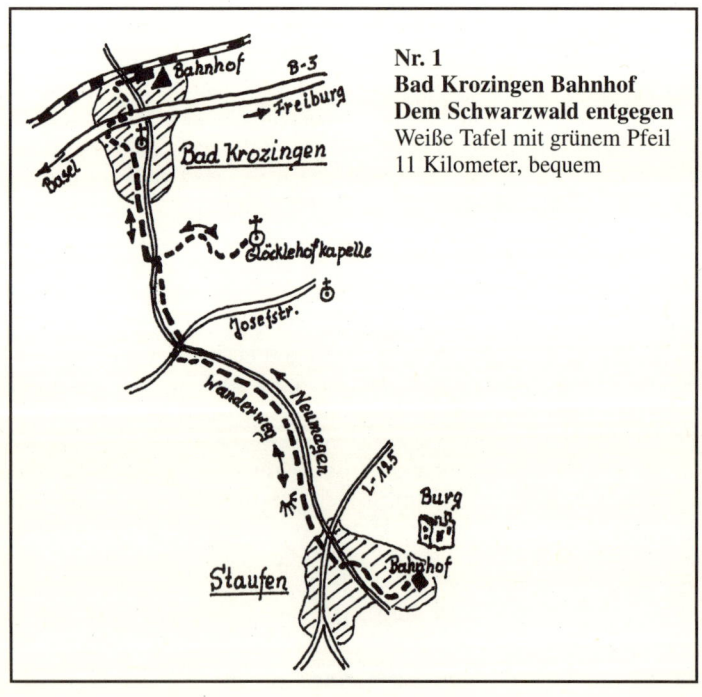

Nr. 1
Bad Krozingen Bahnhof
Dem Schwarzwald entgegen
Weiße Tafel mit grünem Pfeil
11 Kilometer, bequem

Freundschaft, biegen wir links in die Grabenstraße ein. Dieser Baum
wurde 1986 gepflanzt, und er symbolisiert die Partnerschaft von
Bad Krozingen mit den beiden Gemeinden „Gréoux-les-Bains" und
„Esparron de Verdon" in der Provence in Frankreich. Nach knapp
hundert Metern sind wir wieder am Neumagen. Jetzt wird es ruhig
um uns herum. Entlang des silbrig glänzenden Wasserlaufes wandern wir auf dem Uferweg flussaufwärts. Vorbei am Steg beim
Akazienweg kommen wir zur Brücke „In den Mühlematten". Hier
müssen wir die Uferseite wechseln. Linkerhand das große Gebäude
ist das Hotel Bären. An dieser Stelle sollten wir unbedingt einen
Abstecher einplanen, denn in nur 300 Meter Entfernung befindet
sich eines der kostbarsten Kulturgüter unserer Heimat. Gemeint ist
die über 1 000 Jahre alte *Glöcklehofkapelle*. Um zu ihr zu kommen
folgen wir nach links der Straße „In den Mühlematten". Schon in
der nächsten Kurve weist uns eine Tafel zum Glöcklehofweg und
von da aus sicher zum Ziel. Eingebettet in eine wunderschöne Hof-
anlage, umrahmt vom Baumgarten des Cafè „Z", liegt dieses historische Kleinod.

Die Glöcklehofkapelle in Bad Krozingen

Seit über 1 000 Jahren steht an der Verbindungsstraße von Bad
Krozingen nach Staufen die Glöcklehofkapelle. Niemand weiß
wer sie gebaut hat. Waren es die Mönche von Sankt Trudpert
oder von Sankt Gallen, oder war es in grauer Vorzeit ein
breisgauischer Graf, der sich zu seinem Hofgut eine Eigenkir-
che errichtete? Diese Kapelle ist dem Heiligen Ulrich geweiht.
Sie wurde schon vor dem Jahre 1 000 gebaut. Der für die damalige Zeit große Steinbau wurde mit Grauwacken aus der nahen
Rheinebene errichtet. Er weist die charakteristischen Merkmale
karolingischer und ottonischer Baukunst auf. Damit stehen wir
vor einem der kostbarsten Kulturgüter unserer Heimat. Gleichzeitig werden wir auf die Frühzeit der Christianisierung im alemannischen Raum aufmerksam gemacht. Obwohl im 18. Jahrhundert die originalen Fenster durch größere Lichtöffnungen
ersetzt wurden, blieb der altertümliche Zustand weitgehend er-

halten. Im Jahre 1936 stieß ein kunstsachverständiger Kurgast bei seinem Spaziergang auf dieses Bauwerk. Ihn faszinierten zunächst die buckligen und schiefen Wände und die tief liegenden Fenster. Als man dann auf seinen Rat hin an der Altarwand ganz vorsichtig die dicke Tünchschicht abschabte, kamen uralte Malereien zum Vorschein. Jetzt war eine kunsthistorische Sensation perfekt. Schnell fanden sich Kenner ein. Sie verwiesen die Malereien in die Mitte des 9. Jahrhunderts. Auf jeden Fall sind sie mit Sicherheit noch vor dem Jahr 1 000 entstanden. Dargestellt wird die von einer Mandorla gerahmte Halbfigur des segnenden Christus. Er ist viel größer als die übrigen Figuren des Frieses, und der Kreuznimbus kennzeichnet ihn als „Gottmenschen". Drei überlange Finger seiner rechten Hand segnen die Menschheit, mit der linken Hand stützt er ein Buch auf sein Knie. Dieses Christusgemälde ist der kostbarste Besitz von Bad Krozingen. Kein anderer Ort nördlich der Alpen kann sich mit so einem monumentalen und an Jahren alten Bild schmücken. Daneben sehen wir die Enthauptung Johannes des Täufers und das Gastmahl des Herodes. In der Leibung des Fensters über dem Altar erkennt man die opfernden Söhne des ersten Elternpaares Kain und Abel. Sie heben mit verhüllten Händen Ähren und ein Böckchen zur Hand Gottes empor, die oben im Kreuznimbus erscheint. Dabei soll symbolisch auf das Messopfer hingewiesen werden.

Tief beeindruckt von dem was wir in der altehrwürdigen Kapelle gesehen haben, wandern wir zurück zum Neumagen, den wir beim schon erwähnten Hotel Bären wieder erreichen. Dort geht es ca. 300 Meter auf dem Uferweg flussaufwärts bis zur Josefsbrücke. Dann wechseln wir hinüber auf die andere Seite des Neumagen. Schön ist dieser Weg. Mächtige Pappeln säumen den Uferrand. An einigen Stellen klaffen Lücken in der Allee. Die hat der Orkan „Lothar" am zweiten Weihnachtsfeiertag 1999 gerissen. Obwohl das Gelände ganz eben zu sein scheint, gewinnen wir doch zusehends an Höhe. Das merken wir daran, dass das Wasser unten im Bachbett in kurzen

Abständen über viele Schwellen hüpft. Am Neumagen fühlt sich
besonders die Wasseramsel wohl. Dieser dunkle drosselgroße Vogel
sitzt zwischen den Wellen auf einem Stein und knickst unruhig mit
dem hochgestellten Schwanz. Dem Beobachter zeigt er seinen leuchtend weißen Halslatz. Die Nahrung besteht aus Insektenlarven und
Krebstierchen, die in großer Anzahl unter dem schnell fließenden
Wasser leben. Meistens baut die Wasseramsel ihr überdachtes
Backofennest in einer Halbhöhle am Ufer, oft auch unter einem kleinen Wasserfall, sodass es selbst trocken steht, ein Feind jedoch keinen Zutritt zu ihm hat.

Nicht immer ist der Neumagen ein friedlicher Bach. Wenn im
Schwarzwald im Frühjahr die Schneeschmelze beginnt, oder wenn
ein mächtiges Sommergewitter den Himmel verdunkelt, dann kann
aus dem beschaulichen Bach ein reißender Strom werden. Das ist
auch klar, denn der Neumagen hat hier zwischen Staufen und Bad
Krozingen schon einen weiten Weg hinter sich. Er entspringt hoch
droben auf dem Schwarzwaldkamm am Trubelsmattkopf in 1281
Meter Höhe. Unterwegs nimmt er die zahlreichen Bäche aus den
steilen Halden des Münstertales auf. Sein Name geht aller Voraussicht nach auf den keltischen Namen „*Nova maga*" zurück. Er ist
übrigens einer der ganz wenigen Schwarzwaldbäche, die einen männlichen Artikel tragen. **Der** Neumagen! Je weiter wir flussaufwärts
wandern, desto näher kommen wir an den Rand des Schwarzwaldes. Direkt vor uns schiebt sich der Kegelberg mit der Burgruine
Staufen aus dem Gebirge hervor. Kurz vor dem Städtchen Staufen
überqueren wir die vielbefahrene Landstraße, finden aber auf der
gegenüberliegenden Seite gleich wieder unseren ruhigen Wanderweg. Nur 200 Meter weiter wechseln wir über einen Steg nach links.
Jetzt sind es *Robinien* (falsche Akazien), die den Uferweg säumen.
Zwischen den Zweigen der Büsche und Bäume zur Linken eröffnen
sich phantastisch schöne Blicke auf den Burgberg. Vor dem Stadt-
weiher biegen wir nach links ab, und schon sind wir am Bahnhof in
Staufen. Dort können wir unter dem dichten Laubdach mächtiger
Kastanien auf romantischen Sitzplätzen unseren Durst stillen.

In Staufen müssen wir überlegen wie es weiter gehen soll. Mein
Vorschlag geht dahin, sich das wunderschöne Städtchen anzuschau-

en. Geben die Beine anschließend zu erkennen, dass es für heute genug ist, besteht die Möglichkeit mit dem Zug nach Bad Krozingen zurück zu fahren. Noch schöner ist es allerdings den Weg zurück zu wandern, auf dem wir vorhin gekommen sind. Jetzt entfernen wir uns vom Schwarzwald, aber vor uns öffnet sich die strahlend helle „Oberrheinische Ebene", die weit draußen von der im Dunst schimmernden Wand der Vogesen begrenzt wird. Völlig neue Eindrücke machen diesen Rückweg zu einem kurzweiligen Erlebnis. Haben wir dann wieder den Kurort Bad Krozingen erreicht, dann sollten wir uns da auch noch umschauen. Passt uns das heute nicht mehr ins Konzept, dann können wir das ja auf einen anderen Tag verschieben. Auf jeden Fall ist Bad Krozingen selbst einen Rundgang wert. Dabei kann uns der im Rathaus überreichte Plan gute Hilfe geben. Für den Hin- und Rückweg dieser Wanderung benötigten wir ohne Rast knapp drei Stunden. Kalkulieren wir noch eine Stunde für den Stadtrundgang in Staufen ein, dann liegt eine ausgefüllte Halbtageswanderung hinter uns. Sie gehört mit zu den schönsten Routen, die uns die Ebene hin zum Schwarzwald bieten kann.

Bad Krozingen entdecken

Die Namen zahlreicher Gemeinden in der „Oberrheinischen Ebene" enden mit der Nachsilbe „*ingen*", so auch „*Krozingen*". Das deutet auf die nach dem 5. Jahrhundert entstandenen alemannischen Sippensiedlungen hin. Voraussichtlich stand ein Siedler mit dem Namen „*Crozzo*" Pate für den heutigen Ortsnamen Krozingen, das urkundlich zum ersten Male im Jahre 807 „*Scrozzinga*" genannt wird. Heute sprechen wir respektvoll von Bad Krozingen. Der Titel „Bad" wurde dem Ort 1933 verliehen. Vorausgegangen waren bergmännische Bohrungen nach Erdöl im Jahre 1911. Statt auf Öl stieß man in 424 Meter Tiefe auf eine heiße Thermalquelle. Schon ein Jahr später konnte man in einem Holzzuber die ersten Bäder genießen. Heute ist Bad Krozingen weltbekannt und gehört in Südbaden zum „Drei -Bäder-Kreis". Die beiden anderen Bäder sind Bad Bellingen und Badenweiler, wobei letzteres das älteste ist. Historisch

Wanderungen in der näheren Umgebung von Freiburg

beschreibt Werner Kästle in seiner kurzweiligen Art im Wanderführer »Freiburger Bucht – Schönberg – Hexental – Schauinsland«.

32 Wandervorschläge mit zahlreichen Hinweisen

Im Buchhandel aus dem Schillinger Verlag

sehenswert in Bad Krozingen ist das nahe dem Stadtkern gelegene Schloss mit der Schlosskapelle. Im Jahre 1579 erbaute sich der Probst von St. Blasien da einen Amtssitz, um seine zahlreichen Liegenschaften im Markgräflerland und im Breisgau besser verwalten zu können. Dem Zug der Zeit gehorchend, ließ man die Gebäude 1749 durch Johann Caspar Bagnato (Stuckkünstler) und Johann Michael Feuchtmayer im barocken Stil umbauen. Heute ist das Schloss im Privatbesitz, und als besondere Attraktion bietet man Schlosskonzerte auf alten Tasteninstrumenten an. Einen Besuch wert ist die Schlosskapelle, deren Innenraum ganz im Stil des Rokoko erhalten ist. Den Schlüssel zur Pforte bekommen wir im Schloss, wo jeden Donnerstag um 16 Uhr eine kostenlose Führung angeboten wird.

An der verkehrsreichen Basler Straße, die den Ortskern von Bad Krozingen in zwei Teile spaltet, finden wir unter den Hausnummern 10 bis 12 das noble Hotel „Litschgi". Bereits vor, aber vor allem nach dem „Dreißigjährigen Krieg" (1618 – 1648), wanderten aus der übervölkerten Alpenregion in Savoyen zahlreiche Menschen in den Breisgau. Sie ließen sich überwiegend in Staufen, Freiburg und Bad Krozingen nieder. Noch heute erinnern gängige Familiennamen an jene Einwanderer, so die savoyardischen Namen Hugard, Sautier, Rosset, Martin, Montfort und Litschgi. Letztere werden seit 1658 in Krozingen nachgewiesen. Sie waren Einwanderer aus „Gressonay" in Savoyen. Ihrer Geschäftstüchtigkeit wegen nannte man sie „die Fugger des Breisgaus". Landschaftlich wunderschön, und ein ganz eigener Besuch wert, ist der Kurpark mit dem zentral gelegenen Kurhaus. Auf einer Fläche von rund 50 Hektar spaziert man auf gepflegten Wegen durch englische Rasenflächen, die von schönen Bäumen umrahmt sind. Kinder finden Spielmöglichkeiten und ein kleines Tiergehege. Noch viel mehr bietet Bad Krozingen, und hat man sich endlich satt gesehen, dann sollte eine Tasse Kaffee oder ein Viertele „Markgräfler Gutedel" in einem der adretten Lokale den beschaulichen Rundgang krönen.

Wandern im Naturschutzgebiet

Rathaus Grissheim – Zollstraße – Sportplatz – Rheinfurt – Rheinuferweg – Naturschutzgebiet Neuenburg, genannt „Käfigecken".

Markierung: Grünes Dreieck
Länge: 2,5 Kilometer; absolut eben
Hinfahrt: Mit Fahrrad oder Pkw bis Grissheim

Eines sei vorweg bemerkt: „Naturschutzgebiete werden geschaffen,
um Teile unserer Landschaft vor unsachgemäßen Eingriffen durch
den Menschen zu schützen." Dazu können Straßenbau, Wohn- und
Industriegebiete oder gar große Einkaufszentren mit weiträumigen
Parkplätzen gehören. Naturschutzgebiete sollen aber auf keinen Fall
den vernünftigen Naturfreund von dem Areal fern halten. Im Naturschutzgebiet Grissheim soll bei den interessierten Besuchern die
Ehrfurcht vor der Schöpfung geweckt werden. Wer eine solche
Erkundungswanderung unternimmt, der verhält sich leise, entfernt
keine Pflanzen und entfacht kein Feuer. Er freut sich über das was er
sieht und hört (Vogelwelt). Er ist von dem Ehrgeiz beseelt, alles in
seinem Bestand zu belassen und zu schützen, damit seine Kinder
und Enkel sich auch noch daran erfreuen können. „Naturschutz ist
Menschenschutz!"

Um zum Naturschutzgebiet „Käfigecken" zu gelangen, zweigen
wir im Kreisverkehr vor Heitersheim von der Bundesstraße 3 in
Richtung Westen ab. Unser Ziel heißt zunächst „Grissheim". Diese
ehemals selbständige Gemeinde ist heute ein Ortsteil von Neuenburg. In Grissheim zweigt beim Rathaus leicht abwärts führend die
Zollstraße ab. Hier geht es auch zum Sportplatz und zum Rhein.
Nach etwas mehr als einem Kilometer überqueren wir die Autobahn. Gleich dahinter produziert eine Firma aus dem angeschwemm-
ten Sand und Kies des Rheins Baumaterial. Dann hört plötzlich unsere Straße auf. Durch den alten Rhein führt eine „Furt" hinüber ins
Elsaß. An dieser Stelle parken wir unseren Pkw. Sind wir mit dem
Fahrrad gekommen, dann dürfen wir auf dem Rheinuferweg fahren.
Von den Markierungszeichen erfahren wir, dass diese Furt am Rhein-
kilometer 206,5 liegt. Wir wandern auf dem autofreien Rheinufer-

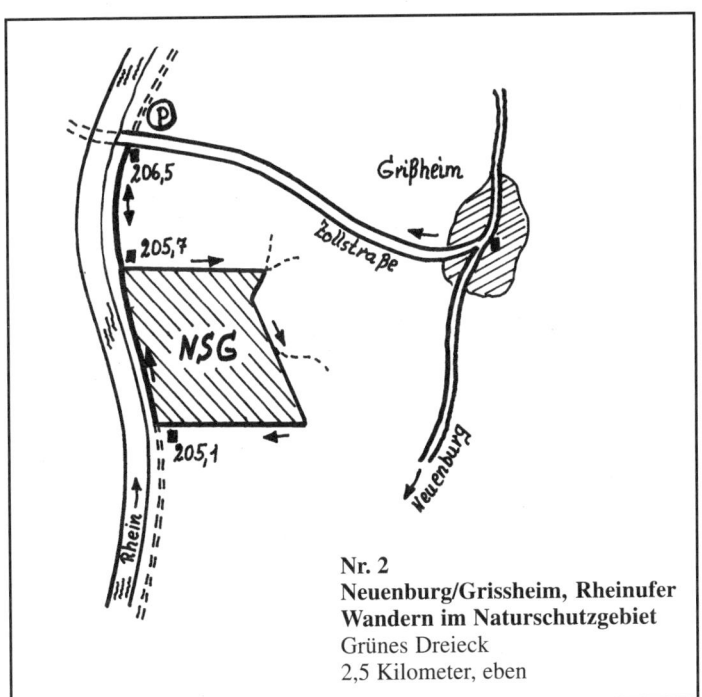

Nr. 2
Neuenburg/Grissheim, Rheinufer
Wandern im Naturschutzgebiet
Grünes Dreieck
2,5 Kilometer, eben

weg stromaufwärts bis zur Marke 205,7, also rund 800 Meter weit. Dann sehen wir am Wegrand das dreieckige Naturschutzschild. Hier biegt ein Weg nach links in den Auwald hinein ab. Dem folgen wir für etwa 600 Meter. Es gibt kaum hohe Bäume. Und wenn es einer wagt etwas höher zu wachsen, dann stirbt seine Krone ab. Die Kraft des zu tief liegenden Grundwassers reicht nicht aus, ihn bis in die Wipfel zu versorgen (siehe Sonderartikel am Ende dieser Beschreibung). Am Wegrand haben Imker ihre Bienenstände aufgebaut. Nach knapp zehn Minuten erreichen wir eine Kreuzung. Hier biegen wir nach rechts ab auf den „Rheinweg Kehl – Basel". Ab jetzt wird der Wald immer wieder von kleineren und größeren Lichtungen aufgelockert. Diese Einbuchtungen sollten wir nur dann betreten, wenn ein sichtbarer Weg hinein führt. Wir sind jetzt im Herzen des Schutzgebietes. Nach weiteren 600 Metern gabelt sich auch dieser Weg, und wir zweigen nach rechts ab. So kommen wir wieder vor zum Rhein (siehe Wanderskizze), den wir bei Stromkilometer 205,1 erreichen. Jetzt können wir es uns aussuchen, ob wir noch ein Stückchen flussaufwärts wandern wollen, oder ob wir lieber zum Ausgangspunkt zurückkehren.

Eine Wanderung in diesem Naturschutzgebiet, das eine wahre Oase der Ruhe ist, lohnt sich das ganze Jahr über. Pflanzenkenner oder Vogelkundler werden natürlich eine spezielle Jahreszeit bevorzugen. Im Mai und Juni singen zum Beispiel ganze Chöre von Nachtigallen, dazwischen klingt der zweisilbige Ton des Kuckuck. An einem kalten Märztag des Jahres 2000 wurde ich durch den stumpfen Ruf „korrk" auf den Kormoran aufmerksam, und im Hinterwasser der Rheinbuchten schwammen Scharen von Blesshühnern. Der Pflanzenkenner tut gut daran im Frühjahr zu kommen. So findet er im Mai und Juni den „Diptam" (Feuerbusch) und viele Ragwurz- und Orchideenarten. Ab Juli bestimmt die „Kanadische Goldrute" (solidago canadensis) das Bild und deckt weite Flächen mit ihren gelben Wedeln zu. Bei aller Begeisterung zu den Schönheiten am Wegesrand sollten wir die eingangs gemachten Bemerkungen zum Thema Naturschutzgebiet nie vergessen. Unsere Umwelt ist ein zerbrechliches Gut geworden. Wir sind alle dazu aufgerufen unsere Heimat zu pflegen und der Nachwelt zu erhalten

Sehr zu empfehlen ist das Buch „Die Naturschutzgebiete im Regierungsbezirk Freiburg". Herausgeber: Regierungspräsidium Freiburg. Bearbeitet von der Bezirksstelle für Naturschutz und Landschaftspflege in Freiburg. Jan Thorbecke- Verlag, 1998. ISBN: Nr. 3-7995-5171-9

Tulla, Versailles und der Rhein

Über Jahrtausende floss der Rhein in vielen Windungen durch die Oberrheinebene. Jedes Jahr, wenn in den Alpen die Schneeschmelze einsetzte, stieg der Wasserspiegel so stark an, dass das Land zwischen Schwarzwald und Vogesen kilometerweit überschwemmt wurde. Dabei schob das Wasser riesige Sand- und Kiesmassen vor sich her und änderte ständig seinen Lauf. Dieses Problem ließ dem Karlsuher Ingenieur „Johann Gottfried Tulla (1770 – 1828)" keine Ruhe. Als er 1807 in Karlsruhe mit befreundeten Wissenschaftlern zusammen die „Polytechnische Schule" gegründet hatte, machte er Pläne für eine „Oberrheinkorrektion". Dabei sah er vor, dass der Strom eine durchschnittliche Breite von 200 Metern bekommen sollte. Die Uferdämme sollten mit Steinen befestigt werden, und Hochwasserdämme sollten die Anwohner vor Überschwemmungen schützen. Dabei gab er auch der Schifffahrt die Möglichkeit, die neue Wasserstraße bis Basel zu befahren. Als Tulla schon zehn Jahre tot war, erinnerte man sich an seine Pläne und begann sie zu verwirklichen. Das geschah in den Jahren 1840 bis 1876. Die Bauarbeiten am Rhein griffen stark in das Landschaftsbild und in das Leben der dort wohnenden Menschen ein. Durch den direkten Lauf des Wassers wurden die vielen Seitenarme zu Hinterwassern und versandeten. Man gewann zwar große Flächen für die landwirtschaftliche Nutzung, doch bedingt durch die jetzt höhere Fließgeschwindigkeit grub sich der Fluss immer tiefer in das neue Bett ein. Das hatte zur Folge, dass der Grundwasserspiegel in der Oberrheinebene stark absank. Alle Brunnen mussten tiefer geschlagen werden, und in trockenen Jahren wurden die Ernten immer karger.

Nach der „Tulla'schen Oberrheinkorrektion" folgte als zweiter Schritt die Rheinregulierung. Sie schuf eine tiefe Wasserrinne für Frachtschiffe damit diese auch bei Niedrigwasser fahren konnten. Im Jahre 1920 schrieb man im „Vertrag von Versailles" fest, dass für die Schifffahrt ein Rheinseitenkanal gebaut werden sollte. Das „Dritte Reich" (1933 bis 1945) und der „Zweite Weltkrieg" (1939 bis 1945) brachten die Arbeiten zum Erliegen. Doch 1952 legte man die Pläne wieder auf. So entstand auf französischer Seite eine betonierte Wasserstraße mit mehreren Staustufen, in die man Turbinen einbaute, um Strom zu erzeugen. Aber, dem alten Vater Rhein fehlte das abgezogene Wasser, das jetzt durch eine Betonwanne floss. Nichts konnte mehr versickern und das Grundwasser anreichern. Der einst so stolze europäische Fluss verkam zu einem müden Rinnsal. Die Natur reagierte sofort. Es entstanden in dem völlig veränderten Biotop neue Pflanzen- und Tiergesellschaften. Einer solchen Neuschöpfung der Natur begegnen wir in dem vorgenannten Naturschutzgebiet „Käfigecken" im Rheinwald bei Neuenburg.

*Weißer Diptam
(Dictamus albus)*

Zwei Perlen im Rebland

Betberg – Rebstraße – Holzweg – St. Ilgen – zurück über Breite
nach Betberg

Markierung: Roter Punkt
Länge: 4 Kilometer; bequem
Hinfahrt: Mit Fahrrad oder Pkw bis Betberg

Will man sich von einer Landschaft einen möglichst genauen Überblick verschaffen, dann sollte man sie von einem erhöhten Standort
aus anschauen. Diese Betrachtungsweise können wir für weite Teile
des Markgräflerlandes sehr gut anwenden, brauchen wir doch nur
die im Osten angrenzenden Höhen des Schwarzwaldes erklimmen.
So getan, wird uns auffallen, dass sich zwischen dem hohen Grund-
gebirge und der flachen Rheinebene ein hügeliges Vorland hinzieht,
das aus weichen Kuppen und flachen Senken gefügt zu sein scheint.
Weite Teile sind überzogen vom milden Grün der Reben, ab und zu
unterbrochen von einer weiträumigen Obstanlage. Dazwischen liegen immer wieder die rechteckigen Muster der Felder und Äcker.
Nichts liegt brach. Überall sind die Zeichen fleißiger Hände sichtbar. In unregelmäßigen Abständen erkennen wir viele unterschied-
lich große Ortschaften. Mitunter sind es nur ein paar Häuser, die
einen Weiler bilden. Harmonisch reihen sie sich in das Gefüge dieser gartengleichen Landschaft ein. Für die Bebauung gab es nie starre
Regeln. Mal baute man auf den höchsten Punkt einer Erhebung, ein
anderes Mal zog man den von einem dünnen Rinnsal durchzogenen
Talgrund vor. Zwei, zumindest von der Lage her verschiedene Ortschaften, wollen wir heute besuchen und miteinander verbinden.

  Unser erstes Ziel soll „Betberg" sein. Für die Anfahrt wählen wir
ein Stück weit die Bundesstraße Nr. 3. Zwischen Heitersheim und
Müllheim, genauer beim Gasthaus Schwanen in Seefelden, biegen
wir nach Osten zum Schwarzwald hin ab. Auf dem gelben Straßen-
schild steht „Betberg". Wie durch eine Schleuse fahren wir in die
Hügelkette der Vorbergzone hinein. Nuss- und Kirschbäume säumen den Weg. Schon nach 600 Metern wird der Blick nach vorne
frei. Einem Adlerhorst gleich, sich über Bäume und Reben gegen

den Himmel abhebend, taucht vor uns die Kirche von Betberg auf.
Wer hätte das vermutet, mitten in den Hügeln des Schwarzwald-
Vorlandes so etwas anzutreffen. Am Fuße der Kirche kann man das
Auto abstellen. Über eine uralte Steintreppe steigen wir zum Kirchen-
hügel empor. Wie einst üblich, rankt sich rings um die Kirche der
Friedhof, hier noch „Gottsacker" genannt. Wir gehen den Weg links
von der Kirche an der alten Wehrmauer entlang. Nach 20 Metern
finden wir linkerhand in der Mauer eine leicht verschobene gotische
Öffnung. Es ist eine Pflicht hinzugehen und durchzuschauen. Weit
draußen steht gotisch eingerahmt der Hochblauen. Wenige Meter
weiter kommen wir zum Haupteingang der Kirche. Zwei mächtige
Linden, an denen schon so mancher Sturm gerüttelt hat, stehen zu
beiden Seiten der romanischen Vorhalle, über der sich ein wehrhaf-
ter Turm erhebt.

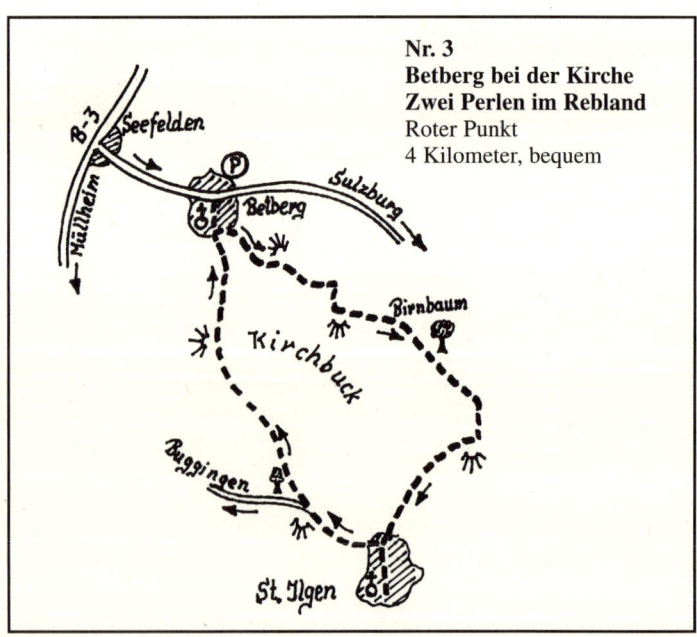

Nr. 3
Betberg bei der Kirche
Zwei Perlen im Rebland
Roter Punkt
4 Kilometer, bequem

Über 1200 Jahre Betberg

Zum ersten Mal hören wir von Betberg in der „Lorscher Chronik" (Codex Laureshamensis). Dort schrieben die Mönche im Jahre 789 nach Christus, also in der Regierungszeit Karls des Großen, in ihre Annalen, dass eine Frau Adelgard ihren Anteil an der Kirche von Betberg dem Reichskloster Lorsch geschenkt habe. Demnach muß also schon vor 789 auf diesem Hügel eine Kirche gestanden haben. Ja, man blättert zurück bis in die alemannische Zeit und nimmt an, dass es ein alemannischer Adliger war, der die erste christliche Kirche erbauen ließ. Man sprach damals von „Patapere", was 300 Jahre später sich in „Betteburg" verwandelt hatte. Noch mehrmals veränderte sich die Schreibweise bis zur jetzige Form „Betberg". Die heutige Kirche mit der Vorhalle stammt aller Voraussicht nach aus der Zeit zwischen 1100 und 1145. Um 1200 stellte man über die Vorhalle den 24,50 Meter hohen Turm. Am Fuße beträgt seine Mauerstärke fast 1,50 Meter. Als gesichert gilt, dass wir es mit einer Wehrkirche zu tun haben, in die sich in Kriegszeiten die Bewohner geflüchtet haben. Wir betreten die Kirche durch ein Tonnengewölbe. Leider sind die Wandmalereien die um 1525 einzustufen sind, nicht mehr gut erhalten. Mit etwas Phantasie sind sie jedoch zu entziffern. Es handelt sich um vier Bilder. Das erste Bild rechts oben zeigt Jesus mit drei seiner Jünger im Garten Gethsemane. Man nimmt an, dass als Vorlage das Bild von Albrecht Dürer gedient hat. Daneben ist die Darstellung vom „Letzten gemeinsamen Abendmahl". Auf der linken Seite erkennen wir noch schwach die Kreuztragung und die Kreuzigung.

Beim Betreten des Kircheninnern fällt unser Blick sofort auf die Orgel vorne im Chor. Sie wurde im Jahre 1790 von einem Schüler Silbermanns, dem Orgelbauer „Stein" erbaut. Das war die Zeit, in der Goethe und Schiller lebten. Als man 1965 von der Anschaffung einer neuen Orgel träumte, nahm sich die Orgelbaufirma „Eule" in Bautzen das historische Instrument vor und restaurierte es mustergültig. Heute gilt dieses Instrument

als großes Kunstwerk und als die besterhaltene „Stein-Orgel"
im Bereich der badischen Landeskirche. Schauen wir doch noch
auf das romanische Fenster in der Mitte der Südfront des Langhauses. Hoch oben in der Nische steht der heilige Laurentius.
Er gilt als Märtyrer, und er soll am 10. August des Jahres 258 n.
Chr. auf einem glühenden Rost zu Tode gefoltert worden sein.
Auf dem Nischenbild, das um 1300 gemalt wurde, hat er als
Attribut den Rost in der Hand. Viel ist noch zu bewundern, weshalb wir bestimmt lange verweilen werden. Eine große Hilfe
wird uns der Erwerb des grünen Büchles sein, in dem „Gerhard
Teutsch" hervorragend die Kirche und ihre Geschichte be-
schreibt. Diese Schrift gibt es für wenig Geld am Bücherstand.

Unser nächstes Ziel soll St. Ilgen sein. Am Fuße der Betberger
Kirche folgen wir dem Sträßle bergab. An der tiefsten Stelle hat sich
eine Strauße etabliert. Da aß ich mal einen ganz köstlichen
Petersiliensalat. Nur hundert Meter nach der Strauße biegt nach links
die „Rebstraße" ab. Dieser Name trifft zu, denn sie begleitet uns nur
durch Reben über den ganzen Höhenrücken der Vorbergzone bis
hinüber nach St. Ilgen. Kaum sind wir in die leicht ansteigende
Rebstraße eingebogen, sollten wir den malerisch schönen Rückblick
auf Betberg genießen. G. Teutsch erzählt von Soldaten, die während
des Zweiten Weltkrieges (1939 bis 1945) in Betberg einquartiert
waren. Sie sollen gesagt haben: „Wir sind weit in der Welt herum
gekommen, aber eine so schöne Gegend haben wir noch nie gesehen". Im Osten ist Betberg eingerahmt von den markanten Höhen
des Belchen und des Hochblauen, und nach Westen hat man einen
weiten Blick in die Rheinebene und in die Vogesen. Unser Rebsträßle
zieht sich in vielen Kurven über den Kirchenbuck dahin. Immer
haben wir den Schwarzwald vor Augen. Einmal durchqueren wir
eine wannenartige Talsenke, in der links am Wegrand ein kolossaler
Birnbaum steht. Kurz vor dem Ende des Höhenzuges biegen wir bei
einer hohen Rebmauer nach rechts ab. Als wären wir durch ein breites Naturtor getreten, liegt jetzt rechts unten St.Ilgen. In wenigen
Minuten werden wir dort sein. Auch hier herrscht selige Ruhe. Vor

dem Kirchplatz plätschert das Wasser in einem alten Brunnen. Fast
scheu schmiegt sich die schöne und historisch so interessante Kirche an die wenigen Häuser am Ortsrand. Natürlich wollen wir sie
besuchen. Sollte sie abgeschlossen sein, dann bekommen wir den
Schlüssel in dem Haus vor der Kirche in der Bachtelgasse Nr. 17.
Herr „Fader" gibt ihn uns. Er betreibt neben der Landwirtschaft noch
eine Markgräfler Hausbrennerei.

Die Lilien von St. Ilgen

Wir sollten zunächst um die Kirche herum gehen. Gleich werden uns die Kreuzlilien auf den Staffelgiebeln und auf dem First
des Langhauses auffallen. Ob es Zufall ist, dass es jeweils acht
Stück sind? Ist der Name „St.Ilgen" eventuell auf diese Lilie
zurückzuführen? Auch im Wappen von „Laufen-St.Ilgen" taucht
die Lilie auf. Noch mehr rückt dieser Gedanke in den Vordergrund, wenn wir erfahren, dass das alemannische Wort für Lilie
„Ilge" heißt. Oder war der heilige „Ägidius", einer der „Vierzehn Nothelfer", der Namensgeber? Sein Attribut war ja be-
kanntlich die Lilie. Um 1370 spricht man in der Gegend von
der „capella S. Egidii". Schon 1089 finden wir in den Büchern
eine erste Erwähnung. Das heißt, dass hier schon vorher zumindest eine Kapelle gestanden haben muß. Die heutige Kirche
wurde um die Wende vom 13. zum 14. Jahrhundert auf zum
Teil älteren Mauerresten errichtet. Der Turm zeigt noch eindeutige gotische Elemente auf. Dass der Turm nicht in der Mitte,
sondern asymmetrisch neben dem Hauptbau aufsteigt, ist auch
eine Besonderheit. Als am 1. Juni 1556 der Markgraf Karl II in
seinem Regierungsgebiet die Reformation einführte, wurde
St.Ilgen evangelisch. Gleichzeitig setzte er den Pfarrer mit der
Begründung ab, er lese das Evangelium schlecht und hause mit
der Köchin. Betreten wir schließlich den Innenraum, dann werden wir von der bunten Farbgebung der Wände und der Decken-
friese überrascht sein. Ganz originell ist der Kanzelaufgang, an
dessen Fuß in einem Vorraum ein Pfarrstuhl steht. Das war in
den evangelischen Kirchen des Markgräflerlandes früher so

üblich. Heute ist in St.Ilgen dies das letzte Vorzeigestück. Die
Orgel ist vor 1759 gebaut. Sie stand einst in der Pfarrkirche
St.Cyriak in Sulzburg. Vielleicht interessiert uns noch das eine
oder andere. Um das zu erfahren, kaufen wir uns den Kirchen-
führer, der gut gegliedert auf alles eingeht. Es lohnt sich aber
auch mit den Leuten zu reden, die in dieser Idylle wohnen. Sie
wissen Dinge, die sich der Volksmund von Generation zu Generation weiter erzählt hat.

Für den Rückweg steigen wir das leicht ansteigende Sträßchen an,
auf dem wir vorhin herab gekommen waren. Doch schon nach wenigen Metern sollten wir noch einmal einen Blick zurück auf die
Kirche werfen. Scheint die Sonne, dann leuchten in hundertfachem
Glanz die farbig glasierten Ziegel auf dem Kirchenschiff. Sind wir
300 Meter weit die Meiergasse angestiegen, dann stößt unser Weg
bei einem Brunnen wieder auf die Lößwände der Vorbergzone. Wir
biegen, dem schmalen Sträßle folgend, nach links ab. Bald sind wir
an der Wegkreuzung, wo links die Straße nach Buggingen abgeht.
Wir wählen aber die rechte Route nach Betberg. Ein Kastanienbaum
trennt die beiden Wege. Durch die wellenförmige Hügelkette wandern wir zurück nach Betberg. Mal säumen Reben, mal kleine Felder mit Obstbäumen den Wegrand. Die reine Gehzeit für diese Wanderung beträgt nur knapp zwei Stunden. Da wir jedoch noch die
Besichtigungen in Betberg und St.Ilgen einplanen müssen, sollten
wir uns einen halben Tag vornehmen. Auf jeden Fall werden wir um
ein großes Erlebnis bereichert aus dieser schönen Landschaft zurückkehren. Wir haben zwei Perlen in Rebland gefunden.

Wunderschöne Heckenrose

Ballrechten – Otto Karrerstraße – Burgweg – Waldspielplatz –
Bierenstielweg – Kohlplatz – Bettlerpfad

Markierung: Nr. 2 und später gelber Punkt
Länge: 2,5 Kilometer; bequem
Hinfahrt: Mit SWEG- Linienbus Nr.113, mit Fahrrad oder
            mit Pkw bis Ballrechten

Zwischen Staufen und Müllheim verläuft auf der L-125 ein Teilstück der „Badischen Weinstraße". Sie trennt ganz genau die Ausläufer des Schwarzwaldes von der „Oberrheinischen Ebene". Zu
beiden Seiten wachsen Reben, und in regelmäßigen Abständen treffen wir auf gepflegte Weindörfer. Etwa vier Kilometer südlich von
Staufen schlängelt sich die Straße zwischen den beiden Ortschaften
Ballrechten und Dottingen hindurch. Auf der Talseite stehen die
Häuser von Dottingen, am Berg verkündet uns der weithin sichtbare
Kirchturm, dass dort Ballrechten liegt. An der Schnittstelle befindet
sich die Gaststätte „Winzerstube". Hier soll auch der Ausgangspunkt
für unsere heutige Rundwanderung sein. Für die Autofahrer und für
die Radfahrer gilt dies mit kleinen Abweichungen.
   Die erste Möglichkeit, die Winzerstube zu erreichen, bietet uns
die Anfahrt mit dem Linienbus Nr.113 ab Bahnhof Staufen. Besitzer mit der Regio-Karte können am Sonntag mit der ganzen Familie
anreisen. Die Bushaltestelle ist bei der Winzerstube. Wir gehen 50
Meter bergauf und unterqueren die Landstraße durch den Fußgängertunnel. Drüben zeigt uns dann eine große Tafel den Weg auf der
„Otto Karrerstraße" zum Castelberg an. Wer mit dem Fahrrad oder
Pkw kommt, der biegt ebenfalls bei der Winzerstube bergauf in Richtung Ballrechten auf die „Otto Karrerstraße" ab, kann aber – wenn
er will – noch ein Stück weit fahren. Nach der Schule wird sie dann
zum Burgweg. Jetzt sind es noch 1,5 Kilometer durch Reben und
Obstanlagen, dann sind wir oben am wunderschön gelegenen Waldspielplatz Ballrechten-Dottingen. Die letzten hundert Meter steigt
der Weg durch eine Hohlgasse an. Eine große Hütte, viele Sitzplät-
ze, eine Grillstelle und ein richtig schöner Waldspielplatz erwarten

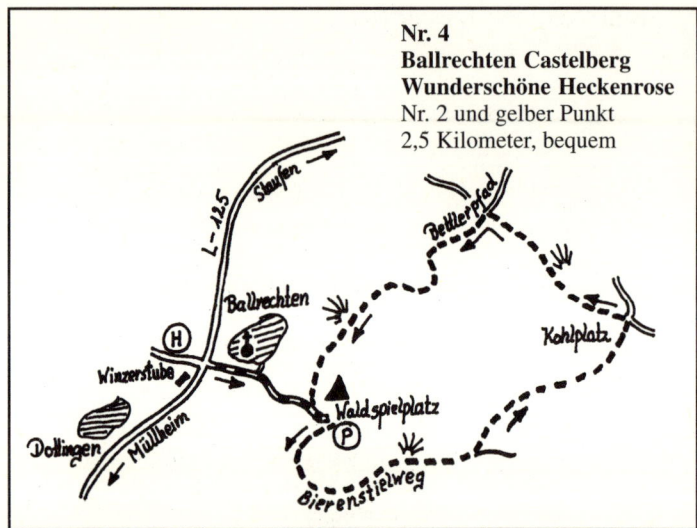

Nr. 4
Ballrechten Castelberg
Wunderschöne Heckenrose
Nr. 2 und gelber Punkt
2,5 Kilometer, bequem

uns. Aus der Vielzahl der angebotenen Wandermöglichkeiten wählen wir den Rundweg Nr. 2 aus.

Wir verlassen den Parkplatz auf dem breiten „Bierenstielweg", der uns leicht ansteigend durch eine geschwungene Linkskurve in den Wald führt. Der alemannische Name des Weges *„Bierenstiel= Birnenstiel"* rührt wohl daher, dass er gleich zu Beginn so krumm wie der Stiel einer reifen Birne verläuft. Schon nach drei Minuten liegt der Waldspielplatz links unter uns. Durch eine Baumlücke sehen wir draußen am Schwarzwaldrand den Kegelberg mit der Burgruine Staufen. Der Hochwald wird gesäumt von Buschrändern. Hier beginnt das Reich der Singvögel. Wie ein Fallschirm gleitet der Baumpieper aus hoher Warte herab und singt dabei sein heiseres „zia zia zia". Aus einer Lücke in der Hecke schaut wunderfitzig der Zaunkönig. Hat er uns entdeckt, dann verschwindet er eilig mit laut zeterndem „Tetetet". Fast ohne eine Pause einzulegen, singt die graubraune Gartengrasmücke ihr gleichförmiges aber schönes Lied. Alle werden übertönt vom Zilpzalp, der unentwegt seinen eigenen Namen ruft. Auch wenn ab und zu kleinere Waldwege abzweigen, soll uns das nicht interessieren. Wir bleiben auf dem breiten Weg. Nach zehn Minuten hört die leichte Steigung auf, und nach einer Linkskurve geht es leicht bergab zum Kohlplatz. An dieser Stelle hatten früher die Waldarbeiter einen Wagen stehen. Davor wärmten sie auf offenem Feuer ihr Mittagessen im Blechkännchen. Hier laufen aus allen Richtungen Wege zusammen. Wir biegen nach links ab. Der Wegweiser zeigt Ballrechten-Dottingen an. Am Baum prangt unser Zeichen, die Nummer zwei. Im tiefen Graben links unten plätschert in feuchten Zeiten ein schmales Bächle, doch im Sommer liegt es meistens trocken. Nach 400 Metern verlassen wir die Waldzone und kommen nach einer Schranke in das freie Rebgelände. Alles ist lichtüberflutet, und ein für das Auge wohltuendes Grün der Reben scheint bis ins Unendliche zu gehen. Die Kuppe rechts drüben, das ist der Fohrenberg. Wir wandern 200 Meter durch die Reben abwärts, dann quert der „Bettlerpfad" mit dem gelben Punkt unseren Weg. Ab jetzt folgen wir diesem Zeichen nach links. Dieser klassische Wanderweg kommt von Freiburg-Merzhausen und führt über Staufen und Sulzburg bis nach Badenweiler. Zwischen Reben und Wiesen geht es linkerhand bergab in einen feuchten Riedgraben. Dort schlängelt sich der Weg durch die Talsohle. Auf der anderen Seite steigen wir über eine Wiese wieder an. Der Blick hinaus in die Ebene ist von dieser Warte aus besonders schön. Wie eine Nadel reckt sich im Vordergrund der Kirchturm von Ballrechten gen Himmel. Am Ende der Wiese mündet unser Weg in die Hohlgasse, die wir schon von der Anfahrt her kennen. Nun sind es noch knapp 50 Meter aufwärts, dann sind wir wieder am Waldspielplatz Ballrechten- Dottingen. Bei gemütlichem Wanderschritt waren wir eine Stunde unterwegs gewesen.

Am Wegrand wächst die Heckenrose

Haben wir bei unserer heutigen Wanderung die Flora am Wegrand betrachtet, dann ist uns sicher auch die zartrosa blühende Heckenrose aufgefallen. Die Erde zu ihren Füßen wird bedeckt vom lichtblau blühenden „Immergrün". Kaum jemand wagt sich in die Nähe dieses fast undurchdringlichen wallartigen Strau-

Wanderführer
von Werner Siebler-Ferry

Die großen Vier
Kleiner Führer zu Fernwanderungen des
Schwarzwaldvereins

Wochenendwanderungen
30 Zweitageswanderungen auf Fernwanderwegen
des Schwarzwaldvereins

Freiburg erwandern
Spaziergänge und Wanderungen ohne Auto, mit
Grillplätzen in und um Freiburg

Wandern von Hütte zu Hütte
15 Mehrtageswanderungen im Schwarzwald

Auf Fernwanderwegen
Mehrtägige Wanderungen auf Rautenwegen des
Schwarzwaldvereins

Wandern ohne Gepäck
Eine Wander-Idee
10 Mehrtageswanderungen im Schwarzwald und
seinen Vorbergen

Rundwanderungen Nordschwarzwald
16 Eintageswanderungen
Ausgangspunkte mit ÖPNV erreichbar

Rundwanderungen Mittelschwarzwald
17 Eintageswanderungen
Ausgangspunkte mit ÖPNV erreichbar

Rundwanderungen Südschwarzwald
18 Eintageswanderungen
Ausgangspunkte mit ÖPNV erreichbar

Aus dem Schillinger Verlag Freiburg

ches, der bis zu drei Meter hoch werden kann. Die aus dem Stock und den zahlreichen Seitenwurzeln empor strebenden Triebe sind dicht mit sichelförmigen Stacheln besetzt. Aus der nur wenig duftenden Blüte wird später die scharlachrote Hagebutte. Wer kommt schon auf die Idee, sich aus dieser Blume einen Strauß zu machen? Wohl kaum jemand, denn zu beschwerlich wäre das Pflücken, und in der Vase hält sie dann auch nur einen halben Tag. Und trotzdem soll der Heckenrose, die man auch Hundsrose (Rosa canina) nennt, hier ein Platz eingeräumt werden. Sie ist eine jener pflanzlichen Urformen, aus denen Liebhaber und Züchter im Verlaufe vieler Jahrhunderte die Königin der Blumen, die Zierrose, gezogen haben. Über keine Blume wurden so viele Lieder und Verse gemacht, wie über die Rose. Schon im frühen Volkslied ist sie das Symbol für die Liebe. Die Rose war auch die Blume der Venus. Damit deren süße Diebereien verborgen blieben, bestach sie den Gott des Schweigens, „Harpocrates" mit einer Rose, die ihr Sohn Amor überbringen musste. Von Cleopatra wird berichtet, dass sie anlässlich eines Festes, das sie für „Marc Anton" gab, den Boden des Saales anderthalb Fuß hoch mit Rosen bedecken ließ. Auch in die kirchliche Architektur ging die Rose ein. Die Idee der Fensterrose fand in der Gotik einen brillanten Höhepunkt. Berühmt sind die Fensterrosen von Chartres, von der Lorenzkirche in Nürnberg und natürlich vom Münster in Freiburg. Am Hildesheimer Dom rankt noch heute der tausendjährige Rosenstock empor, der, so berichtet die Legende, von „Kaiser Karl dem Großen" selbst gepflanzt worden sein soll. In England wurden 1455 eine Reihe von Kriegen ausgelöst, die fast 30 Jahre dauerten. Da sich die beiden Parteien weiße, bzw. rote Rosen als Erkennungszeichen ansteckten, spricht man noch heute von den „Rosenkriegen".

Nach diesem kleinen Ausflug in die Geschichte der Rose wollen wir die Heckenrose auch einmal genauer anschauen. Sie hat nicht nur fünf zarte Blütenblätter, sondern darunter auch fünf grüne Kelchblätter. Diese sind recht sonderbar gestaltet. Zwei

Kelchblätter sind an beiden Seiten gefranst, zwei haben glatte Seiten, und eines ist an einer Seite glatt und an einer Seite gefranst. Sie und alle ihre Nachkommen besitzen diese verschiedenen Kelchblätter. In der Poesie nennt man sie „die fünf Brüder der Rose". Ob wir wohl die nächste Rose, die wir sehen, bewusster betrachten? Na dann viel Spass, bei der Wanderung mit der „wunderschönen Heckenrose".

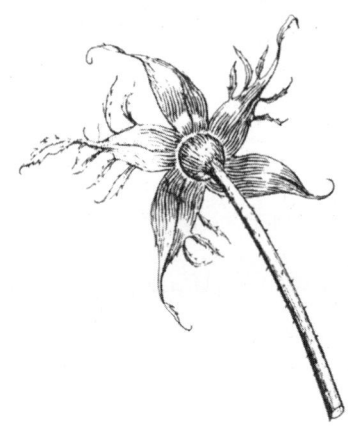

Die Hundsrose
(Rosa canina)
Die eigenartig bebarteten
Blätter heißen:
„Die fünf Brüder der Rose"

In der Prosa des Altertums schreibt „Babrios":

Rose und Immergrün
Zur Rose sprach das Immergrün, das bei ihr wuchs:
„Was bist du doch für eine schöne Blume,
geliebt von den Göttern und geliebt von den Menschen!
Ich preise dich glücklich um deinen Glanz und Duft."
„Ich", sprach die Rose, „liebes Immergrün,
lebe nur kurze Zeit,
und wenn mich niemand pflückt, welke ich;
du aber blühst und lebst, ewig jung".

Auf dem Castelberg siedelten schon die Römer

Ballrechten – Otto Karrerstraße – Burgweg – Waldspielplatz – Castelberg – Rundweg

Markierung: Tafel Naturschutzgebiet
Länge: 2 Kilometer; Steigung mäßig
Hinfahrt: Mit SWEG- Linienbus Nr.113, mit Fahrrad oder Pkw bis Ballrechten

Im Jahre 1875 schrieb ein Geschichtsschreiber in der Zeitschrift „Schau ins Land", dem offiziellen Organ des „Breisgau Vereins" einen Artikel über den Castelberg (*Kastelberg – Castellberg*). Damals meinte er: „In unserem Lande gibt es mehrere Höhen, die den Namen Kastelberg führen, keine ist aber so berühmt und weltbekannt wie der Kastelberg bei Sulzburg". Sicher meinte er die historischen Begebenheiten, welche den kleinen Vorberg so interessant machen. Heute kennen wir diese Landschaft noch von einer anderen Seite. An den Hängen des Castelberges wächst ein hervorragender Wein, und die Gipfelregion steht – ihrer botanischen Kostbarkeiten wegen – unter Naturschutz.

Zwischen Staufen und Müllheim grenzen an die L–125, das ist die „Badische Weinstraße", die beiden Gemeinden Ballrechten und Dottingen. Genau dazwischen steht am Straßenrand die nicht zu übersehende Gaststätte „Winzerstube". Da soll der Ausgangspunkt für unsere Wanderung „rund um den Kastelberg" sein. Wer mit dem Linienbus Nr.113 kommt, kann an der Kreuzung aussteigen. Durch einen Fußgängertunnel kommen wir zur Bergseite der Straße. Dort steht auf der Hinweistafel „zum Waldparkplatz Castelberg". Auch die Radfahrer und die Pkw-Fahrer zweigen hier ab. Sie können – sofern sie wollen – noch 1,5 Kilometer weit auf der „Otto Karrerstraße" und dann auf dem „Burgweg" durch die Reben bergauf fahren. Endgültiger Startplatz für den Rundweg ist dann beim Wald-Spiel- und Parkplatz Ballrechten-Dottingen. Dort steht eine große Hütte. Davor sind Sitzgelegenheiten und eine Grillstelle. Etwas oberhalb ist ein schöner Spielplatz. Es werden mehrere Wanderwege angeboten. Wir wollen uns heute für den Castelberg interessieren. Dabei

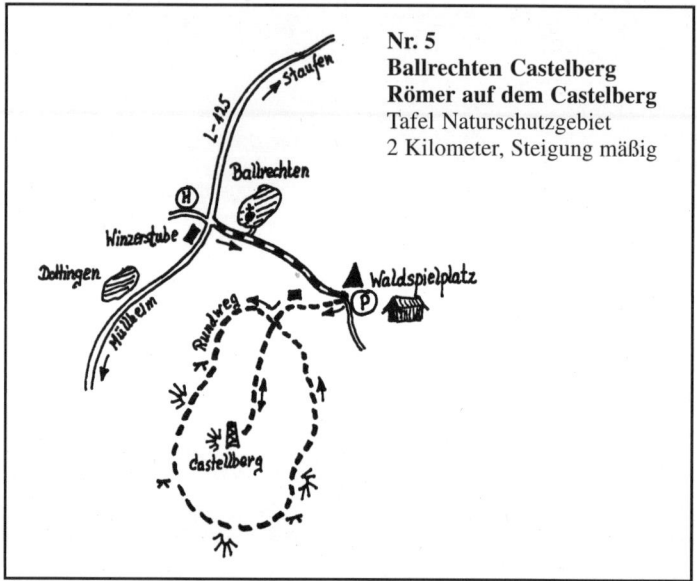

Nr. 5
Ballrechten Castelberg
Römer auf dem Castelberg
Tafel Naturschutzgebiet
2 Kilometer, Steigung mäßig

werden wir auch erfahren, weshalb es immer wieder verschiedene Schreibweisen für diesen Vorberg gibt.

Vom Parkplatz aus folgen wir dem Burgweg, der uns auf einem schmalen Sträßle zunächst zum Kastelhof führt. Das sind nur etwa hundert Meter. Dann wird der Weg kurz etwas steiler. Gleich müssen wir eine Entscheidung treffen: Geradeaus durch eine Schranke führt ein Pfad hinauf zum Gipfel. Empfehlenswert ist es jedoch zuerst den bequemen Rundweg zu wählen. Er zweigt nach rechts eben in den Wald hinein ab und führt uns in einer großen Linksschleife um den Kastelberg herum. Am Hang wachsen Reben, nur die Kuppe ist bewaldet. Diese Waldzone steht unter Naturschutz, was wir dann verstehen werden, wenn wir unsere Aufmerksamkeit auf die Vegetation lenken. Meist einzeln stehend, blüht im Juni der Türkenbund. Dazwischen leuchtet in seinem eigenartigen Rot das „rote Waldvögelein" (Cephalanthera rubra), das ebenso zu den Orchideen gehört wie die unweit wachsende „Purpurorchis" (Orchis purpurea) und das recht häufig anzutreffende „Zweiblatt" (Listera ovata). Etwas später im Jahr fällt die glänzend schwarze Frucht der „vierblättrigen Einbeere" (Paris quadrifolia) auf. Begeisternd schön sind die Ausblicke nach rechts. Wie hingestreut liegen da unten in der Ebene die Ortschaften. Es wandert sich unbeschwerlich, und im Nu sind wir am südlichen Ende des Rundweges. Jetzt sehen wir auf die Dächer der Häuser von Sulzburg hinab. Im Hintergrund steigt der „Hochblauen" als höchster Gipfel mit seinem markanten Turm auf. Der Rückweg steigt leicht an. Das gibt uns Gelegenheit unsere Aufmerksamkeit wieder den Pflanzen am Wegrand zu widmen. Die hellrosa Schmetterlingsblüten der „Bunten Kronwicke" (Coronilla varia) bilden im Halbtrockenrasen an der Böschung ganze Polster. Sie blüht vom Juni bis in den Oktober hinein. Nach einer halben Stunde sind wir wieder am Ausgangspunkt. Jetzt sollten wir natürlich unbedingt zum Gipfel aufsteigen. Ohne ins Schwitzen zu kommen, sind wir in zehn Minuten oben.

Auf dem höchsten Punkt steht ein Aussichtsturm, den die Ortsgruppe Sulzburg des Schwarzwaldvereins im Jahre 1962 errichtet hat. Leider sind seitdem die Bäume so hoch gewachsen, dass die einst einmalige Rundumsicht etwas gestört ist. Wenn aber vom November bis zum April die Bäume ohne Laub sind, dann sieht man an klaren Tagen tatsächlich alle 35 Ortschaften drunten in der Ebene. Für den botanisch interessierten Wanderer lohnt es sich im September auf den Turm zu steigen. Dann wird er eine tolle Entdeckung machen. Schaut man von der Spitze des Turms nach Westen, dann wächst rechterhand eine der sehr selten gewordenen „Flaumeichen" (Quercus pubescens) empor. Als Kontrast dazu entdecken wir in der linken Ecke eine „Traubeneiche" (Quercus petraea). Letztere gibt es natürlich häufig, aber ich kenne keinen Ort, an dem man den Unterschied so deutlich vor Augen hat wie hier. Jetzt lohnt es sich, wenn man ein gutes Pflanzenbuch bei sich hat, in dem die Merkmale ausführlich beschrieben werden. Ganz im Südwesten erahnen wir im Dunst die Großstadt Basel. Wenn wir langsam nach rechts schwenken, dann streifen wir am westlichen Horizont den Bergzug der Vogesen. Davor liegt die „Oberrheinische Ebene", unterbrochen vom

Die alemannische Mundart

kennt Ausdrücke, die dem Nichtalemannen nur schwer verständlich sind.

Im »Alemannischen Taschenwörterbuch für Baden« von Hubert Baum werden mehr als 15.000 Stichwörter ihrer Bedeutung und Herkunft nach erklärt.

Im Buchhandel aus dem Schillinger Verlag Freiburg

Tuniberg und vom Kaiserstuhl. Unmittelbar unter uns fällt ein schmaler Buschstreifen auf, der sich bis nach Heitersheim in die Ebene hinauszieht. Das ist die Uferbewachsung des Sulzbaches, jenes kleinen Flüsschens, das von Sulzburg kommend hinaus zum Rhein strebt.

Der Sulzbach als uralte Grenzlinie

Der Sulzbach ist eine der ältesten Grenzlinien unserer Heimat. Obwohl historisch höchst interessant, ist sie nahezu in Vergessenheit geraten. An diesem Bach standen im Jahre 1272 die beiden Freiburger Grafen Egino und Heinrich und teilten den ihnen als Erbe zugefallenen Breisgau untereinander auf. Als Grenze setzten sie den Sulzbach fest, der von Sulzburg kommt und durch Heitersheim fließt. Was südlich lag, das kam zur Herrschaft Badenweiler, was sich nördlich anschloss, kam zur später vorderösterreichischen Herrschaft Freiburg. Damit war die Grundlage für die Grenze zwischen dem „Markgräflerland" und dem „Breisgau" geschaffen. Als Johann, der letzte Graf von Freiburg, der auf der Zähringer Burg in Badenweiler residierte, am 8. September 1444 verstarb, vereinigten sich die Herrschaften Badenweiler, Sausenburg und Rötteln. Ein weiterer Schritt zur Schaffung des noch heute so genannten „Markgräflerlandes" wurde 1515 getan, als der Markgraf Ernst von Baden-Durlach auf Wunsch des Volkes neuer Landesherr wurde. Er baute sich in Sulzburg ein Renaissanceschloss. Noch verstärkt wurde diese Grenzlinie durch die Reformation. Der Basler Theologe „Dr. Simon Sulzer" bewerkstelligte 1556, dass das Markgräflerland rein evangelisch wurde. Hingegen blieb das angrenzende Vorderösterreich rein katholisch. Diese Konfessionsgrenze ist mit wenigen Abweichungen bis zum heutigen Tage zu erkennen. Bevor wir den Kastelberg verlassen interessiert uns noch die Geschichte der ehemaligen Burg. Nur noch ein kümmerlicher Rest von Trümmern weist auf sie hin. Die exponierte Lage des Berges veranlasste in den Jahren 43 bis 70 nach Christus die Römer auf der vom Schwarzwald abstehenden Kuppe ein „Castell" zu bauen. Das bestand aus einem Signalturm und einer sich anschließenden Kaserne. Sie konnten so die einzige Straße in der Ebene kontrollieren auf der in den folgenden Jahrhunderten die „Alemannen" ihre Eroberungskriege starteten. Der Zeitpunkt der Zerstörung der Burg ist nicht bekannt. Eines weiß man jedoch mit Sicherheit, dass auf den römischen Grundmauern im Mittelalter noch einmal eine Burg erbaut wurde. Vielleicht diente sie den Kreuzfahrern als Stützpunkt auf ihrem weiten Weg ins Heilige Land. Der „Kastelhof", an dem vorhin unser Rundweg begann, hatte die Aufgabe, die Besatzung mit Nahrung zu versorgen. Auf die römische Vergangenheit werden wir noch manchmal durch die unterschiedliche Schreibweise hingewiesen. Doch alle Anlagen zerfielen mit der Zeit. Sulzburger Bürger holten sich die behauenen Steine und setzten sie in die Fundamente ihrer Häuser.

Der Abstieg vom Gipfel ist kurz. Weit war unser Rundweg nicht, doch er bot uns eine Fülle botanischer und historischer Kostbarkeiten. Schon alleine deshalb lohnt sich ein Besuch in dieser gesegneten Landschaft.

Das „Rote Waldvögelein" ist eine Orchidee

Wenn auch der Name auf einen Vogel hinweist, so haben wir es in diesem Fall doch mit einer Blume zu tun. Es ist eine ganz besondere Pflanze, die den Namen „Rotes Waldvögelein" trägt. Sie gehört zur Familie der Orchideen, die man zum Teil auch Knabenkräuter nennt. Orchideen findet man in großer Vielfalt über die ganze Erde verbreitet. Von den etwa 30 000 Arten wachsen die meisten in den Tropen und in den Subtropen auf Bäumen. In Mitteleuropa gedeihen nur etwa 60 Arten dieser von der Natur mit einer besonderen Schönheit ausgestatteten Pflanze. Sie wachsen in Wiesen, auf Trockenrasen und in lichten Wäldern. Gedankenloses Pflücken und Ausgraben hat zum Rückgang vieler Arten geführt. Besonders stark sind die Frauenschuh-Orchidee und das „Rote Waldvögelein" betroffen. Beide sind groß und auffällig in der Farbe, was sie im Blumenstrauß besonders hervor hebt.

Das „Rote Waldvögelein" (Cephalanthera rubra) kann bis zu 60 Zentimeter hoch werden. Diese von Blüte und Blatt her sehr zierliche Orchidee gehört mit zu den schönsten Pflanzen in unserer Heimat. Die karminrosa Blüten hängen an einem gedrehten Fruchtknoten. Die beiden äußeren Hüllblätter spreizen sich weit ab, das mittlere Blütenblatt streckt seine spitze Zunge nach vorne heraus. So kommt das mit etwas Phantasie bezeichnete „Waldvögelein" zu Stande, das weit seinen Schnabel öffnet. Da lohnt es sich, wenn der Betrachter eine Lupe bei sich hat.

Wir finden das „Rote Waldvögelein" im Juni in der Vorbergzone des Schwarzwaldes und am Kaiserstuhl. Dort steht es oft in größeren Beständen an den nach Süden hin abfallenden Waldrändern oder an warmen Böschungen. Als verantwortungsvoller Natur- und Heimatfreund lassen wir es natürlich stehen, denn wir wollen ja gewährleisten, dass sich auch noch unsere Enkel und Urenkel über diese wunderschöne Blume freuen dürfen.

Sanikel
(Sanicula europaea)

Einbeere
(Paris quadrifolia)

Der Panoramaweg rund um den Fohrenberg

Ballrechten – Otto Karrerstraße – Burgweg –
Waldspielplatz – Bettlerpfad – Steineckleweg – Weingut Probst –
Wiiwegli – Ziegelhof

Markierung:　Gelber Punkt, Nr.4, Traube in roter Raute
Länge:　　　6 Kilometer; bequem
Hinfahrt:　　Mit SWEG- Linienbus Nr.113, mit Fahrrad oder
　　　　　　Pkw bis Ballrechten

Da unser Wanderparkplatz am Übergang vom Schwarzwald zur
Vorbergzone liegt, ist der heute angebotene Wanderweg fast das
ganze Jahr über begehbar, denn es gibt in diesem Gebiet nur wenige
Schneetage. Ausgangspunkt ist das Gasthaus „Winzerstube" an der
L-125, das ist die „Badische Weinstraße" zwischen den Gemeinden
Ballrechten und Dottingen. Dort hält auch der Linienbus Nr.113,
der am Bahnhof Staufen abfährt. Ein Fußgängertunnel bringt uns
auf die Bergseite der Straße, wo am Beginn der „Otto Karrerstraße"
der Hinweis zum Wanderparkplatz Castelberg (Castellberg –
Kastelberg) angebracht ist. Ob zu Fuß, ob mit dem Auto oder mit
dem Fahrrad, von da aus sind es noch 1,5 Kilometer bis zum eigentlichen Ausgangspunkt der Wanderung. Dort oben beginnt der Rundweg, der uns die Schönheit des Markgräflerlandes erschließen wird.
Wir wollen auf dem Panoramaweg „rund um den Fohrenberg" wandern. Der Name „Fohrenberg" hat mit der „Föhre" oder „Forle",
wie wir im alemannischen Sprachraum zu der Kiefer sagen, nichts
zu tun. Das Wort stammt aus dem Keltischen. Dort sprach man von
„faren", was wörtlich übertragen „der Berg" heißt. In zwei Jahreszeiten ist diese Wanderung besonders zu empfehlen: Das ist im
Herbst, wenn am Waldrand die Blätter der Laubbäume in allen Farben leuchten und unten am Weg die Reben voller Trauben hängen,
und dann natürlich im zeitigen Frühjahr, wenn im Heckensaum die
Hasel und die Weide schon blühen, während die Natur noch im
Winterschlaf verharrt. Es gibt nur wenige Menschen, die das Wun-
der der Haselblüte je bewusst erlebt haben (siehe Artikel am Ende
dieser Wegbeschreibung).

Nr. 6
Ballrechten Castelberg
Rund um den Fohrenberg
Nr. 4 und gelber Punkt
6 Kilometer, Steigung leicht

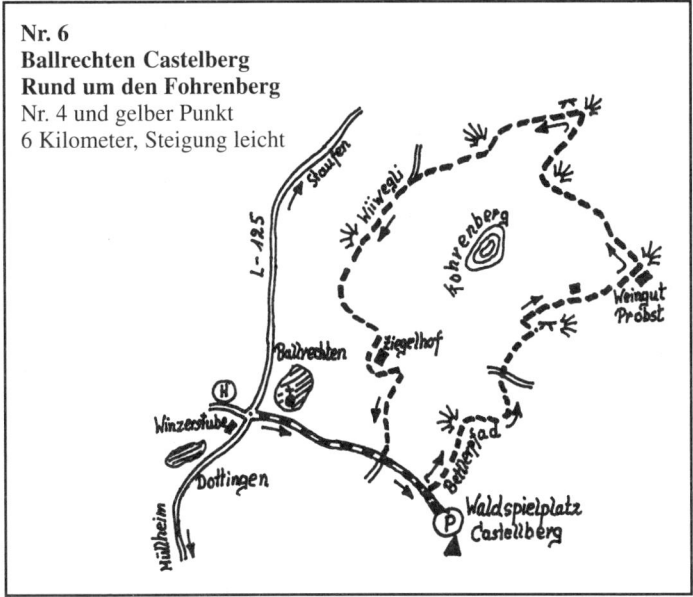

Vom Park- und Spielplatz am Castelberg aus folgen wir zunächst für 50 Meter der Straße bergab, auf der wir vorhin angekommen sind. Dann biegen wir nach rechts auf den gut markierten Bettlerpfad ab. Sein Zeichen ist der gelbe Punkt. Über eine Wiese, von der wir eine herrliche Aussicht in die Ebene haben, und durch einen feuchten Bachgrund gelangen wir hinüber zum Fohrenberg. Zu seinen Füßen beginnt an einer Wegkreuzung der „Steineckleweg". Ihm folgen wir 250 Meter weit leicht bergauf bis zu einer kleinen Paßhöhe, von der aus wir hinunter nach Staufen schauen können. Hier macht der Weg einen Schlenker nach links. Zwischen zwei Nussbäumen bietet sich eine Bank für eine Verschnaufpause an. Nur 50 Meter weiter mündet der Bettlerpfad nach rechts in eine befestigte Rebstraße ein. Sie führt uns sanft bergab, immer das Städtlein Staufen am Ende des Münstertales vor Augen. Wir passieren zur

Linken einen Aussiedlerhof, und bald darauf kommen wir zum „Weingut Probst", das sich als eine familienfreundliche Straußwirtschaft präsentiert (Montag Ruhetag). Da kann man deftig vespern, während sich die Kinder draußen auf dem schön angelegten Spielplatz austoben. Hier verlassen wir den Bettlerpfad mit seinem gelben Punkt. Wir schwenken am Spielplatz nach links und wandern auf der Rebstraße bergauf. Die Steigung ist nur mäßig. Wieder überqueren wir einen kleinen Pass. Die Aussicht wird immer schöner. Reben, Kirsch- und Nussbäume begleiten uns nach der Höhe leicht bergab. In einer Spitzkehre, dort wo die rustikale Bank ohne Lehne steht, biegen wir scharf nach links auf einen breiten Wiesenweg ab. Doch vorher müssen wir unbedingt noch den weiten Blick zum Tuniberg und über den Kaiserstuhl hinweg genießen. An diesem Wendepunkt haben wir die entfernteste Stelle unserer Wanderung erreicht. Ab jetzt verläuft der Weg an der Westseite des Fohrenbergs in südlicher Richtung, also in Richtung Ballrechten. Wir wandern immer so, dass links von uns der Wald ist und rechts die Reben. Wieder erschließt sich uns ein neuer Ausblick. Rechts draußen liegt die Rheinebene, und weit dahinter erhebt sich im lichten Dunst das lange Band der Vogesen. Vor uns gibt der spitze Turm der Kirche von Ballrechten die Richtung an. Auch wenn noch so viele kleine Rebwege abzweigen, wir halten uns am links von uns verlaufenden Waldrand. Oberhalb von Ballrechten treffen wir auf das „Markgräfler Wiiwegli". Es wird markiert von einer Weintraube in der roten Raute. Dieses Zeichen wird uns jetzt ein Stück weit führen. Noch einmal steigt der Weg leicht an, um dann wiederum nach einer kleinen Passhöhe – das ist die dritte – hinab zum Ziegelhof zu führen. Auf diesem Wegstück sehen wir drüben überm Tal, zwischen Bäumen versteckt, unseren Ausgangspunkt am Castelberg. Vom Ziegelhof aus sind es auf befestigten Rebwegen noch 15 Minuten bis zum Waldparkplatz. Wer mit dem Linienbus gekommen ist, der kann gleich nach Ballrechten hinab abkürzen.

Für diese Wanderung, die mehr als nur ein Spaziergang ist, brauchen wir etwa zwei Stunden. Es empfiehlt sich feste Schuhe und Wanderkleidung anzuziehen, denn oft sind die Wiesenwege in den Reben feucht. Den Gipfel des 434 Meter hohen Fohrenbergs haben wir nicht bestiegen, doch der Rundweg war ein reiner Panoramaweg.

Hasel und Weide blühen im Vorfrühling

Während in der Natur noch weitgehend Winterschlaf herrscht, blüht ab Mitte Februar schon die Hasel. Auch die Bienen sind noch skeptisch und bleiben im warmen Stock. Auf den ersten Blick erscheint das sonderbar, denn die langen „Würstchen" (Kätzchen) der Hasel hängen prall gefüllt mit gelben Pollen an den Zweigen. Das Rätsel löst sich, wenn wir den Haselzweig kurz antippen. Dann erfüllt eine gelbe Wolke die Luft, und der leiseste Wind weht diesen puderfeinen Blütenstaub davon. Die Hasel gehört zur Gruppe der Windbestäuber. Ihre Pollen sind so trocken, dass sie nicht am Haarpelz der Bienen haften würden. Diese Pollen sind die männlichen Blütenteile. Die weiblichen Blüten entdecken wir an einer anderen Stelle des Zweiges. Sie ragen als winzige karminrote Federbüsche aus den prallen grünen Knospen heraus. Öffnen wir eine solche Knospe, dann finden wir im Innern mehrere Fruchtknoten. Schauen wir die rote Blüte mit der Lupe oder dem Fadenzähler an, dann sehen wir auf der klebrigen Narbe in der Mitte die winzigen gelben Pollenkörner, die der Wind von den männlichen Blüten herüber getragen hat. Nach diesem Vorgang ruht die Pflanze etwa zwei Monate, bevor sich dann wieder – wenigstens für unser Auge sichtbar – etwas regt. Die Hasel gehört zu den „einhäusigen Pflanzen", weil männliche und weibliche Blüten auf einem Busch – also in einem Haus – wohnen.

Ganz anders ist das bei der Salweide, die wir bei unserer Wanderung ab März blühend vorfinden. Sie gehört zu den „zweihäusigen Pflanzen". Männliche und weibliche Blüten wachsen auf zwei voneinander getrennten Sträuchern, also in zweierlei Häusern. Schauen wir eine Blüte genauer an, dann suchen wir in den dicken eiförmigen Kätzchen, die im Übermaß männliche Pollen tragen, vergeblich einen Stempel mit einer weiblichen Narbe. Der wächst in der weiblichen Blüte. Diese prangt als grünes kerzenähnliches Kätzchen auf einem anderen Strauch. Beide, sowohl die männlichen als auch die weiblichen Blüten haben am Grunde winzige Nektardrüsen, die mit ihrem süßlichen Duft und ihrem wohlschmeckenden Saft Insekten, hauptsächlich Bienen, anlocken. Diese fliegen eifrig von Blüte zu Blüte und tragen den männlichen Pollen zur weiblichen Narbe. Im Gegensatz zu der Hasel, wo der Wind die Bestäubung vollzieht, werden bei der Weide die Bienen aktiv. So vollzieht sich bei der frühen Hasel mit der Windbestäubung, als auch bei der späteren Weide mit der Bienenbefruchtung, ein fein abgestimmtes Wechselspiel der Natur. Wir können es auf unserer Wanderung beobachten, da wir uns fast immer in der Wachstumszone dieser beiden Pflanzen bewegen. Um den Bienen ihre erste vollmundige Nahrung im Jahr nicht zu nehmen, soll man auf keinen Fall im Frühjahr die Weidenruten für einen Vasenstrauch abschneiden.

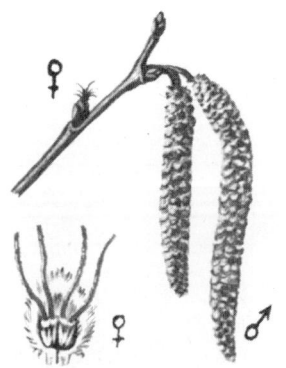

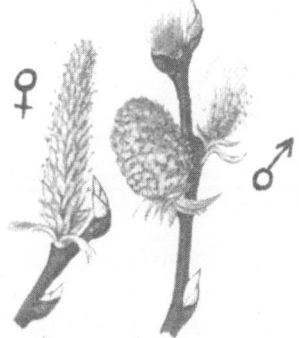

Haselnuss
(Corylus avellana)

Salweide
(Salix caprea)

Der bergbaugeschichtliche Wanderweg

Rathaus Sulzburg – Marktplatz – Klostergasse – St.Cyriak – Himmelreich – Bergbaugeschichtlicher Wanderweg – Campingplatz – Jüdischer Friedhof – talwärts am Sulzbach

Markierung:	Gelbe Tafel mit Hammer und Schlegel
Länge:	5,3 Kilometer; Steigung mäßig
Hinfahrt:	Mit Bus Nr.113 ab Staufen, mit Bus Nr.261 ab Müllheim, mit dem Fahrrad oder Pkw

Zwischen Staufen und Müllheim, nur einen Kilometer abseits der „Badischen Weinstraße", liegt im engen Sulzbachtal das Städtchen Sulzburg. Während sich bei der Anfahrt die Reben in der Vorbergzone bis an die Straße herab ziehen, grenzen nur wenige hundert Meter weiter im Tal drin die Bäume des Schwarzwaldes an die Häuser. So krass ist der Übergang von der Vorbergzone zum Mittelgebirge mit seinem Urgestein. Wir erreichen Sulzburg über Bad Krozingen oder Staufen mit dem Zug und dem Bus Nr.113. Vom Bahnhof in Müllheim aus fährt die „Markgräfler Verkehrslinie" Nr. 261 nach Sulzburg. Dabei ist es günstig, wenn man die REGIO-Umweltkarte besitzt. Sie gilt am Sonntag für die ganze Familie. Kommen wir mit dem Fahrrad oder mit dem Pkw, dann biegen wir bei Dottingen von der „Badischen Weinstraße" nach Osten ab. Die Weinstraße verbindet Staufen mit Müllheim. Unser erstes Ziel ist der Marktplatz in Sulzburg. Da wir heute auf den Spuren der weit in die Jahrtausende vor unserer Zeitrechnung zurück reichenden Bergbaugeschichte wandern möchten, sollten wir unbedingt auch das „Landes-Bergbaumuseum" besuchen. Das kann sowohl vor, als auch nach der Wanderung sein. Dieses Museum hat man ab 1982 in der ehemaligen Stadtkirche direkt beim Marktplatz eingerichtet. Die Öffnungszeiten sind täglich von 14 bis 17 Uhr. Der Eintrittspreis ist moderat.

Der Wanderweg beginnt am Rathaus und überquert den Marktplatz. Schon hundert Meter weiter oben biegen wir nach links in die Klostergasse in Richtung St.Cyriak ab. An einem Haus kurz vor der Kirche finden wir eine Gedenktafel für „Ernst Leitz". Hier wurde der große

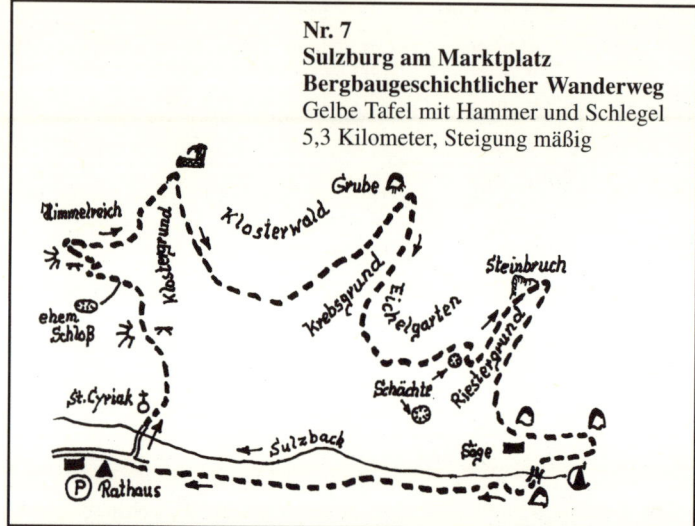

Nr. 7
Sulzburg am Marktplatz
Bergbaugeschichtlicher Wanderweg
Gelbe Tafel mit Hammer und Schlegel
5,3 Kilometer, Steigung mäßig

Techniker und Erfinder als Sohn dieser Stadt am 26. April 1843 geboren. In Wetzlar und Jena entwickelte er den weltbesten Photoapparat, die „Leica". Seine Lehrjahre verbrachte er in Pforzheim bei „Christian Öchsle", dem Erfinder der Weinwaage. Später half er „Philipp Reis" bei der Entwicklung des Telephons. In Sulzburg trägt heute die Schule seinen Namen. Natürlich ist ein Besuch in St.Cyriak unerlässlich, doch sollten wir uns den für einen späteren Zeitpunkt aufheben. An einem Baum vor der Klosterkirche ist das erste Zeichen für unseren Rundweg angebracht. Es ist eine gelbe Tafel, auf der sich die Werkzeuge des Bergmannes, Hammer und Schlegel, kreuzen. Eine umfangreiche Beschreibung des Rundweges braucht hier nicht zu erfolgen, da beim Verkehrsamt eine hervorragende Schrift unter dem Titel „Bergbaugeschichtlicher Wanderweg Sulzburg" zu bekommen ist. Darin finden wir auch eine Karte mit dem Verlauf des Weges. Die freundlichen Menschen, welche uns dort bedienen, geben uns auch gerne weiteres Material über das sehenswerte Städtchen Sulzburg und seine Umgebung. Deshalb sei der Rundweg nur skizziert.

Nach ganz neuen Erkenntnissen bauten schon Menschen im Zeitraum zwischen dem „Jungpaläolithikum" (8000 vor Christus) und der „La- Tene-Zeit" (500 vor Christus) in diesem Revier „Hämatit" (Eisenglanz) ab. Das ist ein rotes Mineral mit einem hohen Gehalt an Eisen. Damit bemalten die Menschen ihre Keramiken. Später waren es die Kelten und die Römer, die sich mittels der handwerklichen Möglichkeiten jener Zeit in den Berg hinein gruben. Sie suchten nach mineralogischen Schätzen. Grabungen aus jüngster Zeit weisen nach, dass sie fündig geworden waren. Sie förderten Bleiglanz zu Tage, in dem auch Spuren des wertvollen Silbers enthalten sind. Das aus dem Erz geschmolzene Blei benötigten die Römer zum Bau von Wasserleitungen. Nach dem Abzug der Römer wurde es wieder stiller im Tal, bis dann im 9. Jahrhundert eine neue Epoche begann. Ab jetzt zog es immer mehr Menschen in diese Gegend. Sie suchten und fanden Arbeit im Bergbau. An vielen Stellen öffnete man den Berg. Nicht immer war so ein Versuch von Erfolg gekrönt. Dann ließ man es an dieser Stelle eben bleiben und suchte sein Glück in einem anderen Gewann. In der Hauptsache fand man Quarz, Bleiglanz, Flussspat, Schwerspat, Kupferkies, Antimonglanz, Pechblende und Kobalt. Das Kobalt war ein ganz besonders begehrtes Mineral. Man stampfte es zu „Smalte". Das ist ein dunkelblaues Pulver aus Kobaltoxyd, das man mit Glasfluss mischte. So entstand eine intensive blaue Farbe. Noch heute bewundern wir die wunderschönen Kirchenfenster, die auf diese Art und Weise hergestellt worden sind. Glas wiederum schmolz man aus dem häufig vorkommenden Quarz in großen Feueröfen heraus, die mit Holzkohle beschickt wurden. Das Antimon hatte schon in frühester Zeit die Aufgabe der Schönheit der Frauen zu dienen. Aus diesem Material stellte man ein Schminkmittel für die Damen der feinen Gesellschaft her. Nach der Erfindung der Buchdruckerkunst legierte man das Antimon mit Blei und schuf daraus die Lettern. Aus Blei machte man u.a. „Bleiglätte", welche die Töpfer als Glasur verwendeten. Bis in die heutige Zeit sehr begehrt sind die in allen Gruben vorkommenden Kristalle. Sie entstanden in Klüften und sind ihrer Farbe und Schönheit wegen von Sammlern gesucht. Im Jahre 1832 fand der Bergbau im Revier Sulzburg sein Ende. Immer wieder, zuletzt im Jahre 1954, versuchte man einen neuen Anfang. Bisher blieb es beim Versuch.

Der „Bergbaugeschichtliche Wanderweg" ist nicht nur geologisch oder mineralogisch interessant, nein, er ist auch ein wunderschöner Wanderweg und Waldlehrpfad durch die weiten Wälder des Sulzbachtales. Dort wo früher im oberen Talabschnitt das Erz in einer Poche zerkleinert wurde, treffen wir beim Sägewerk auf die Straße, die nach „Bad Sulzburg" führt. Wir sind da am entferntesten Punkt unserer Wanderung. Hier ist noch das Mundloch des einstigen Riesterganges zu sehen. Beim Campingplatz überqueren wir die Straße. Dort ist auch der jüdische Friedhof, dessen Ursprünge in das Jahr 1528 zurück reichen. Auf schmalem Pfad, entlang des Sulzbaches, kehren wir nach Sulzburg zurück. Je nachdem, wie lange wir uns an den einzelnen Sehenswürdigkeiten aufgehalten haben, betrug die reine Wanderzeit gut zwei Stunden. Sollten wir jetzt noch Zeit haben, dann lohnt sich eine Besichtigung von St.Cyriak oder ein Rundgang im Städtchen. Bestimmt bleibt aber noch soviel Zeit, um in den historischen Stadtpark gleich hinter dem Rathaus zu schauen.

Von Sulzburg nach Bad Sulzburg

Wenn wir von Staufen kommen und auf der Badischen Weinstraße, der L-125, zwischen Ballrechten-Dottingen und Laufen zum Schwarzwald hin abbiegen, dann erreichen wir nach einem Kilometer die aus einer ehemaligen Bergmannssiedlung hervorgegangene Stadt Sulzburg. Ihr Stadtrecht geht auf die Mitte des 13. Jahrhunderts zurück. Der aus der Linie „Baden-Durlach" stammende „Markgraf Ernst" machte Sulzburg im Jahre 1515 zum Residenzstädtchen, und zwölf Jahre später, im Jahre

1527 baute er sich am Marktplatz ein Schloss. Heute ist dort das Rathaus mit der Gemeindeverwaltung, in welcher der Bürgermeister eine Stadt regiert, die mit zu den kleinsten in Deutschland zählt. Wir betreten den Altstadtkern durch ein mittelalterliches Tor, und sofort sind wir in einer anderen Welt. Durch ein Spalier malerisch schöner Häuser gelangen wir schnell zum Marktbrunnen. Von dort aus ist alles zu erreichen was Sulzburg zu bieten hat, und das ist wahrhaftig sehr viel. Hier beginnen mehrere Wanderwege, und von hier aus ist es nicht weit zur Synagoge, einem im Jahre 1823 erbauten klassizistischen jüdischen Gotteshaus. Direkt beim Marktplatz, in der ehemaligen evangelischen Kirche, hat man ab 1982 ein „Landesbergbaumuseum" eingerichtet. Da wird dem Besucher alles das gezeigt, was den Menschen in Sulzburg über viele Jahrhunderte hinweg Arbeit und Brot gegeben hat, nämlich der Bergbau. Besonders im Mittelalter holte man große Mengen Silbererz aus den tief in die Hänge geschlagenen Gruben. Wenige Meter hinter dem Rathaus, im Fliederbachtal, stehen die Häuser des Pestalozzi-Kinderdorfes. Dort kommen wir vorbei und lernen es kennen, wenn wir uns für die Wanderung Nr. 8 entscheiden. Nur fünf Minuten vom Stadtkern entfernt steht die ottonisch-romanische Kirche Sankt Cyriak. Wer sie nicht besucht hat, der war nicht in Sulzburg gewesen.

Man betritt die Kirche durch das Turmportal. Über dem Eingang thront eine Christusfigur. Zu seinen Füßen knien die beiden Stifterfiguren. Schon beim Eintreten überrascht uns die Schlichtheit des Innenraumes. Doch gerade diese architektonische Zurückhaltung ist es, die der Kirche ihre Größe und Einmaligkeit verleiht. Erbaut wurde das Gotteshaus im Jahre 993 vom Breisgaugraf „Birchtilo". Die Baugenehmigung, so würde man es heute nennen, holte er sich vom damaligen dreizehn Jahre alten König Otto III. Schon bald wurde geregelt, dass die Benediktinerinnen hier ihr Kloster einrichten dürfen. Geweiht wurde die Basilika dem Märtyrer „Sankt Cyriak". Er ist einer der „Vierzehn Nothelfer" und sein Patrozinium wird am 8. August begangen. Der Turm, im 11. Jahrhundert erbaut, ist der älteste noch erhaltene in ganz Südwestdeutschland. Bei genauen Untersuchungen fand man heraus, dass die Balken im Turm von einem Baum stammen müssen, der im Jahre 996 gefällt worden war. Dem Kenner bleibt nicht verborgen, dass man unablässig bauliche Veränderungen vornahm. Von Anfang an war man ohne die Kunst eines Steinmetzen ausgekommen. Der ganze Bau wurde von Maurern errichtet. Dass der Innenraum einst farbig ausgemalt war, zeigen noch wenige verblasste Fragmente. Im Jahre 1555 schloss Markgraf „Karl II" im Zuge der Reformation das Kloster für immer. Die Kirche wurde zur allgemeinen Gemeindekirche, die Klostergebäude verfielen und brannten aus. Was wir heute sehen, das ist ein mit großem Geschick renoviertes Kunstwerk, dem man den Charakter der ottonischen Romanik voll belassen hat. Bestens geführt werden wir mit dem Büchle „Große Baudenkmäler", Heft 187, aus dem „Deutschen Kunstverlag München, Berlin". Man kann es in der Kirche oder im Verkehrsamt im Bergbaumuseum erwerben.

Nur 3,5 Kilometer talaufwärts liegt „Bad Sulzburg". Das im Jahr 2000 völlig renovierte Waldhotel wirbt mit zwei Losungen, die alles zum Ausdruck bringen, was dieses herrliche Fleckchen Erde so besuchenswert macht. Sie lauten:

„Nicht am Ende der Welt, jedoch weit genug, um sich auf das Wesentliche zu konzentrieren".
„Den Alltag vergessen....tauchen Sie ein in die eigene Welt des Waldhotel Bad Sulzburg".

Damit ist eigentlich alles gesagt. Wer könnte sich etwas schöneres gönnen, als sich in ruhiger Umgebung auf der „Beauty-Insel" verwöhnen zu lassen, daneben eine herrliche Landschaft zu erwandern und zu allem hin auch noch gut alemannisch essen und zu trinken. Von hier aus kann man Sulzburg mit der Vielzahl seiner kunsthistorischen und heimatkundlichen Sehenswürdigkeiten regelrecht erobern.

Zum Abschluss können wir uns die Zeit für einen besinnlichen Spaziergang durch den romantischen Stadtpark mit seinen alten Bäumen nehmen, der direkt hinter dem Rathaus beginnt. Und vergessen Sie auf keinen Fall einen Besuch in der „Katharina Barbara Apotheke" in der Hauptstraße Nr. 50, wo sich eine herrliche Geschichte abspielte, und wo man in einer Blechdose die echten „Apotheker Pfefferminz" kaufen kann. Darüber wird in diesem Büchle näher am Ende der Wanderung Nr. 8 berichtet.

Siegel der Stadt Sulzburg

*Sulzburger Stadtsiegel
aus dem Jahr 1283
Ältestes deutsches Siegel mit
Bergbaudarstellung*

*Heutiges Stadtsiegel
von Sulzburg*

Auf beiden Siegeln geht ein Bergmann in Grubenkleidung und mit einer Fackel und einer Hacke ausgerüstet auf ein Stollenmundloch zu. Ein darüber sitzender Engel weist auf einen Stern am Himmel, womit dem Bergmann der Bergsegen verheißen wird.

Die zwei Gesichter einer Landschaft

Rathaus Sulzburg – SOS-Kinderdorf – Bubenbergweg – Hohleichweg – Theodor Brausweg – Ruine Neuenfels – Weierlebrunnen –
Obermattweg – Bettlerpfad – Muggard – Kohlpfadweg – Sedanplatz

Markierung:	Hinweg Burgruine Neuenfels,
	Rückweg Muggard auf Tafeln
Länge:	12,5 Kilometer; Steigung mittel, kurz steil
Hinfahrt:	Mit Bus Nr.113 ab Staufen, mit Bus Nr.261 ab
	Müllheim, mit dem Fahrrad oder Pkw

Das Städtchen Sulzburg, das am Übergang vom Schwarzwald zur
„Oberrheinischen Ebene" liegt, erreichen wir recht problemlos. Von
Bad Krozingen oder von Staufen aus fahren wir mit dem Zug oder
Bus Nr.113 an. Vom Bahnhof in Müllheim fährt der Bus Nr.261
nach Sulzburg. Sofern vorhanden, können wir die REGIO-Umweltkarte benützen. Kommen wir mit dem Fahrrad oder dem Pkw,
dann biegen wir bei Dottingen, das liegt an der „Badischen Weinstraße" zwischen Staufen und Müllheim, nach Osten zum Schwarzwald hin ab. Schon nach 1,5 Kilometern sind wir in Sulzburg. Da
diese Stadt keine echte Durchgangsstraße hat, fehlt der in anderen
Orten so hektische Straßenverkehr. Das wird uns sehr entgegen kommen, wenn wir uns zu einer Besichtigung entschließen (siehe Sonderartikel Sulzburg).

   Unsere Wanderung beginnen wir am Marktplatz. Die ersten 80
Meter weit folgen wir neben dem Rathaus der Markgrafenstraße,
von der wir nach links in die Straße „Im Brühl" abbiegen. Schon
nach fünf Minuten sind wir beim „SOS-Kinderdorf". Hier im Fliederbachtal hat man im Jahre 1958 eine Reihe von Häusern gebaut, in
denen Waisenkinder aus aller Welt ein Zuhause und eine Familie
finden. Der Gründer dieser Einrichtung, „Dr. Hermann Gmeiner"
aus Wien, weihte mit dem damaligen Bürgermeister „Eugen
Hochstatter" am 29. November 1958 die Anlage ein. Seitdem ist die
Zahl der jungen Menschen, die hier glücklich geworden sind, sehr
groß. Da man in Sulzburg schon immer mit der Zeit ging und heute
erst recht geht, hat man im Jahr 2000 begonnen die Häuser dem Stil

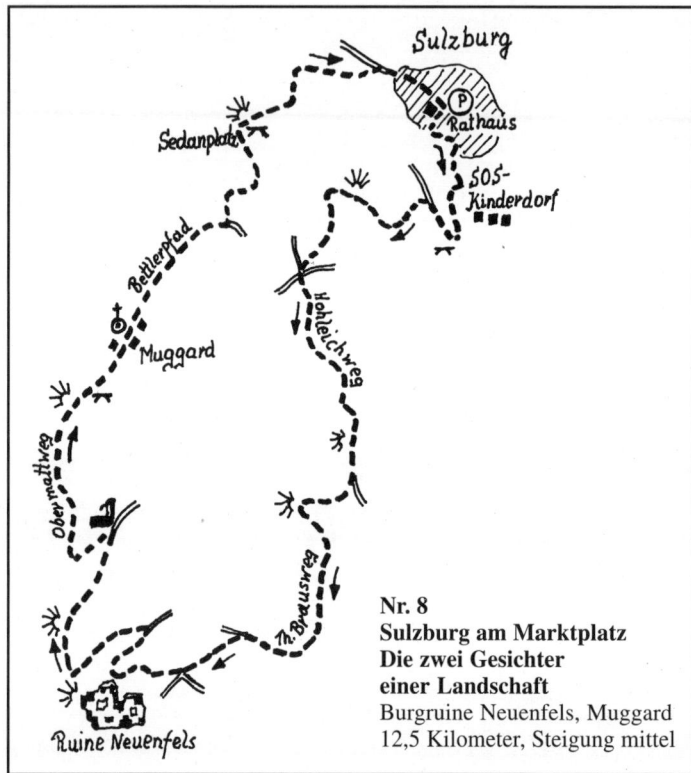

Nr. 8
Sulzburg am Marktplatz
Die zwei Gesichter
einer Landschaft
Burgruine Neuenfels, Muggard
12,5 Kilometer, Steigung mittel

und den Anforderungen der gewandelten Zeit anzupassen. So wandern wir direkt auf die neue Kindertagesstätte zu. Nach und nach werden alle Häuser erneuert. Eine Besichtigung, die sogar mit einer Spende verbunden sein kann, wird uns helfen diesen sozialen Gedanken zu vertiefen.

Nach dem Kinderdorf wandern wir noch 30 Meter weit links am Fliederbach hinauf, überqueren ihn dann, und steigen schließlich auf dem hohlwegartigen Bubenbergweg an. Wir gewinnen schnell an Höhe. In einer scharfen Rechtskurve treffen wir auf eine breite

Waldfahrstraße. Der folgen wir aber nur 150 Meter weit, dann zeigt uns ein Wegweiser an, dass es schmal und etwas steiler links am Hang bergauf geht. Diese gut zu findende Tafel mit der Aufschrift „Neuenfels" wird uns sicher zum angestrebten Ziel bringen. Bald lässt die Steigung nach, und es öffnen sich für kurze Augenblicke herrliche Tiefblicke. Dabei schauen wir – vorbei am kegelförmigen „Castelberg" – hinaus in die Ebene des Markgräflerlandes. Wieder überqueren wir eine breitere Waldstraße, aber drüben geht es für uns weiter schmal bergauf. Ob im Wald oder in den Lichtungen, überall blüht es. Sogar im November findet sich am Rain noch so manches Blümchen. Nachdem wir gut eine halbe Stunde Wanderzeit hinter uns haben, kommen wir an eine größere Kreuzung, an der vier Waldwege aufeinander treffen. Wir wählen den halblinks breit ansteigenden „Hohleichweg". Sind wir am Vormittag unterwegs, dann ist der Wald erfüllt vom Gezwitscher vieler Vögel. Um die Mittagszeit wird es stiller, doch zwischen zwölf und vierzehn Uhr vernehmen wir das dünne „Wizi-wize" der scheuen Tannenmeise. Auch wenn ab und zu Wege abbiegen, dann soll uns das nicht stören. Für uns geht es unbeirrt weiter gemächlich bergauf. Am Wegrand wächst die „Tollkirsche" (Atropa belladonna), die wir ab dem Hochsommer an ihren glänzend schwarzen und hochgiftigen Beeren erkennen. An einer größeren Wegkreuzung ändern wir die Richtung. Beim „Nussbaumplatz" zeigt uns die Tafel an, dass es zur Neuenfels nach halbrechts auf dem Theodor Brausweg weiter geht. In tief ausholenden Kurven kommen wir immer höher. Unter uns breitet sich die fruchtbare „Oberrheinische Ebene" aus. Was ist das für ein Kontrast! Da oben Nadel- und Laubwald, unterbrochen von mächtigen Felspartien. Dort unten, im warmen Licht des Markgräflerlandes, das satte Grün der Reben und die geometrischen Flächen der Äcker und Felder. Hier zeigt die Landschaft wahrhaftig zwei Gesichter. Einige Male können wir diesen Tiefblick genießen, dessen Perspektive sich nach jeder Kurve ändert. Dort wo unser Weg für einen Moment den anscheinend höchsten Punkt erreicht hat, verlassen wir die breite Waldstraße, die jetzt nach rechts bergab geht. Wir steigen nach einem Sattel auf dem etwas weniger breiten Weg noch ein kurzes Stück an. Wieder kommen wir an einen Sammelpunkt

mehrerer Wege. Von hier aus geht es nach rechts auf einem schmalen Pfad bergab zur Burgruine Neuenfels.

Trutzig streben die mächtigen Mauern gen Himmel, alle Bäume
ringsum überragend. Bevor wir die Treppen hinauf steigen, lesen
wir im Burghof auf der sehr übersichtlich gestalteten Tafel die Geschichte dieser einstmals bedeutenden Burg (Beschreibung siehe bei
der Wanderung Nr. 17). Von der Aussichtsplattform schauen wir
weit ins Land. Im Rücken haben wir den Hochblauen mit seinem
Turm. Im Westen gleitet unser Blick in die Rheinebene, in der sich
die vielen Ortschaften wie bunte Perlen zwischen die wechselnden
Farben der Felder zwängen. Direkt unter uns liegt „Britzingen", dahinter etwas kleiner, der Weiler „Dattingen". Wenn die Sicht einigermaßen gut ist, dann können wir die Höhenzüge der Vogesen aus-
machen, die auf der französischen Seite parallel zum Schwarzwald
verlaufen. „Die Herren von Neuenfels", die vom Jahre 1300 an für
rund 250 Jahre da oben wohnten, wussten auch schon wo es schön
ist. Ob es auch annehmlich oder gar bequem war, das können wir
heute nicht mehr beurteilen. Während wir uns im Innenraum der gut
restaurierten Burg zu einem Vesper nieder lassen, machen wir uns
Gedanken über das Leben und Wohnen auf so einer Burg vor rund
600 Jahren.

Hier auf der Ruine Neuenfels haben wir die Hälfte unseres Wanderweges hinter uns. Beim Abstieg folgen wir für einige Meter dem
schmalen Steig und kommen gleich auf einen breiteren Weg, der
uns in Richtung Muggard weist. Rechts über uns schimmern durch
die dichten Äste die Mauern, die wir eben verlassen haben. Schon
nach 300 Metern treffen wir auf eine breite Waldstraße, der wir nach
links bergab folgen. Noch einmal sehen wir links oben die Burgruine, dann gilt unser Blick nur noch dem Weg, der uns zügig abwärts führt. An der nächsten Kreuzung ändern wir wieder die Richtung. Bei der Tafel, auf der uns der am Wegrand anstehende Gneis
erklärt wird, biegen wir nach rechts ab. Während wir tief in die Ebene hinab schauen, fällt unser Blick auch auf ein Schild, das man
zum Andenken an einen hier verunglückten Waldarbeiter aufgestellt
hat. Weiter geht es bergab. Bei der nächsten Wegschleife folgen wir
für nur 50 Meter geradeaus dem „Ödstallweg", biegen aber dann

gleich nach links auf den „Obermattweg" ab. Beim „Weierlebrunnen" sagt uns der Hinweis zum „Cafe Sacher", dass wir auf dem richtigen Weg nach Muggard sind. Habe ich richtig gezählt? Hat die Hand auf der Hinweistafel wirklich nur vier Finger? Noch zweimal müssen wir die Richtung ändern, dann verlassen wir die Waldzone und münden bei den Wiesen und Reben in den „Bettlerpfad" ein. Er wird von einem gelben Punkt markiert. Über einen schmalen Wiesenweg gelangen wir ins Dorf „Muggard". Gepflegte Häuser mit blumenreichen Vorgärten säumen den Weg. Rechterhand ist die Weinstube und Cafe „Sacher" (Mo. und Di. Ruhetag). Sollten wir an einem anderen Tag unterwegs sein, dann verlockt uns das sicher zu einer Pause. Wenige Meter weiter steht die evangelische Kirche von Muggard. Sie soll zwischen 1430 und 1450 von den Johannitern erbaut worden sein. Seine erste Glocke bekam das Kirchlein 1576, als man das Bruderhaus am Eichwald bei Britzingen abgebrochen hatte. Doch die wurde im „Dreißigjährigen Krieg", im Jahre 1635, von plündernden Soldaten entwendet. Die heutige Glocke mit dem Ton g''', wurde 1661 von den Gebrüdern „Rot" (Rodt) gestiftet.

Nach der Kirche müssen wir – vorbei am Försterhaus mit der Hausnummer 34 – etwa zehn Minuten bis zur „Muggarder Höhe" ansteigen. Ab da beginnt ein richtig gemütliches Wandern auf dem „Kohlpfadweg". Da der Wald recht hell ist, wachsen neben den Farnen und Moosen eine Menge Blütenpflanzen am Wegrand. Eigentlich blüht mit Ausnahme vom Monat Januar immer etwas. Als wir am Nikolaustag im Dezember 2000 diese Rundwanderung machten, da fanden wir noch folgende blühende Pflanzen:

Roter Ziest	Rainkohl	Wirbeldost
Bachweidenröschen	Johanniskraut	Gefleckte Taubnessel
Rote Lichtnelke	Weißer Steinklee	Persischer Ehrenpreis
Wasserdost		

Na ja, in diesem Jahr war die erste Dezemberhälfte auch überdurchschnittlich warm. Diese kleine Aufzählung soll darauf hinweisen, dass man zu jeder Jahreszeit ein Pflanzenbuch bei sich haben sollte. Nur dann wird die Natur wie ein aufgeschlagenes Buch vor uns liegen.

Vom „Sedanplatz" aus, der von mächtigen Eichen eingerahmt wird, werfen wir noch einmal einen Blick auf das Land unter uns, in diesem Fall auf die Gemeinde „Laufen" und die beiden kleinen Weiler dahinter „Betberg" und „St.Ilgen". Auch dort wird in diesem Wanderführer ein interessanter Rundweg beschrieben. Wir lassen uns weiter vom gelben Punkt auf dem Bettlerpfad führen, der bald nach links in einen etwas steiler abwärts führenden Hohlweg einmündet. Gleich sind wir wieder in Sulzburg, wo unsere Wanderung begonnen hat. Zählen wir nur die reine Gehzeit, dann waren wir gut vier Stunden unterwegs gewesen. Da wir aber öfters gerastet haben, ja eventuell eingekehrt sind, kann sich diese Wanderung über einen ganzen Tag erstrecken. Den sollten wir für diesen herrlichen Rundweg einplanen. Nur dann haben wir genügend Zeit die zwei Gesichter dieser Landschaft kennen zu lernen. Zum Abschluss sei noch auf eine nette Geschichte hingewiesen, die den sowieso schon sprichwörtlichen Charme des Städtchens Sulzburg noch erhöht:

Prinzessin Katharina Barbara und der Weckensonntag
Am Sonntag „Lätare", (lateinisch: freue dich) das ist der dritte Sonntag vor Ostern, findet in Sulzburg der „Weckensonntag" statt. Da ziehen die Kinder unter Musikbegleitung zum Marktplatz. Dort verteilen der Bürgermeister und die Gemeinderäte kostenlos „Wecken". Dieser im Volksmund als „Weckesundig" bezeichnete Brauch geht auf „Prinzessin Katharina Barbara" zurück. Sie war die Tochter des Markgrafen Friedrich und seiner Gemahlin Christina. Diese Christina war die Nichte des Schwedenkönigs „Gustav Adolf". Bei einer Begegnung mit Adligen um 1670 warf der damalige „Deutsche Kaiser Leopold I" ein verliebtes Auge auf die schöne Prinzessin Katharina Barbara und bat um ihre Hand. Somit hätte sie deutsche Kaiserin werden können. Da sie aber bei einer Heirat hätte müssen zum katholischen Glauben übertreten, lehnte sie ab und blieb ledig. Sie wohnte oft in Sulzburg und unterstützte mit ihrem Vermögen die Armen, insbesonders die Kinder. Für 4000 Gulden kaufte sie das „Stapflehus" und richtete dort eine Armen-

apotheke ein. Von den anfallenden Zinsen sollten die armen Menschen kostenlos Medikamente erhalten. Ebenso führte sie den Weckensonntag ein, an dem die armen Kinder vom Bürgermeister kostenlos einen Wecken bekamen. Die rund 400 Jahre alte Apotheke existiert noch heute am alten Platz in der Hauptstraße Nr.50, gleich unterhalb des Bergbaumuseums. Sie heißt sogar „Katharina Barbara Apotheke". In einer wunderschönen Blechdose kann man als ein feines Andenken an Sulzburg die echten „Apotheker-Pfefferminz" kaufen. Wir sollten diesem Haus unbedingt einen Besuch abstatten. Die freundlichen Apothekerinnen zeigen uns gerne die historischen Räumlichkeiten, in denen man bei der letzten Renovation die ursprünglichen Deckenbalken wieder frei gelegt hat. Einen Blick sollte man auch in den Apothekengarten hinter dem Haus werfen. Soweit die kleine Episode über eine große Wohltäterin.

Saat-Esparsette
(Onobrychis viccifolia)

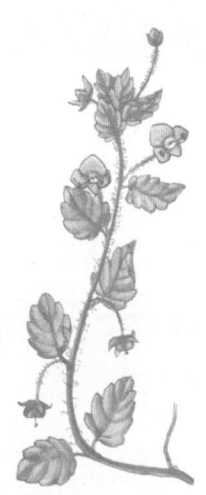

Persischer Ehrenpreis
(Veronica persica)

Steile Halden am Kaibenkopf

Hotel Bad Sulzburg – Dürrergrundweg – Kaibenweg – Behagelfels – kleiner Kaibenkopf – Kälbelescheuer – Kälbelescheuerweg – Hirschrankhütte – Schnellinghalden – Jägersruh – Schnellingweg

Markierung: Blaue Raute
Länge: 11 Kilometer; Steigung stark
Hinfahrt: Mit Fahrrad oder Pkw über Sulzburg bis Parkplatz vor Hotel Bad Sulzburg

„Wandern am Rande des Schwarzwaldes", so müsste man sagen, wollte man die vielen hundert Wanderwege des Markgräflerlandes beschreiben. Sie ziehen sich von der Ebene, über die Hügel der Vorbergzone, bis tief hinein in die weiten Täler. Unser heutiger Wanderweg beginnt im hintersten Zipfel des Sulzbachtales. Wir erklimmen die steilen Halden, aus denen die Quellen sickern, deren Wasser später zum Sulzbach wird. Uns erwartet eine zünftige Bergtour, für die wir gute Wanderkleidung mit stabilen Schuhen und einen Rucksack brauchen. Damit uns ein plötzlicher Platzregen nichts antun kann, packen wir noch einen Regenschirm ein.

Für die Anfahrt wählen wir die „Badische Weinstraße", die Staufen mit Müllheim verbindet. Bei Dottingen biegen wir nach Osten in Richtung Sulzburg ab. Eigentlich hört in Sulzburg die Hauptstraße auf, doch wir durchqueren die Stadt auf voller Länge und folgen dem schmalen Sträßle 3,5 Kilometer weit Richtung Bad Sulzburg ins Obertal. Befanden wir uns in Sulzburg noch in einem breiten Wannental, so wird es jetzt schnell enger. Die Flanken der Berge rücken zu beiden Seiten bis an die Straße heran. Lediglich dem Bach und der Straße gewähren sie noch einen Durchlass. Das milde Klima, hervorgerufen durch die warmen Winde aus der „Oberrheinischen Ebene", erlaubt sogar die Anlage eines Waldschwimmbades und eines Campingplatzes. Nachdem wir an beiden vorbei sind wird es still um uns. In einer flachen Mulde erreichen wir den „Waldparkplatz Sulzbachtal". Er liegt in 460 Meter Höhe linkerhand direkt an der Straße. Immer wieder trifft man Menschen, die lediglich an diesen Ort fahren, um die Schönheit und die Ruhe dieser Land-

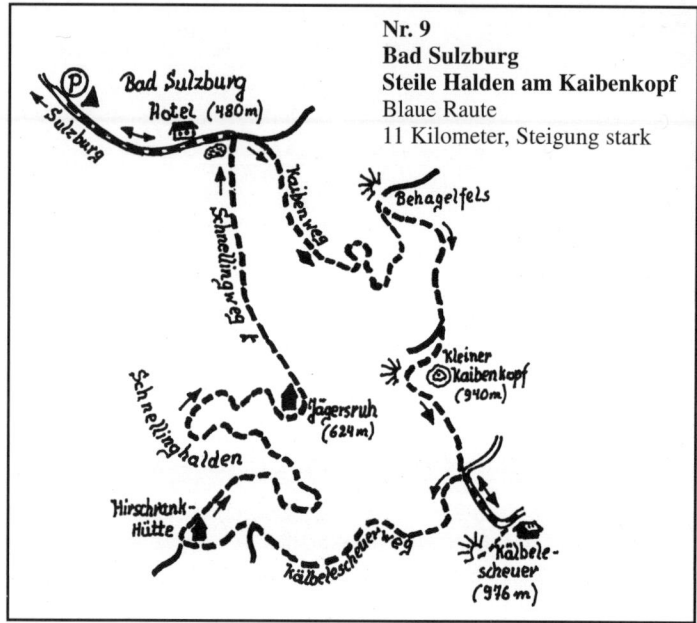

Nr. 9
Bad Sulzburg
Steile Halden am Kaibenkopf
Blaue Raute
11 Kilometer, Steigung stark

schaft zu genießen. Sie packen ihren Campingstuhl und ein kleines Tischchen aus, und schon kann die „Siesta" im Freien beginnen.

Doch wir wollen ja wandern. Für die Wanderer, die mit dem Auto gekommen sind, endet hier die Straße. Lediglich diejenigen, die ins „Waldhotel Bad Sulzburg" wollen, können noch 400 Meter weiter fahren. Auch die Radfahrer nutzen dieses letzte Stückchen noch aus. Nachdem wir das Auto sorgfältig gesichert haben (keine Wertsachen zurück lassen), wandern wir entlang der Straße etwa 400 Meter weit leicht ansteigend ins Tal hinein. Dann sind wir am Kurhotel. Dieser Ort heißt „Bad Sulzburg". Hier hört jeder motorisierte Verkehr auf, was dem nach Ruhe suchenden Kurgast entgegen kommt. Schon im Jahre 1603 spricht man von einem Heilbad, dessen erster Wirt ein „Bernhard Münklin" war. Das Wasser der radioaktiven Quelle, das gegen arthritische Krankheiten, Rheuma und Frauenleiden heilwirksam ist, wird bei Bade- und Trinkkuren angewendet. Zu dieser inneren Behandlung kommt der nicht zu unterschätzende äußere Einfluss der reinen Luft hinzu. Am Kurhaus vorbei folgen wir noch 200 Meter weit dem breiten „Dürrergrundweg" bergauf. Dann biegen wir nach rechts auf den „Kaibenweg" ab. Die blaue Raute wird uns bis hinauf zur „Kälbelescheuer" in 976 Meter Höhe den Weg weisen. Jetzt hört es auf mit der Gemütlichkeit. Der Kaibenweg zieht gleich stark bergauf. Zum guten Glück schützt uns der Hochwald vor einer eventuell hoch stehenden Sonne, sonst wäre die Stirn gleich feucht. Wie kräftig der im Moment noch breite Weg ansteigt, das merken wir an dem Bach, dessen Wasser rechts von uns in mächtigen Sätzen über die Felsbrocken springt. Am Ende des Dobels macht der breite Waldweg eine scharfe Linkskurve. Da müssen wir genau auf die Markierung achten. Wir steigen noch wenige Meter am Bach entlang an, überqueren diesen dann nach links, und schwenken auf einen schmalen Waldpfad ein. Ab jetzt geht es in großen Serpentinen bergauf. Geröll liegt auf dem Weg, was darauf hindeutet, dass weiter oben die Felsen unter dem Einfluss der Witterung stetig abbröckeln. Wir befinden uns jetzt in den steilen Halden des „Kaibenkopfes". An den lichten Stellen blüht vom Mai bis in den Juli der „rote Fingerhut" (Digitalis purpurea). Er wird im Sommer übergangslos abgelöst vom gelb blühenden „echten Springkraut" (Impatiens noli tangere), das man im Volksmund auch „Rühr mich nicht an" nennt. Wer die reife Frucht anfasst, der wird sogleich erschrecken, denn die Fruchtkapsel springt auf und schleudert ihre Samenkörner bis zu einem Meter weit von sich. Nur an ganz wenigen Stellen bieten sich für einen kleinen Augenblick schöne Ausblicke hinab ins Sulzbachtal.

Das ändert sich, wenn wir in 748 Metern Höhe auf eine breite Waldfahrstraße treffen. Jetzt sind wir beim Behagelfels. Da haben wir eine Rast verdient, und die wird verschönt durch einen wunderbaren Ausblick ins Rheintal, das weit draußen im Westen von den Vogesen begrenzt wird. Die Franzosen nennen diesen Bergzug „*Les vosges*", was in unserer Schreibweise „*Vosegen*" heißen müsste. In Wirklichkeit geht die Bezeichnung auf das Stammwort „Wasgenwald" zurück, der im einst so benannten „Wasgau" liegt. Vom gemütlichen Bänkle aus können wir auf einer Tafel lesen, was es mit der Bezeichnung „Behagel" auf sich hat.

Der Behagelfels

Aus der Festschrift zum 100-jährigen Bestehen des Schwarzwaldvereins, Ortsgruppe Sulzburg

Sr. Hochwohlgeborenen
Herrn Hofrat Behaghel
Freiburg i.Br.
Eur Hochwohlgeborenen beehren uns ergebenst mitzuteilen, dass wir beabsichtigen, einen zu prächtigsten Aussicht auf das Rheintal freigelegten und mit bequemen Aufstieg versehenen, an dem schönen und neu hergestellten Pfade vom Sulzburger Bad auf den Belchen befindlichen Felsen zur Erinnerung an das 25-jährige Jubiläum des Schwarzwaldvereins und zum dankbaren Andenken an seinen unermüdlichen Präsidenten Behaghelfelsen zu benennen.
Euer Hochwohlgeboren ersuchen wir zu dieser Benennung gütigst Erlaubnis erteilen zu wollen.

Hochachtungsvoll
Der Vorstand der Sektion Sulzburg
des Schwarzwaldvereins
Sulzburg, 20. Juni 1889
Der Vorstand

Wilhelm Jakob Behagel (1824 bis 1896)
Professor an der Universität Freiburg, Geheimer Hofrat, von 1881 an Präsident des badischen Schwarzwaldvereins.

Während ich hier saß und den Text auf der Tafel las, beobachtete mich fast regungslos eine Waldspitzmaus. Sicher rechnete sie mit ein paar Krümeln, die ich von meinem Vesper übrig ließ.

Nach dem Behagelfelsen wandern wir auf dem breiten „Dottingerweg" etwa 15 Minuten bergauf. Dann biegt nach links zum Hang hin ein schmaler Pfad ab. Auf der Tafel steht „Kälbelescheuer – Belchen". Man muss schon gut aufpassen, damit man dieses Wegle nicht verfehlt. Wieder ist der Boden mit feinem Geröll bedeckt, doch es geht sich angenehm. Wann mag hier wohl der letzte Wanderer gegangen sein? Sicher ist es schon eine Woche her. Unser Pfad schlängelt sich in vielen Windungen hoch zum Kaibenkopf. Das ist der Berg, der das Sulzbachtal nach oben abschließt. Nach etwa 90 Minuten Wanderzeit hören wir Autogeräusche, und bald darauf stehen wir auf der von links herauf kommenden Fahrstraße. Ihr folgen wir noch genau 450 Meter weit bergauf, dann haben wir das Almgasthaus „Kälbelescheuer" erreicht. Da dieser Platz mit dem Auto über das Münstertal angefahren werden kann, herrscht an schönen Tagen recht viel Betrieb. Wir mischen uns stolz unter die auf der Wiese lagernden Menschen. Stolz deshalb, weil wir in einer fast alpinen Wanderung den Berg von Bad Sulzburg aus bezwungen haben. Schließlich sind wir in den letzten zwei Stunden rund 500 Höhenmeter angestiegen. Sicher werden wir da oben rasten. Eines aber sollten wir nicht versäumen, nämlich uns nach allen Richtungen hin umzuschauen. Im Osten erhebt sich der Belchen mit seiner harmonisch gerundeten Kuppe. Schauen wir nur wenige Meter unterhalb der Gaststätte von der Mulde aus nach Westen, dann streift der Blick über die Malteserstadt Heitersheim hinweg in die Rheinebene.

Für den Rückweg müssen wir zunächst wieder auf der Fahrstraße die 450 Meter bergab wandern, bis zu der Kurve, bei der wir vorhin herauf gekommen waren. Hier biegen wir jetzt nach links auf den breiten „Kälbelescheuerweg" ein. Er verliert anfänglich nur wenig an Höhe, so dass wir in aller Ruhe die reichhaltige Flora an der Böschung anschauen können. Da blühen Lichtnelken und Storchschnabel, in Gemeinschaft mit der gelben Goldrute, dem purpurnen Hasenlattich und dem gelben Fuchs-Greiskraut. An sickerfeuchten Wegrändern steht der „Wasserdost" (Eupatorium cannabium). Sein botanischer Name geht auf *„Eupator"*, den König von Pontus (gest. 63 v. Chr.) zurück, der die Pflanze gegen Leberkrankheiten eingesetzt hat. Im Volksmund nennt man diesen oft bis zu einem Meter hoch werdenden und lila blühenden Korbblütler „Kunigundenkraut". Natürlich lohnt es sich, wenn wir bei der Wanderung ein Pflanzen-

buch mitnehmen. Nach zwanzig Minuten kommen wir an eine Wegkreuzung. Ab hier geht es auf dem „Schnellingweg" zügig bergab.
In einer großen Rechtsschleife steht die „Hirschrankhütte", neben
der aus einem schön gestalteten Brunnen klares Trinkwasser fließt.
Ab und zu zweigen kleinere Waldwege ab, die jedoch für uns unbedeutend sind. Über die „Schnellinghalden" verlieren wir schnell an
Höhe. In einer Höhe von 624 Metern erreichen wir die „Jägersruh".
Diese Hütte steht in einem stillen Dobel. Dass hier wenig Menschen
vorbei kommen, erkennen wir an den vielen Vogelstimmen im Wald.
Kaum tauchen wir auf, warnt der Eichelhäher mit seinem rätschigen
Ruf. Auf einer hohen Fichte verrät sich der „Waldbaumläufer" mit
seinem dünnen „Srie-srieh". Bei der Jägersruh biegen wir nach links
ab und streben dem Sulzbachtal zu. Das erreichen wir bei einem
Brückle, wo linkerhand noch die Reste eines Weihers zu erkennen
sind. Da staute man in früheren Jahren das Wasser und leitete es
durch eine lange Röhre auf eine Turbine drunten beim Hotel. Auf
diese Art deckte man den eigenen Strombedarf. Von diesem Weiher
aus sind es nur noch 200 Meter bis zum „Waldhotel Bad Sulzburg".
Nach weiteren 400 Metern sind wir am Ausgangspunkt beim Parkplatz Sulzbachtal.

   Hinter uns liegt eine Schwarzwaldwanderung, an die wir sicher
noch lange denken werden. Der Weg war streckenweise zwar an-
strengend, aber er erschloss uns eine herrliche Landschaft. Sehen
wir von einigen Aufenthalten unterwegs ab, dann waren wir vier bis
fünf Stunden unterwegs gewesen. Bedingt durch den schönen Mischwald in den steilen Halden des Kaibenkopfes ist es besonders schön
sich den Herbst für diese Wanderung auszusuchen. Als beste Tageszeit für den Aufstieg sei der Vormittag empfohlen, denn dann steht
die Sonne noch hinter dem Kaibenkopf.

Durch Müllheim zum Wanderparkplatz Eichwald

Er ist nicht ganz einfach zu finden, der am oberen Ende der Stadt Müllheim gelegene Wanderparkplatz Eichwald. Aber es lohnt sich ihn zu suchen, denn dort finden wir drei wunderschöne Rundwege. Sie bieten sowohl dem Wanderer als auch dem Spaziergänger eine idyllische Waldlandschaft, in der man beim Wandern im wahrsten Sinne des Wortes „die Seele baumeln lassen kann". Die beigefügte Skizze wird uns sicher hin führen.

a.) Wer mit dem Zug anreist, der steigt am Bahnhof Müllheim in den SWEG-Bus der Linie 111 und lässt sich in neun Minuten bis „Müllheim-Verkehrsamt" bringen. Da gilt überall die „REGIO-

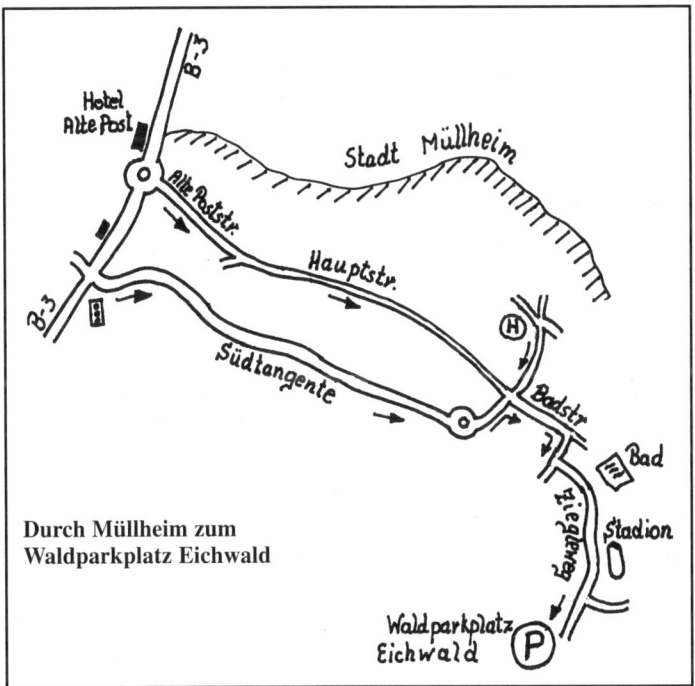

Durch Müllheim zum Waldparkplatz Eichwald

Umweltkarte". Nun geht es zu Fuß 300 Meter entlang der „Östlichen Allee" bis zur Badstraße. Dort finden wir den Wegweiser zum Schwimmbad, dem wir folgen. Noch vor dem Bad biegen wir in den Ziegleweg ab, an dem 200 Meter nach dem Stadion – gleich hinter der Waldgrenze – unser Wanderparkplatz liegt.

b.) Wer mit dem Pkw kommt, hat zwei Möglichkeiten. Am einfachsten ist es, wenn man von der B-3 aus – 200 Meter südlich vom Hotel „Alte Post" – an der Ampelkreuzung zum Schwarzwald hin auf die breite Südtangente abbiegt. Diese Straße umgeht das Stadtzentrum von Müllheim. Nach 1,6 Kilometern erreichen wir einen Kreisverkehr, bei dem wir nach links abbiegen. Folgen wir jetzt dem Zeichen des Schwimmbades, dann kommen wir durch die Badstraße und den Ziegleweg, vorbei am Bad und Stadion, zum angestrebten Ziel, dem Waldparkplatz Eichwald.

c.) Der Radfahrer, evtl. auch der Autofahrer, biegt beim historischen Hotel „Alte Post" von der B-3 in Richtung Müllheim ab. Durch die „Alte Post Straße" kommt er auf die lange Hauptstraße, welche direkt in die Badstraße einmündet. Jetzt folgt man der Tafel mit der Bezeichnung Schwimmbad oder dem grünen Zeichen „Schützenhaus". Vorbei am Bad und am Stadion ist man im Nu beim Waldparkplatz Eichwald, der nur 200 Meter hinter der Waldgrenze liegt.

Über das Sonnenbückle

Müllheim – Schwimmbad – Stadion – Eichwald – Pferchbodenweg
– Rötheostweg – Röthebuck – Sonnenbückle – Ziegleweg

Markierung: Tafel mit rotem Pfeil und „M 1"
Länge :   3 Kilometer; bequem
Hinfahrt: Über Müllheim mit Zug, Fahrrad oder Pkw

Die Zufahrt zum Wanderparkplatz Eichwald wird im Vorwort zu dieser Beschreibung auf Seite 71 erklärt. Dort, wo wir von der Bundesstraße 3 in Richtung Müllheim abbiegen, steht das Hotel „Alte Post", das „Johann Peter Hebel" in seinem Gedicht „Der Schwarzwälder im Breisgau" in einem netten Vers verewigt hat. So schreibt er:

> Z'Müllen an der Post,
>
> Tausigsappermost!
>
> Trinkt me nit e gute Wi!
>
> Goht er nit wie Baumöl i,
>
> Z'Müllen an der Post!

Damit lobt er den Markgräfler Wein und macht gleichzeitig der Landschaft ein Kompliment, in welcher so ein guter Tropfen wächst. Gleichzeitig stellt er uns das historische Hotel „Alte Post" vor, in der einst die „Großherzogliche Badische Posthalterei" residierte und eine Station zum Pferde wechseln unterhielt. Auch Hebel ließ da seine Pferde ausspannen, wenn er auf der Reise von Karlsruhe in sein geliebtes Markgräflerland war. Wie das Gästebuch ausweist, machten auch Goethe und Hoffmann von Fallersleben hier Pause. Als bevorzugte Gäste reservierte man ihnen das Erkerzimmer an der Südseite des Gebäudes.

Unser Rundweg „M 1" beginnt 150 Meter unterhalb des Wanderparkplatzes Eichwald. Dort hört die befestigte Straße auf. Wir biegen auf den breiten „Pferchbodenweg" ab, der leicht ansteigt. Sofort umgibt uns Wald. Schon nach 350 Metern kommen wir an eine Kreuzung, bei der wir nach links in den „Rötheostweg" einbiegen. Er führt uns hinauf zum Bergkamm. Dort ist für ein Stück weit sattgrünes Wiesengelände, auf dem im Winter der Schäfer seine Tiere weiden lässt. Bei der Kreuzung wo es rechts nach Vögisheim hinab

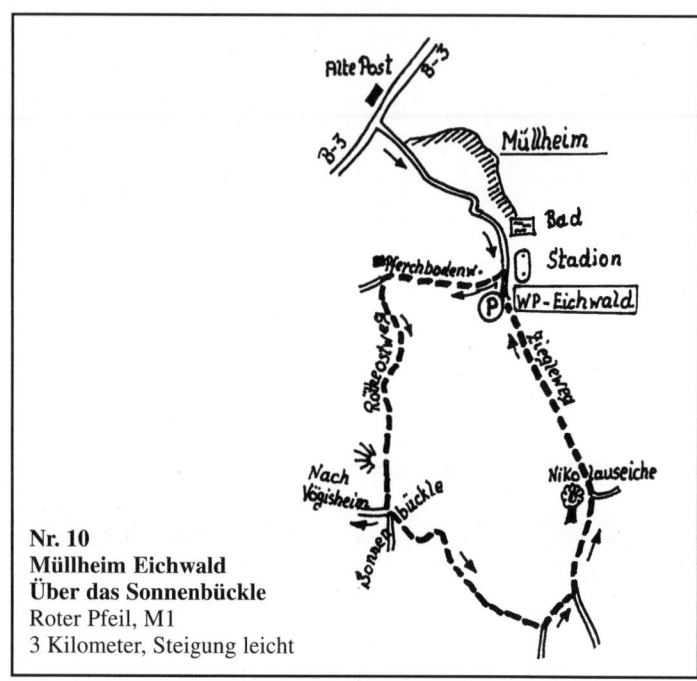

Nr. 10
Müllheim Eichwald
Über das Sonnenbückle
Roter Pfeil, M1
3 Kilometer, Steigung leicht

geht, haben wir am Sonnenbückle den höchsten Punkt erreicht. Hier sollten wir den Kammweg wieder verlassen und halblinks in den Wald abbiegen. Doch vorher bleiben wir stehen und schauen über die sanft geschwungenen Hügel hinaus ins lichtüberflutete Markgräflerland. Vielleicht reizt uns auch ein Abstecher hinab nach Vögisheim, wo wir bei einem Viertele Gutedel im Hotel und Restaurant „Haus Friede" den schönen Blick hinaus in die Ebene genießen können. Wollen wir das nicht, dann wandern wir auf dem leicht abfallenden Weg durch den Wald hinab zur Talsohle. Dort zeigt uns die Tafel mit der Markierung „M 1" an, dass es scharf links – vorbei an der Nikolauseiche – zum breiten Ziegleweg geht. Über ihn kommen wir nach einer knappen Stunde wieder am Ausgangspunkt an. Obwohl der Weg ohne große Schwierigkeiten zu begehen ist, sollten wir stabile Schuhe anziehen und für alle Fälle an einen Schirm denken.

Familie Dompfaff

Wandern im Eichenwald ist besonders im Frühling schön, wenn das linde Grün aus den Knospen bricht. Wunderbare Eindrücke bietet auch der Herbst, wenn das hier häufige Eichenlaub für wenige Tage in allen Farben schillert. Da hält sich gerne der Dompfaff auf, den man im späten Winter zwischen den noch blattlosen Zweigen herrlich beobachten kann. Nun lohnt es sich, wenn man ein gutes Fernglas dabei hat. Wir erkennen ihn gleich, ist er doch einer unserer buntesten frei lebenden Vögel. Man nennt ihn auch noch Gimpel. Sein Schnabel ist dick, kurz und rundlich. Kopf und Schwanz sind blauschwarz gefärbt, der Rükken ist aschgrau und der Bauch leuchtend rosenrot. Das Weibchen hat weniger lebhafte Farben, sein Bauch ist rötlich grau. Der Lebensraum des Dompfaffs ist der Wald, und solange er noch irgend eine Nahrung dort findet, verlässt er ihn nicht. Erst wenn der Winter ganz streng wird, traut er sich in die Nähe von Wohnungen. Dann fliegen zunächst mehrere Männchen das neue Gebiet zur Erkundung an. Droht keine Gefahr, folgen auch die Weibchen. Fast nie finden wir einen Dompfaff einzeln. Er liebt die Gesellschaft seiner Artgenossen. Stirbt ein Tier aus der Gruppe, dann klagen die andern lange Zeit um ihn und können sich kaum entschließen, den Ort, wo ihr Gefährte geblieben ist, zu verlassen. Überhaupt ist ihr Gesang etwas schwermütig. Der Lockton, den beide Geschlechter von sich geben, ist ein verhaltenes „Jiü“, und im Fluge vernimmt man ein plauderndes bis lautes „Di-dü – didüh“. Der Dompfaff ist ein reiner Vegetarier. Er frisst nur Baum- und Grassämereien sowie die Kerne mancher Beerenarten. Nie vergreift er sich an Insekten oder Würmern. Im zeitigen Frühjahr stillt er seinen Hunger mit den zarten und prallen Knospen der Laubbäume. Die ganz hohen Bäume liebt er nicht so. Zum Brüten bevorzugt er Astgabeln im höheren Buschholz. Hier baut er ein mehrschichtiges stabiles Nest, das er zuletzt mit Rehhaaren und Schafwolle ausfüttert. Dazu lauert er tagelang am Rehwechsel und pickt die abgestreiften Haare vom Unterholz. Sind nach zwei Wochen Brutzeit vier oder fünf Junge geschlüpft, dann werden sie liebevoll mit zarten Pflanzenschösslingen und allerhand im Kropf aufgeweichten Sämereien gefüttert. Da der Gimpel sehr schnell Lieder nachpfeifen lernt, die ihm der Mensch vorsingt, hält man ihn in manchen Gegenden sogar als Hausvogel.

Wasser aus der Chrieswasserquelle

Müllheim – Schwimmbad – Stadion – Eichwald – Ziegleweg –
Nikolauseiche – Nikolausweg – Chrieswasserquelle – Schützenhaus

Markierung: Tafel mit rotem Pfeil und M2
Länge: 2,3 Kilometer; bequem
Hinfahrt: Über Müllheim mit Zug, Fahrrad oder Pkw

Die Zufahrt zum Wanderparkplatz Eichwald wird mit Skizze vor
der Wanderung Nr. 10 beschrieben. Etwa auf halbem Weg zwischen
Freiburg und Basel öffnen sich die sanft auslaufenden Hügel der
Vorbergzone. Sie geben die Durchfahrt ins Weilertal frei, jenem vom
Klemmbach durchflossenen Schwarzwaldtal, an dessen tiefster Stelle
sich die Stadt Müllheim ausbreitet. Am oberen Ende der Stadt, wo
die ausgedehnte Waldlandschaft beginnt, liegt der Wanderparkplatz
Eichwald. Von dort aus wollen wir heute dem Rundweg mit der
Markierung „M2" folgen. Wanderschuhe und wetterfeste Kleidung
sollten Voraussetzung sein. Da wir ausschließlich im Wald unterwegs sein werden, kann auch ein Bestimmungsbuch für Bäume und
Waldpflanzen (Pilze) von Nutzen sein. (*)
  Vom Parkplatz aus wandern wir auf dem breiten Ziegleweg ganz
leicht ansteigend ins Tal hinein. Nach zehn Minuten erreichen wir
bei der Nikolauseiche eine Wegkreuzung, an der wir nach links auf
den Nikolausweg abbiegen. Er steigt auf einer Länge von 400 Metern etwas stärker an, ist aber trotzdem bequem zu gehen. Die Kreuzung, bei der von links der Steinigweg herauf kommt, überqueren
wir. Bald darauf haben wir den höchsten Punkt unseres Wanderweges erreicht. Nun wandern wir leicht bergab, immer links haltend.
An einer Wegbucht, in 315 m.ü.M., plätschert plötzlich ein Brunnen. Schauen wir genauer hin dann sehen wir, dass er auf einer Quelle
steht, die selbst in trockenen Jahreszeiten noch reichlich Wasser spendet. Der Volksmund gab dieser Quelle den Namen „Chrieswasserquelle". Das Wasser ist zwar kühl und klar, aber es schmeckt leider

----

(*) *„Bodenpflanzen des Waldes", von G. Amann; Verlag Neumann,*
ISBN 3-7888-0001-1

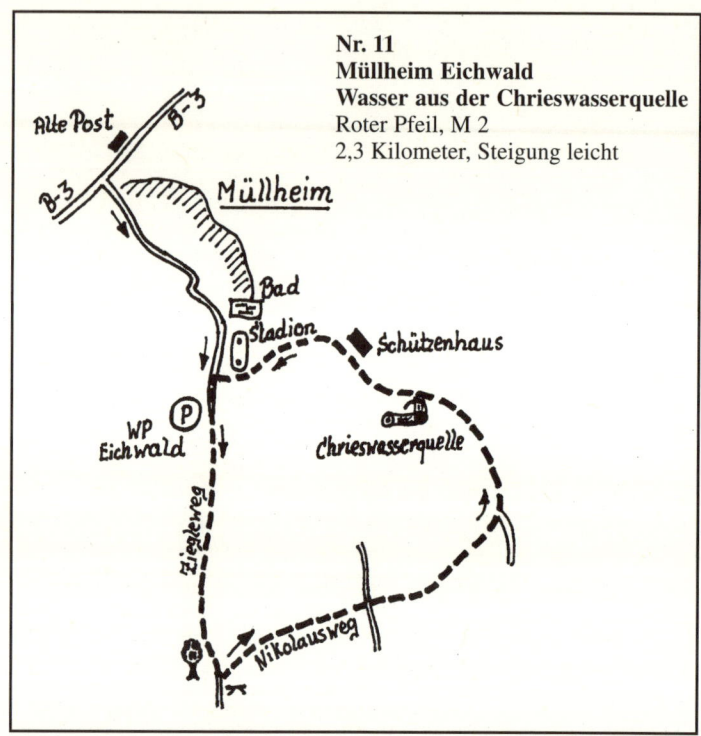

Nr. 11
Müllheim Eichwald
Wasser aus der Chrieswasserquelle
Roter Pfeil, M 2
2,3 Kilometer, Steigung leicht

nicht so wie jenes gute Schnäpsle, das man im alemannischen Sprachraum als Chriesewasser = Kirschwasser bezeichnet. Doch was im Moment nicht ist, das kann später nach der Wanderung in einem Lokal in Müllheim nachgeholt werden. Auf keinen Fall sollte man das Markgräflerland verlassen, ohne die zweite flüssige Köstlichkeit, die es neben dem Wein gibt, nämlich das Kirschwasser, genossen oder erworben zu haben. Vorbei am Schießstand der Schützengesellschaft von 1563 erreichen wir wieder die Talsohle beim Wanderparkplatz Eichwald. Dort waren wir vor knapp einer Stunde weg gegangen. Dieser Rundweg ist zu jeder Jahreszeit zu empfehlen.

Was uns der Baumstumpf erzählt

Möglichkeiten zum stehen bleiben bieten sich auf diesem Rundweg genügend an. Mal ist es der Buntspecht, der die Äste nach einem Madengang abklopft und dabei unsere Aufmerksamkeit erregt, ein anderes Mal der Eichelhäher, der mit seinem lauten Geschrei alle Tiere des Waldes vor uns warnt. Eine interessante Geschichte ist es, die Baumstümpfe der frisch gefällten Bäume näher zu betrachten. Je genauer wir die eigenwillige Zeichnung der deutlich sichtbaren Jahresringe unter die Lupe nehmen, desto mehr erfahren wir aus dem Leben des Baumes, ja sogar aus dem Leben des gesamten Waldes.

Jeder Ring besteht aus zwei verschieden farbigen Teilen, dem hellen Frühjahrsholz und dem dunkleren Herbstholz. Beide zusammen ergeben den Jahresring und verraten uns um wie viel der Baum im Laufe eines Jahres gewachsen ist. Ist ein solcher Ring breit, dann ist das ein Zeichen für ein feuchtes Jahr, umgekehrt entstehen in trockenen Jahren nur ganz schmale Ringe.

Doch das ist nur ein ganz kleiner Ausschnitt aus dem Geschichtsbuch des Baumes. Oft stellen wir fest, dass die ersten 20 Ringe ganz eng beisammen liegen, die folgenden sich dann jedoch breit ausdehnen. Hier lesen wir aus dem aufgeschlagenen Buch des Baumes, dass er eine schwere Jugend durchgemacht hat. Noch im Alter von 20 Jahren war er nur mannshoch und schwach gewesen, dass er mit einer Hand hätte umspannt werden können. Der junge Baum war, das verraten die Ringe, inmitten großer Bäume eingekeilt gewesen, die ihm Licht, Luft und Nahrung raubten. Dann kam für ihn die Wende. Die großen Nachbarn wurden gefällt, und nun bekam er Auftrieb. So konnte er, wie aus den breiten Jahresringen zu ersehen ist, das versäumte Wachstum nachholen. Plötzlich kam etwas, mit dem er bisher nicht hatte rechnen müssen, weil er im Windschatten der Großen gestanden hatte. Jetzt überragte er selbst seine Umgebung, und die Winde trieben ihr Spiel mit ihm. Sie drohten sogar ihn umzuwerfen. Dagegen setzte er sich zur Wehr, indem er sich einen breiteren Stand verschaffte. Jedes Jahr setzte er an der gleichen Stelle verbreiterte Jahresringe an. Dadurch entstanden Ausbuchtungen, die sogenannten Stützwurzeln.

Das alles, und noch viel mehr, erzählen uns die Jahresringe eines Baumstammes. Wenn wir das alles in uns aufnehmen, dann erblicken wir in einem Baum plötzlich mehr als nur den reinen Holzlieferanten.

Stechpalmen und Waldhainsimse

Müllheim – Schwimmbad – Stadion – Eichwald – Steinigweg –
Oberer Breithohleweg – Kohlackerweg – Blauenblick – Hoyerstännle

Markierung: Tafel mit rotem Pfeil und „M3"
Länge: 4,3 Kilometer; Steigung mäßig
Hinfahrt: Über Müllheim mit Zug, Fahrrad oder Pkw

Die Zufahrt zum Wanderparkplatz Eichwald wird mit Skizze vor
der Wanderung Nr. 10 beschrieben. Was diesen Waldparkplatz besonders auszeichnet, das sind die von ihm ausgehenden Rundwege,
welche die herrlichen Wälder für den Spaziergänger und den Wanderer erschließen. Auf der großen Orientierungstafel prägen wir uns
zunächst den Verlauf des für heute vorgesehenen Weges „M3" ein.
Der Einstieg ist am unteren Ende des Parkplatzes. Dort biegen wir
vom breiten Ziegleweg aus nach links auf einen Waldweg ab. Das
ist für etwa acht Minuten ein zügig ansteigender, teilweise verwach-
sener Pfad, der nach einer Linksschleife oben in den „Steinigweg"
einmündet. Haben wir dieses etwa 400 Meter lange rustikale Wegstück überwunden, dann warten nur noch breite und bequem zu be-
gehende Strecken auf uns. Dabei sei gleich darauf verwiesen, dass
zu jeder Wanderung gute Schuhe gehören. Dem breiten „Steinigweg" folgen wir nach rechts leicht ansteigend bis zu einer Wegkreuzung. Von unten kommt der Nikolausweg herauf, links am
Wegrand ist eine große Wasserpfuhle, welche die Tiere des Waldes
vom Vogel bis zum Reh zum Trinken einlädt. Wir wandern auf dem
„Oberen Breithohleweg" geradeaus weiter. Uns umgibt ein herrlich
anzuschauender Eichen-Buchen-Mischwald. Bis zu 30 Meter hoch
recken sich die Bäume gen Himmel. Ihre Kronen ruhen auf schlan-
ken astfreien Stämmen. Typisch für diese Waldart ist der
Bodenbewuchs. Weite Flächen sind von der Stechpalme bedeckt,
die in der Weihnachtszeit karminrote Beeren hat. Wo sie nicht vor-
herrscht, da macht sich die „Wald-Hainsimse" (Luzula sylvatica)
breit. Das ist ein Gras, das büschelweise zusammen steht. Es ragt im
Winter oft aus dem Schnee heraus, und da es auch trotz strenger
Kälte noch grüne Spitzen hat, ist es ein willkommenes Futter für

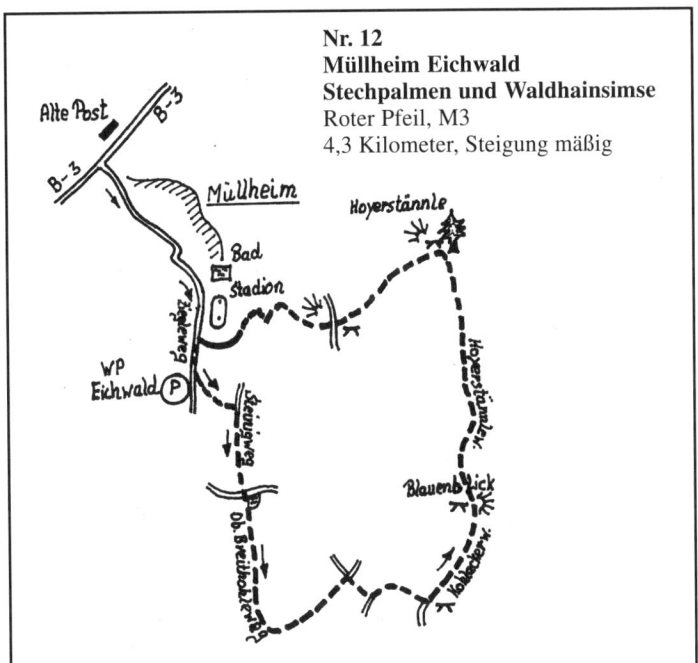

Nr. 12
Müllheim Eichwald
Stechpalmen und Waldhainsimse
Roter Pfeil, M3
4,3 Kilometer, Steigung mäßig

Hasen und Rehe. Und wenn wir uns ganz leise verhalten, dann werden wir im lichten Unterholz eventuell ein Reh entdecken. Ist es genügend weit entfernt, dann bleibt es regungslos stehen, lässt uns aber nicht aus dem Auge. Auf diesem leicht ansteigenden Weg wird das Wandern zur reinen Freude. Was mag dieser Wald schon alles gesehen und erlebt haben? Viele Bäume sind ja älter als wir selbst.

Mehr als hundert Jahre können vergehen, bis aus einem winzigen Samenkorn ein dicker und hoher Baum geworden ist. Im Wald kann deshalb keiner ernten, was er gesät hat. Er arbeitet für die kommenden Generationen und nutzt die Arbeit seiner Vorgänger. Dabei muss man bedenken, dass ein Alter von hundert Jahren für viele Baumarten nichts heißen will. Eine kleine Tabelle wird uns das beweisen.

Baumart	natürliches Alter	erreichbare Höhe
Eiche	700 Jahre	40 Meter
Fichte – Tanne – Kiefer	600 Jahre	55 Meter
Bergahorn – Ulme	400 Jahre	30 Meter
Rotbuche	250 Jahre	45 Meter
Birke	100 Jahre	30 Meter

Nachdem der „Obere Breithohleweg" eine weit ausholende Linkskurve beschrieben hat, zweigt er an einer Kreuzung scharf rechts ab und mündet nach einem kurzen Anstieg auf dem „Kohlackerweg". An dieser Weggabel steht eine Bank. Jetzt geht es bergab, und nach wenigen Metern wird rechts der Wald lichter. Über der Weidwiese erhebt sich der Hochblauen. Schön ist der Blick auf den Hausberg von Müllheim. Ein Stück weiter unten ist dann der eigentliche „Blauenblick". Ich erlebte dieses herrliche Fleckchen Erde an einem sonnigen Herbsttag. Der im dunklen Gegenlicht liegende Hochblauen war eingerahmt von den im Vordergrund in allen Farben leuchtenden Blättern der Laubbäume. Natürlich legen wir hier eine Pause ein. Ganz leise vernehmen wir von der Talsohle her Autogeräusche. Dort unten liegt die Ortschaft „Lipburg". Im Gasthaus „Schwanen" hat man eine „René Schickele Stube" eingerichtet. Sie erinnert an den Dichter und Menschenfreund, jenen großen Mittler zwischen dem Alemannenland und Frankreich. Er fand hoch über dem Dorf auf dem Bergfriedhof seine letzte Ruhestätte. Siehe Wanderung Nr. 15 in diesem Büchle.

Für uns geht es weiter auf dem „Hoyerstännleweg". Manchmal kommen uns Spaziergänger aus Müllheim und Umgebung entgegen. Nach zwanzig Minuten sind wir am Ausgangspunkt „Hoyerstännle". Das ist ein lichter Waldplatz mit einem Bestand mächtiger Rotbuchen. Wir biegen 30 Meter weit nach rechts zum Waldrand hin ab. An einer Fichte hängt ein Schild „Hoyerstännle". Eine Buche streckt über zehn Meter weit ihre ausladenden Äste dem lichten Wiesenhang zu, von dem aus man einen schönen Blick auf das unter uns liegende Müllheim hat. Wer müde ist, der kann auf dem Bänkle ausruhen. Hier ist es auch angebracht darauf hinzuweisen, dass sich ein Besuch in der Stadt Müllheim lohnt. Der Autofahrer findet selbst in der Nähe der Innenstadt eine Parkmöglichkeit. Wunderschön präsentiert sich der Marktplatz mit der nahen Martinskirche, die auf den Mauerresten eines ehemaligen römischen Gebäudes steht. Zeit sollte man sich auch für einen Besuch im „Markgräfler Museum" (*) nehmen, das man äußerst geschmackvoll in dem in frühklassizistischen Stil erbauten ehemaligen Gasthaus „Zur Krone" eingerichtet hat. Es steht gegenüber vom Marktplatz in der Wilhelmstraße Nr.7.

Vom Hoyerstännle aus folgen wir dem Weg abwärts. Am Waldrand überqueren wir den breiten Weg. Links drüben ist der Schießplatz der Schützengesellschaft von 1563. Ab hier geht der Weg etwas steiler bergab, und nach fünf Minuten sind wir drunten am Ausgangspunkt beim Waldparkplatz Eichwald am Ziegleweg. Hinter uns liegt eine der schönsten Waldwanderungen in dieser Region. Die reine Gehzeit beträgt etwa 1,5 Stunden. Sehen wir von den wenigen Schneetagen im Jahr ab, dann kann man hier zu jeder Jahreszeit wandern.

(*) Markgräfler Museum:
Geöffnet ganzjährig   So. und Do. 15 bis 18 Uhr
April bis Oktober   Di. 15 bis 18 Uhr

Die blauen Steine im Pfarrwald

Badenweiler Rathaus – Moltkestraße – Pfarrwald – Abstecher
Sophienruhe – Pfarrwaldweg – Salzleckeweg – Fürstenfreude –
Vogelbachtal

Markierung:	Goldene Tafel mit schwarzem **F**
Länge:	6 Kilometer; Steigung mäßig
Hinfahrt:	Mit Bus Nr.111 ab Müllheim, mit Fahrrad oder Pkw bis Badenweiler

Man muss schon lange suchen bis man einen Ort findet, auf den so
viele kreative Aussagen passen, wie auf unser heutiges Wanderziel
„Badenweiler". An erster Stelle steht natürlich der Begriff „Kurort". Zu ihm gehört heilwirksames Wasser. Das erkannten schon die
Römer, weshalb wir auch von einer „geschichtsträchtigen Stätte"
sprechen können. Die nachrömische Zeit Badenweilers ist die Geschichte seiner Burg, die als Burg „Badin" im Jahre 1122 zum Besitz der Zähringer gehörend beschrieben wird. Schon im Mittelalter
herrschte in den steilen Waldhängen reger Bergwerksbetrieb, dessen Spuren wir noch heute vorfinden. In den letzten 300 Jahren zog
dieser vom Klima und der landschaftlichen Schönheit verwöhnte
Ort viele namhafte Dichter, Musiker Künstler und Angehörige von
adeligen Häusern an. In diesem Büchle soll Badenweiler als Ausgangspunkt für Wanderungen vorgestellt werden. Jeder Weg wird
uns die Botanik, die Geologie oder die Heimatgeschichte auf Schritt
und Tritt vor Augen führen.

Wir erreichen Badenweiler über die Rheintalautobahn A5 oder über
die Bundesstraße 3 von Müllheim aus. Zudem verkehrt täglich –
auch samstags und sonntags – vom Bahnhof Müllheim aus der Bus
Nr.111 in kurzen Abständen. Wer aus dem Großraum Freiburg
kommt, der kann die REGIO-Karte benutzen, die am Sonntag für
die ganze Familie gilt. Für die heute vorgesehene Wanderung fahren wir mit dem Bus bis zum Parkplatz „Badenweiler-Ost". Kommen wir mit dem Pkw, dann fahren wir auf der Weilerstraße bis zum
Sport- und Freizeitbad. Gleich danach biegen wir rechts ab hinauf
zum Parkplatz B-Ost. Dort gibt es unterhalb der Parkscheinflächen

Nr. 13
Badenweiler Parkplatz Ost
Blaue Steine im Pfarrwald
Goldene Tafel mit schwarzem F
6 Kilometer, Steigung mäßig

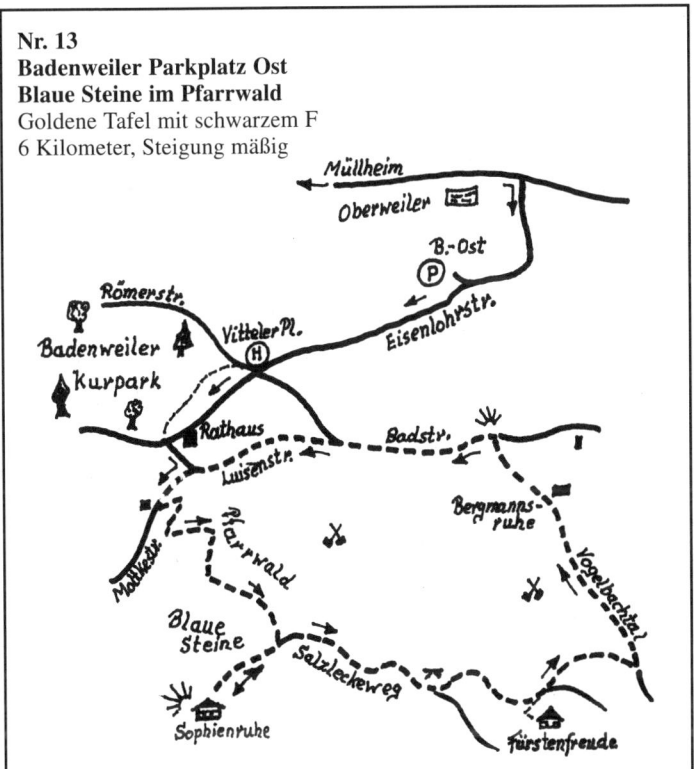

auch kostenlose Abstellplätze für Pkw. Jetzt sind es auf der Ernst
Eisenlohrstraße nur wenige Minuten bis zur „Cassiopeia-Therme".
Drüben zweigt die Luisenstraße ab, und nach 40 Metern sind wir
am Rathaus. Gegenüber vom Rathaus biegen wir in die Moltkestraße
ein. Das schwarze **F** auf der goldenen Tafel wird uns den Weg zeigen. Die ersten hundert Meter gehen wir auf Asphalt, doch schon
beim „Romantik Hotel Sonne" biegen wir nach links auf einen
schmalen Waldpfad ab. Das **F** an der efeubewachsenen Esche ist
etwas versteckt. Unser Wanderweg schlängelt sich in kurzen Ser-

pentinen bergauf. Gleich liegen die schmucken Häuser unter uns. Nach 15 Minuten mündet unser schmales Wegle in den breiteren „Salzleckeweg" ein, dem wir nach links bergauf folgen. Hohe Bäume spenden auch an heißen Sommertagen wohltuenden Schatten. Dieses Gewann nennt man den Pfarrwald. Er bedeckt zum großen Teil die Abraumhalden, die von dem bis ins Mittelalter zurück reichenden Bergbau stammen. Unter der Moos- und Humusschicht des Waldbodens liegen noch die legendären "Blauen Steine". Wenn ein Baum vom Wind umgerissen wird, dann findet man oft unter dem Wurzelgeflecht noch solche Steine.

Die „Blauen Steine" im Pfarrwald

Was hat es nun mit dem Geheimnis der „Blauen Steine" auf sich? In Wirklichkeit handelt es sich um Material, das die Bergleute vor vielen hundert Jahren aus den Stollen heraus gefahren haben. Das Gestein hier am Nordhang des „Hochblauen" enthält u.a. Flussspat. Dieses Mineral tritt in schönen blauen, violetten oder rötlichen Kristallen auf und erinnert an den Amethyst. Wer einen solchen „Blauen Stein" fand, nahm ihn als Erinnerung an Badenweiler mit nach Hause. Wer besonderes Glück hatte, der fand ein Erzstückchen, das aus Bleiglanz und Silber bestand. Auch heute kann man diese Steine noch finden. Die Suche nach ihnen ist allerdings durch den aufwärtsstrebenden Wald und die Bedeckung des Bodens mit Humus reichlich schwer. Doch auch dieser Wald wird eines Tages abgeholzt werden, und dann wird man wieder „Blaue Steine" finden. Ein Blick in die Geschichte zurück beweist, dass man schon 1406 von ihnen sprach. Da schenkte „Katharina von Burgund", die damalige Herrscherin über Badenweiler, der Kirche von Badenweiler 50 Morgen Wald über dem Dorf, was im Gewann „Blaue Steine" lag. Jener verschenkte Wald heißt noch heute Pfarrwald.

An der rechten Böschung zeigt uns bald eine Tafel an, dass es nahezu eben nach rechts zur „Sophienruhe" geht. Diesen Abstecher von 400 Metern Umweg sollten wir unbedingt einplanen. Die

Sophienruhe ist ein traumhaft schöner Aussichtspunkt auf einer Felsenkanzel. Er ist benannt nach der „Großherzogin Sophie von Baden". Im Jahre 1842 hielt sich die ganze Familie des Großherzogs Leopold über vier Monate lang in Badenweiler auf. Die Ärzte hatten der Groherzogin den Kurort verordnet zwecks Luftveränderung und *„des Gebrauchs einer Molkenkur"*. Hierfür wurde eigens ein Senne aus Appenzell geholt. Man wohnte im Hotel Römerbad und in einigen angrenzenden Villen angesehener Bürger, denn der gesamte Hofstaat wollte ja auch angemessen untergebracht sein. Unterhalb der Sophienruhe zeigt uns der kahle Hang noch die Spuren des ehemaligen Bergbaues mit einer Abraumhalde an. Dort findet man auch noch schöne „Blaue Steine". Tief unter uns schlängelt sich das Klemmbachtal, vorbei an Müllheim, hinaus in die Rheinebene. Diese wird weit im Westen von den im Dunst sich abhebenden Vogesen begrenzt.

Nach diesem schönen Ausblick von der Sophienruhe wandern wir die 400 Meter wieder zurück zu unserem breiten Hauptweg. Ihm folgen wir weiter bergauf. Jede noch so kleine Bucht ausnützend, zieht er sich gering ansteigend am Hang entlang. Im Frühjahr und im Spätherbst, wenn die Bäume ohne Laub sind, bieten sich schöne Ausblicke zur anderen Talseite. Im Sommer schützt uns das dichte Dach der Blätter vor der Sonne. Hier haben wir auch Zeit die Pflanzen am Wegrand zu betrachten. Schon im April blüht das Wiesenschaumkraut, und an der sickerfeuchten Böschung prangen die weißen Köpfe der „Pestwurz" (Petasites albus). Im Mai gesellen sich der Löwenzahn und der Berg-Ehrenpreis dazu. Bis zu einem Meter hoch werdend, erfreuen uns ab Beginn des Sommers der „Rote Fingerhut" (Digitalis purpurea) der Wasserdost, auch Kunigundenkraut genannt, der Hasenlattich mit seinen nickenden Purpurköpfchen, das gelbe Fuchs-Greiskraut, die Goldrute und noch viele mehr. In jedem Pflanzenbuch findet man diese Schönheiten vom Wegrand. An einer Abzweigung weiter oben verlassen wir gemeinsam mit dem Pfarrwaldweg nach links unseren Hauptweg. Hier steht linkerhand ein Bänkchen, auf dem wir gemütlich die Pflanzen, die wir gesehen haben, im Buch nachschlagen können (*). Einige Meter weit geht es leicht bergab. Unser Weg heißt jetzt „Fürstenfreudeweg". Dann stei-

Das Markgräflerland von Malern gesehen

Immer wieder reizte es Künstler den Zauber und die Ausstrahlung des Markgräflerlandes aus ihrer Sicht in Bildern festzuhalten.

Prof. Dr. Hans H. Hofstätter und Dr. Berthold Hänel stellen in ihrem hervorragenden Buch 43 Maler mit 50 ihrer schönsten Bilder vor.

»Die Maler des Markgräflerlandes«
aus dem Schillinger Verlag Freiburg

gen wir wieder sanft an bis zur „Fürstenfreude". Etwa zehn Meter
oberhalb des Weges steht eine romantische Hütte, an welcher der
Zahn der Zeit kräftig nagt. Sicher hatte man von da aus, in 549 Meter Höhe, einst einen schönen Blick ins Land. Heute ist der Wald
hoch gewachsen und versperrt die Aussicht. Gewidmet hat man diesen Ort dem „Badischen Markgrafen Georg Friedrich" (gestorben
1638), und dem hundert Jahre später regierenden „Karl Wilhelm"
Markgraf von „Baden-Durlach". Er war es, der im Jahre 1715 die
Stadt Karlsruhe gegründet hat. Georg Friedrich und Karl Wilhelm
hatten den Erzbergbau sehr gefördert.

An unserem Standort bei der Fürstenfreude zweigt nach links ein
schmaler Weg ins „Vogelbachtal" ab. Schnell verlieren wir an Höhe,
und bald sind wir unten auf der Talsohle. Dort folgen wir dem Bach-
lauf abwärts. In den Halden dieses Tales waren einst mehrere Erz-
gruben in Betrieb. Beim ehemaligen Haus „Bergmannsruhe" rechts
unterhalb vom Weg, das heute in privater Hand ist, stand früher ein
Pochwerk und ein Schmelzofen. Im Pochwerk, das immer am Wasser stand, wurde das Erz zerkleinert, damit das Gestein vom Mineral getrennt werden konnte. Hier zum Beispiel trennte man den Bleiglanz vom Granit. Aus 100 Kilogramm Blei schmolz man schließlich 80 Gramm Silber heraus. Schon fast am Talausgang erreichen
wir die Straße. Vorbei an schmucken Häusern mit gepflegten Gär-
ten sind wir nach etwa zwei Stunden wieder zurück in Badenweiler.
Da wir mitten im Ort ankommen, könnten wir die Gelegenheit nutzen und in gemütlicher Kuratmosphäre noch einen Kaffe trinken.
Sollten wir nach der wirklich nicht anstrengenden Wanderung noch
Lust auf einen erbaulichen Ausklang haben, dann bietet sich ein
Spaziergang durch den prächtigen Kurpark an.

(*) Der große BLV-Pflanzenführer; ISBN 3-405-12971-0, schöne
Abbildungen und guter Text.

Badenweiler und seine Schlossruine
Von welcher Seite man die Ruine des ehemaligen Schlosses
„Badenweiler" auch betrachtet, stets ist man beeindruckt von
dem malerischen Bild dort droben auf dem vom Schwarzwald

sich abhebenden Bergsporn. Wie mag das alles einmal ausgesehen haben, als hinter den meterdicken Steinmauern noch höfisches Leben herrschte? Wie lebte und wohnte man, wie verbrachte man den tristen Alltag? Was für Kleidung trug man, und welche kulinarischen Genüsse bereicherten die Speisekarte? Wann genau mit dem Bau des Schlosses begonnen wurde, das wissen wir bis heute nicht. Urkundlich erwähnt wird es als „Burg Badin" zum ersten Mal im Jahre 1122. Als Besitzer werden die Zähringer genannt. Doch da war es schon vollendet und bewohnt. Am 26. Dezember 1122 nahm Herzog „Konrad von Zähringen" im Festsaal feierlich Platz und diktierte seinem Schreiber eine Schenkungsurkunde für das Kloster St. Peter. Oft wechselte in der Zukunft die Herrschaft, und ebenso oft trugen kriegerische Horden ihre Brandfackel auf die Burg hinauf. Mitunter war es auch der List und der Schläue von Eheschließungen zuzuschreiben, wenn eine neue Epoche anbrach. Von so einen Abschnitt erfahren wir im Jahre 1147. Damals heiratete die Tochter von Herzog Konrad, die „Clementia von Zähringen", in Frankfurt den für seinen außerordentlichen Mut bekannten Welfenherzog „Heinrich der Löwe". Als Hochzeitsgeschenk und Mitgift brachte sie das Schloss Badenweiler mit in die Ehe. Dazu gehörten unter anderem 500 Bauerngüter aus der näheren und weiteren Umgebung und 100 Dienstmannen. Da jedoch dem „Welfen" die Güter zu entlegen waren, tauschte er sie bereits zehn Jahre später gegen andere an Kaiser „Friedrich I", genannt „Barbarossa". Aber da war noch ein Hintergedanke im Spiel. Barbarossa war es nämlich, der 1162 auf dem Reichtag in Konstanz veranlasste, dass die Ehe zwischen Clementia und Heinrich dem Löwen wieder getrennt wurde.

Im Jahre 1218 starb das Geschlecht der Zähringer mit dem Tode von Herzog „Bertold V" aus. Es waren nicht einmal hundert Jahre vergangen gewesen, seit sie Freiburg mit dem Stadtrecht versehen hatten. Als dann die Kreuzzüge in Mode kamen, und in deren Folge die Minnesänger die von den Burgherren zurückgelassenen Frauen mit ihren Liedern beglückten, bemäch-

tigten sich 1237 die Grafen von Urach-Freiburg der Burg Badenweiler. Deren Nachfolger war später das Schweizer Adelsgeschlecht der „Straßberger". Nachfolgende Kriege und Erobe-
rungen brachten weitere Herrschaftswechsel mit sich. Das un-
rühmliche Ende der Burg nahte im Jahre 1678. Im Zuge der
Eroberungskriege „Ludwigs XIV" schleiften die Franzosen die
Anlage. Diese war allerdings nur noch teilweise intakt, denn
die „Weimarschen Truppen" hatten mitten im „Dreißigjährigen
Krieg", im Jahre 1638, hier schon böse gehaust. So endete nach
556 Jahren eine stolze Geschichte. Uns bleibt heute nichts anderes übrig, als gedankenverloren in jene nicht mehr nachvoll-
ziehbare Zeit zurück zu schauen. Der Geschichtsschreiber fasste
es in die endgültigen Worte: „Causa finita est"! – Die Sache ist
entschieden.

Burgruine Badenweiler   *Zeichnung: Franz Stiefel, 2001*

Durchs Vogelbachtal zum Hochblauen

<u>Hinweg:</u>   Parkplatz Badenweiler Ost – Ernst Eisenlohrstraße – Vitteler Platz – Bismarckstraße – Badstraße – Vogelbachtal – Friedrich Hilda Esche – Stelli – Fischersbrunn – Hochblauen
<u>Rückweg:</u> Hochblauen – Fischersbrunn – Wänkerfels – Belchenblick – Prinzensitz – Moltkestraße – René Schickele Brunnen – Blauenstraße – Badenweiler Schlossplatz

Markierung: Hinweg: Gelber Punkt; Rückweg: Roter Punkt
Länge: 15 Kilometer, Steigung mäßig bis stark
Hinfahrt: Mit Bus Nr.111 ab Müllheim, mit Fahrrad oder
             Pkw bis Badenweiler

Wer sich das Markgräflerland als Wandergebiet aussucht, der hat die Gewähr dafür, dass ihm eine Vielzahl von Möglichkeiten angeboten wird. In der Ebene ziehen sich die Wege gemütlich durch Wiesen und Felder, und in der Vorbergzone, das ist die Brücke zwischen dem Schwarzwald und der Ebene, ergeben sich von erhöhten Standorten aus herrliche Weitblicke. Wer ganz zünftig wandern will, der sucht sich die Gipfel des südlichen Schwarzwaldes aus. Ein regelrechter „Klassiker" unter den vielen Routen ist der Aufstieg von Badenweiler zum Hochblauen. Er bietet alles, was man von so einem Weg erwarten kann. Der botanisch Interessierte sollte ein Pflanzenbuch mitnehmen, der Vogelkundler ein Fernglas, und der heimatkundlich Interessierte tut gut daran, sich in die Geschichte einzulesen. Da bietet sich z.B. das im Schillinger-Verlag in Freiburg erschienene Buch von „Gustav Faber" an: „Badenweiler ein Stück Italien auf deutschem Grund".

Wer mit öffentlichen Verkehrsmitteln anreist, der steigt in Müllheim in den Bus Nr.111, der an fast alle Züge Anschluss hat und fährt bis zur Station „Badenweiler Ost". Auch Radfahrer und Pkw-Fahrer suchen sich diesen Ort aus, denn die Plätze im unteren Drittel sind gebührenfrei. Vor uns liegt eine anstrengende mehrstündige Bergwanderung. Wir rüsten uns deshalb dementsprechend aus. Im Rucksack sind Regenschutz, Vesper und ein Getränk. Die Schuhe müssen unbedingt bergtauglich sein. Gut bewährt haben sich Wander-

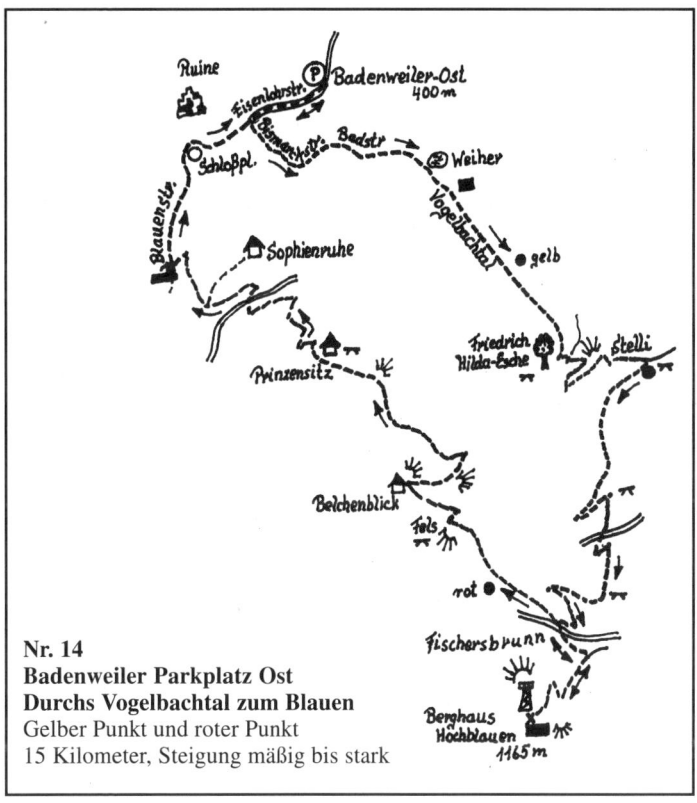

Nr. 14
Badenweiler Parkplatz Ost
Durchs Vogelbachtal zum Blauen
Gelber Punkt und roter Punkt
15 Kilometer, Steigung mäßig bis stark

stöcke, und sollte unterwegs ein Notfall eintreten, dann kann uns ein „Handy" weiter helfen. Eine Landkarte ist entbehrlich, denn die Wegmarkierung ist gut. Für den Aufstieg lassen wir uns durch den gelben Punkt führen. Sehr optimistisch ist die Zeitvorgabe auf der Wandertafel. Ich möchte gerne eine halbe Stunde dazu geben. Bei normalem Wanderschritt mit einigen Verschnaufpausen sind für den Aufstieg drei Stunden realistisch. Wir müssen immerhin rund 700 Höhenmeter überwinden.

Wir beginnen die klassische Bergtour am Parkplatz „Badenweiler Ost". Etwa 300 Meter wandern wir auf der Ernst Eisenlohrstraße in Richtung Zentrum. Beim Vitteler Platz biegen wir nach links in die Bismarckstraße ein. Am Zöllinplatz wechseln wir in die Badstraße. Jetzt sind wir schon im beginnenden Vogelbachtal. Wunderschöne Häuser mit gepflegten Vorgärten säumen die Straße. Beim Restaurant und Cafe „Försterhaus Lais" verlassen wir die Badstraße und biegen halbrechts ab. Nach hundert Metern wird aus der asphaltierten Straße ein Sandweg. Der gelbe Punkt führt uns direkt auf den „Friedrich Hilda Weg" ins stille Vogelbachtal. Links unterhalb ist ein Schwanenweiher, und hundert Meter dahinter steht das letzte Haus. Das war ehemals die Bergmannsruhe. Dort stand in früheren Jahrhunderten ein Schmelzofen und ein Pochwerk, in welchem man den Bleiglanz vom Granit trennte, denn in diesem Tal herrschte einmal reger Bergwerksbetrieb. Am Wegrand plätschert der Vogelbach. Vom Juli bis in den September ist der Ufersaum bedeckt mit dem hohen und rosa blühenden „Drüsigen Springkraut" (Impatiens glandulifera). Es kam um 1930 als Gartenpflanze aus Ostindien zu uns und verwilderte sofort. Schauen wir einmal die Einzelblüte genau an, dann entdecken wir unschwer die verwandtschaftlichen Beziehungen zu unserer Zimmerpflanze, dem *„Fleißige Lieseli"*. Je weiter wir ins Tal hinein kommen, desto mehr überwiegt das „Gelbe Springkraut" (Impatiens noli tangere). Übersetzt heißt das „rühr mich nicht an". Schon tief hinten im Tal wird der Weg recht steinig. In einer Höhe von 600 Meter ü.M. kommen wir zur „Friedrich Hilda-Esche". Sie erinnert an den „Großherzog Friedrich II von Baden" und seine Gattin „Hilda von Nassau" (siehe dazu die Beschreibung bei der Wanderung Nr. 18). Unter dem wuchtigen Baum, dessen vier mächtige Äste sich wie ausgestreckte Arme gen Himmel recken, verschnaufen wir kurz. Ab hier wird der Weg schmaler und steiler. In kurzen Serpentinen gewinnen wir schnell an Höhe. An diesem Hang hat man 1995 einen Kahlhieb gemacht und gleich wieder aufgeforstet. Es wird also nicht lange dauern, bis die Bäume wieder die Sicht in die Tiefe versperren. An einer großen Weggabel mündet unser Pfad in einen Holzplatz, der die Ortsbezeichnung „Stelli" trägt. Das war schon früher ein Holzlagerplatz für Langholz also eine „Ab**stelli**". Unser Weg führt noch 200 Meter geradeaus weiter, dann biegt er scharf nach rechts ab. An dieser Stelle muss man gut auf die Zeichen achten. Der jetzige Weg ist breit, und an lichten Stellen wächst am Rand der „Adlerfarn". Er ist mit seinen verzweigten Wedeln unsere größte Farnart. Dort, wo der Weg in einer schluchtartigen Enge vom Gebüsch fast zugewachsen ist, biegen wir nach links ab. Wieder müssen wir gut auf die Markierung acht geben. Nach einer weiteren Wende stehen wir vor der Blauenstraße. Sie ist an dieser Stelle sehr steil. Wir überqueren sie, und der gelbe Punkt zeigt uns an, dass es gleich drüben auf schmalem Pfad nach links bergauf weiter geht. In kleinen und dann in einer größeren Zick-zack-Kurve queren wir weiter oben noch einmal die Blauenstraße. Hier werden wir nachher beim Abstieg dem roten Punkt folgen. Über der Straße steigen wir weiter bergauf. Auf der Wegmarkierung erscheinen neben dem gelben Punkt noch der rote Punkt und die blaue Raute. Wir sind jetzt im Gewann „Fischersbrunn". Da hat man in einem Feuchtgebiet eine wenige Meter unter dem Waldboden liegende Quelle gefasst. Das ist das Quellgebiet des Vogelbaches. Bald erreichen wir einen Höhenrücken und biegen nach rechts ab. Wir haben jetzt den Höhenweg „Pforzheim – Basel" erreicht, der von der roten Raute geführt wird. Sie markiert den wohl schönsten Höhenweg des Schwarzwaldvereins, den „Westweg". Nach zwanzig Minuten sind wir oben am Berghaus Hochblauen in 1165 Meter Höhe. Noch etwas verschwitzt, den Rucksack auf dem Buckel, wandern wir die letzten 80 Meter hinauf zum Aussichtsturm, manchmal von den Autotouristen bewundert, die ja viel müheloser den Berg erklommen haben. Bevor wir uns wieder für den Abstieg rüsten, sollten wir noch den schönen Talblick genießen, den man von der Terrasse auf der Rückseite des Berghauses hat. Da können wir bei einem Getränk uns noch einmal den wirklich erlebnisreichen Aufstieg ins Gedächtnis zurückrufen.

Der Rückweg beginnt dort, wo wir vorhin herauf gekommen waren. Jetzt gilt als Markierung der rote Punkt. Neben dem Berghaus Hochblauen steigen wir zehn Treppenstufen hinab und biegen nach links auf den schmalen Wanderweg ab, den wir schon kennen. Achtung, nach wenigen Metern kommt gleich eine rechts-links Serpentine. Vorbei am Quellgebiet beim Fischersbrunn treffen wir wieder auf die Blauenstraße. Über der Straße drüben schlüpfen wir durch eine Lücke in der Leitplanke und biegen nach links auf den schmalen abwärts führenden Weg ein. Der rote Punkt wird uns begleiten. Schön geht es sich da. Der lockere Waldboden federt unter den Tritten der Bergschuhe. Am Wegrand vermodern schon lange umgefallene Baumstämme. Sie werden sich mit der Zeit in das verwandeln aus dem alle Lebewesen bestehen, in Erde. Bevor der schnell an Höhe verlierende Weg eine scharfe Rechtswendung vollzieht, zweigt ein kleines Wegle nach links ab zu einem mächtigen Felsblock. Das ist der „Wänkerfels". Von ihm aus haben wir einen tollen Tiefblick. Ein eisernes Geländer schützt uns vor einem Absturz. Über den abgebrochenen Stamm eines Mehlbeerbaumes (Sorbus aria), der jedoch am Grund wieder ausschlägt, schauen wir in die Vorbergzone und in die Rheinebene bis hinüber nach Mülhausen im Elsaß. Draußen zieht ein Bussard seine Kreise. Von dieser Felsenkanzel aus sind es für uns noch zehn Minuten bergab bis zum „Belchenblick". Das ist eine dreieckige Blockhütte mitten im Wald. Ihre Form ist faszinierend, kenne ich doch keine in dieser Art. Von hier aus hat man einen Ausblick zum 1414 Meter hohen Belchen, der so richtig fotogen zwischen den Ästen durchschaut. Ein Fotograf mit dem richtigen Blick findet sicher ein lohnendes Motiv. Die Höhenangabe von 907 Metern sagt uns, dass wir schon 260 Meter tiefer als der Hochblauen sind. Immer weiter geht es bergab. Manchmal zweigt ein Wegchen ab, doch wir bleiben dem roten Punkt treu. In der Höhe von 694 Metern kommen wir zur Schutzhütte am Prinzensitz. Leider wachsen auch hier die Bäume immer höher, so dass es den einst herrlichen Ausblick nicht mehr gibt. Unterhalb der Hütte zweigen zwei Wege ab. Der eine führt mit der blauen Raute zum „Alten Mann". Wir folgen dem zweiten Weg, der nun zum roten Punkt noch ein **P** bekommt. In vielen Windungen geht es schnell bergab. Noch einmal müssen wir die Blauenstraße überqueren. Vorbei an einem Wasserbehälter erreichen wir bei der Moltkestraße die Häuser von Badenweiler. Nur wenige Meter weiter links steht inmitten der großen Straßenkreuzung der René Schickele Brunnen. Von ihm aus wandern wir die Blauenstraße bergab, durchqueren den Schlosspark, und schon sind wir am Schlossplatz im Zentrum von Badenweiler. Über dem Kurhaus erhebt sich majestätisch die Ruine der einstigen Zähringerburg.

Schauen wir jetzt auf die Uhr, dann stellen wir fest, dass wir auch für den Abstieg länger gebraucht haben, als es uns der Wegweiser droben am Hochblauen angekündigt hatte. Sicher lag das daran, dass wir unterwegs die Schönheiten der Landschaft ausgiebig genossen haben. Wer mit dem Linienbus gekommen war, der kann ab der evangelischen Kirche die Rückfahrt antreten. Die Pkw- oder Radfahrer, die am Parkplatz Ost gestartet sind, machen noch einen kleinen Spaziergang durch den Kurpark. Sollte uns der Abstieg in die Knie gefahren sein, dann dürfen wir doch befriedigt feststellen, dass wir heute einen echten Schwarzwaldklassiker bewältigt haben. Dafür waren wir gut sechs Stunden unterwegs gewesen.

Der Literarische Rundweg über Lipburg

Parkplatz Badenweiler Ost – Vitteler Platz – Kurpark – Schlossplatz – katholische Kirche – Hebelweg – Annette Kolb Weg – René Schickele Weg – Lipburg Bergfriedhof – Schickele Haus – Schickele Brunnen

Markierung:	Gelbe Scheibe mit weißem Pfeil; Lipburger Rundweg
Länge:	Ab Parkplatz Badenweiler Ost 7,5 Kilometer; Steigung mäßig
Hinfahrt:	Mit Bus Nr. 111 ab Müllheim, mit Fahrrad oder Pkw bis Badenweiler

Als Ausgangspunkt für diese Wanderung wählen wir den Parkplatz „Badenweiler Ost". Dort hält der Linienbus Nr. 111, der vom Bahnhof in Müllheim kommt, wo er Anschluss an nahezu jeden Zug hat. Die Radfahrer und die Autofahrer zweigen in Oberweiler beim Freizeitbad ab und sind nach 300 Metern ebenfalls auf dem Parkplatz. Da gibt es im unteren Drittel kostenlose Parkmöglichkeiten. Eigentlich beginnt die ausgeschilderte Route, der sogenannte „Lipburger Rundweg", erst am Schlossplatz im Zentrum von Badenweiler. Da dieser Weg jedoch durch die historischen Persönlichkeiten, die wir kennen lernen werden, ganz eng mit dem Kurort in Verbindung steht, sollten wir das Wegstück vom Parkplatz Ost bis zum Schlossplatz als geistige Einstimmung betrachten.

Vom Parkplatz Badenweiler Ost wandern wir die Ernst Eisenlohrstraße hinauf. Beim „Vitteler Platz" betreten wir den Kurpark. Der Heilkurort „Vittel" am Westabfall der Vogesen ist seit 1957 partnerschaftlich mit Badenweiler verbunden. Staunend betrachten wir die z.T. über hundert Jahre alten Baumriesen im Park. Kleine Täfelchen sagen uns deren Namen. Schon jetzt wird der Wanderweg zum Erlebnispfad. Unter den weit ausladenden Ästen eines Baumes lesen wir auf einer Tafel: „Dem gütigen Menschen und Arzt, dem großen Schriftsteller „Anton Pawlowitsch Tschechow". Er war am 29. 01. 1860 zu Taganrog geboren und starb – erst 44 Jahre alt – am 15. Juli 1904 in Badenweiler." Heute zählt man ihn zu den großen

Nr. 15
Badenweiler Parkplatz Ost
Literarischer Rundweg über Lipburg
Gelbe Scheibe mit weißem Pfeil
7,5 Kilometer, Steigung mäßig

1. Schlossplatz
2. Schloss und Schlosspark
3. Katholische Kirche
4. Landgasthof Schwanen
5. Lipburger Friedhof mit Grab von René Schickele
6. Ehrenfriedhof
7. R. Schickele-Haus
8. R. Schickele-Brunnen
9. Evangelische Kirche
10. Vitteler Platz

Literaten. Im Nu sind wir am Schlossplatz im Zentrum und überqueren die Straße. Am Rande des Schlossparks ist das erste Zeichen unseres heutigen Wanderweges, die gelbe Scheibe mit dem
weißen Pfeil. Darauf steht: „Lipburger Rundweg". Vorbei am
Schloss, bleiben wir auf dem ebenen Weg, der uns wenige Meter
oberhalb der Straße zur katholischen Kirche „St.Peter" bringt. Sie
wurde im Jahre 1960 im Stile der damals üblichen Architektur erbaut. Gleich unterhalb, am Ende des Schlossparks, münden wir in
den Hebelweg ein. Er ist benannt nach dem evangelischen Pfarrer
und alemannischen Heimatdichter „Johann Peter Hebel". Wir kreuzen die Markgrafenstraße, der wir etwa 80 Meter weit aufwärts fol-

gen. Dann biegen wir halbrechts in den „Annette Kolb-Weg" ein.
Sie lebte von 1870 bis 1967 und war als Schriftstellerin Ehrenbür-
gerin von Badenweiler. Leicht abwärts geht es zum Damm bei der
Umgehungsstraße. Diese unterqueren wir durch einen schmalen
Tunnel. Gleich danach biegen wir in den breiten „René Schickele
Weg ein, der uns zunächst durch ein Waldstück und dann durch eine
mit Obstbäumen bepflanzte Wiese in Richtung „Lipburg" führt. Mit
diesem Ort bekommen wir bei den obersten Häusern Berührung.
Der Weg wir breiter, und eine Tafel zeigt uns an, dass es nach rechts
bergab nur 150 Meter weit bis zum Gasthaus Schwanen ist (Donnerstag Ruhetag). Dort lässt es sich im romantischen Garten herrlich sitzen. Drinnen in der Gaststube bekommen wir direkten Kon-
takt mit dem Dichter „René Schickele". Auf einer Tafel steht ein
Ausspruch von ihm über den Friedhof, auf dem er beerdigt ist, und
den wir nachher noch besuchen werden. Das Zitat lautet:

„Die schmiedeeiserne Tür war immer angelehnt,
immer schien gerade jemand den Friedhof verlassen zu haben,
aber nie habe ich hier einen Menschen getroffen.
Die Gräber waren gepflegt in der Art der winzigen Bauerngärten,
nicht zuviel, nicht zu wenig.
Für jede Jahreszeit stand eine Staude bereit,
und dazu die eine oder andere Sonnenblume.
Hier wollte ich einmal ruhen,
bis die Posaunen des ewigen Sommers mich weckten."

Vom Schwanen aus wandern wir ein Stückchen am Rande der
„Lipburger Straße" bergauf. Nach etwa 15 Minuten erreichen wir
den eben erwähnten Friedhof oberhalb des Dorfes. Wir treten durch
die beschriebene schmiedeeiserne Türe ein. Es ist nicht weit bis zu
den schlichten Grabplatten Nr.159 und 160. Dort ruht René Schickele,
und bei ihm liegt seine Frau, die ihn um 33 Jahre überlebt hat. Schwei-
gend stehen wir davor, da wo zwei Menschen ruhen, die ein Leben
lang für die Versöhnung der beiden Völker von Frankreich und
Deutschland eingetreten waren. Hoffen wir, dass sich ihr Wollen für
alle Zeiten erfüllt (siehe Sonderbeitrag am Ende dieser Wander-

beschreibung). Die Landschaft um diesen Gottesacker strahlt Ruhe und Frieden aus.

Gleich oberhalb des Friedhofs zeigt uns die gelbe Scheibe mit dem weißen Pfeil an, dass wir die Straße überqueren sollen. Drüben schmiegt sich unser Weg in eine Wiesenmulde und erreicht am Waldrand einen Ehrenfriedhof. Hier ruhen die Väter und Söhne dieser Heimat, die im Krieg in fremden Ländern ihr blühendes Leben lassen mussten. Genau das hatte René Schickele verhindern wollen. Ab jetzt verläuft unser Weg parallel mit dem „Sehringer Rundweg". Nur 20 Meter weit geht es hinab bis zur Straße, wo wir nach links abbiegen und die „L-132" unterqueren. Bevor wir das kleine Stückchen Weg zur Straße erreichen, fällt uns rechts ein niedriges und stark verwittertes Steinkreuz aus alter Zeit auf. In die Frontseite ist zusätzlich ein kleines Kreuz eingemeißelt. An dieser Stelle soll irgendwann einmal ein Metzgergeselle ermordet worden sein. Genaue Angaben liegen nicht vor. Knapp 200 Meter nach der Unterführung weisen uns die Tafeln nach links in den abwärts führenden Waldweg. Über ihn erreichen wir die oberen Häuser der „Kanderner Straße". Der Wanderweg verläuft neben der Straße. Das ist gut so, denn auf diese Weise streifen wir das Anwesen Nr.14c. Hier hat René Schickele in unmittelbarer Nachbarschaft zu Annette Kolb gewohnt. An der Vorderfront lesen wir:

„Sein Herz trug die Liebe
und die Weisheit zweier Völker".

Wo die Kanderner Straße auf die Markgrafenstraße stößt, steht der „René Schickele-Brunnen". Jetzt sind es nur noch wenige Meter bis zum Schlosspark, wo im Zentrum von Badenweiler der Weg endet. Wer mit dem Bus gekommen war, der kann bei der evangelischen Kirche zur Heimfahrt einsteigen. Die Pkw-Fahrer benützen den Rückweg zum Parkplatz Ost durch den Kurpark. Für diese Wanderung sollten wir als reine Gehzeit 2,5 Stunden einplanen. Bestimmt werden wir länger unterwegs sein, denn die Schönheit dieser Landschaft und ihr geschichtlicher Hintergrund werden uns öfters verweilen lassen.

René Schickele – Mittler zwischen zwei Welten

Könige, Fürsten, Politiker, Maler, Musiker und Dichter, um nur eine kleine Auswahl zu nennen, zählen seit jeher zu den Persönlichkeiten, die Badenweiler in seinem Gästebuch vorweisen kann. Sie kamen des Klimas und der Ruhe wegen, sie schätzten aber auch den Dialog untereinander. Fast Nachbarn waren „Annette Kolb" und „René Schickele". Doch was noch wichtiger als die pure Nachbarschaft war, sie verstanden sich auch ideologisch. Beiden war es unverständlich, dass zwei Länder – nämlich Frankreich und Deutschland – gegeneinander Krieg führten, obwohl doch die Menschen zwischen dem Schwarzwald und den Vogesen einem Volksstamm, den Alemannen, angehören und eine gemeinsame Sprache sprechen. Schon früh lernte René Schickele den Maler „Emil Bizer" kennen. Schnell fanden die beiden zueinander und wurden Freunde. Gemeinsam spazierten sie zu den schönsten Aussichtspunkten, von denen aus man weit ins Land bis über den Rhein schauen konnte. Wenn nach einem langen und heißen Sommertag die Sonne den Himmel im Westen in ein Meer von Farben verwandelte, dann fand der Maler die rechten Farbtöne und der Dichter die richtigen Worte, um das darzustellen. So entstand sicher auch die prosaische Feststellung: *„Das Elsaß ist der gemeinsame Garten, wo deutscher und französischer Geist gemeinsam verkehren".*

Manchmal klopften sie auf dem Rückweg noch bei Annette Kolb an. Dann war das „Badenweiler Terzett" komplett. In Badenweiler schrieb Schickele seine „Himmlische Landschaft", die von Bizer illustriert wurde. Da Schickeles Mutter Französin war, sein Vater aus „Oberehnheim" (Obernai) im Elsaß stammte, er selber aber eine deutsche Frau aus Barmen geheiratet hatte, bezeichnete er sich selber als einen „Kosmopoliten". Er sprach die beiden Sprachen französisch und deutsch perfekt. Seine Heimat war links und rechts des Rheins. Das dokumentierte er auch immer wieder in seinen Erzählungen. Als er das elsässische Lied vom *„Hans im Schnogeloch"* hörte, schrieb er 1915, also mitten im „Ersten Weltkrieg" dazu ein dramatisches Schauspiel. Es schildert die zwiespältigen Gefühle einer elsässischen Familie beim Ausbruch des Krieges 1914 (siehe Text am Schluss dieser Beschreibung). Ursprung des Liedes war eine Wirtschaft in einem Vorort von Straßburg, in „Königshofen". Man wollte den etwas nachlässigen Wirt ärgern. Wenn die Gäste unzufrieden waren, dann sangen sie dem „Schnogehans" einige Strophen vor. Es kamen immer mehr Strophen zusammen, und da der Volksmund in seiner Redewendung nicht zimperlich war, entstanden auch Verse, aus denen man einen politischen Hintergrund heraus hören konnte. Noch heute versteht man den Gesang als politisches Protestlied.

Im Jahre 1932 emigrierte René Schickele nach „Vence" in der Provence. Er konnte nicht mit ansehen, dass sich in Deutschland eine nationalistische Idee durchsetzte, die zu seinem Drang nach einem freien Europa in krassem Widerspruch stand. In der Einsamkeit der weitläufigen Provence schrieb er dichterisch reife Werke. Dafür bekam er von seinem Freund „Thomas Mann" höchstes Lob. Im Januar 1940 starb René Schickele. Nach dem „Zweiten Weltkrieg" bettete man ihn um in seine „Himmlische Landschaft". Da ruht er seither auf dem Bergfriedhof in Lipburg, in dessen Umgebung er zu seinen Lebzeiten so oft sinnierend gewandelt war.

Die Johanniter und Malteser im Breisgau

Aus Geschichte und Gegenwart der beiden Orden am Oberrhein erzählt Bernhard Maurer sachkundig und interessant

Im Buchhandel vom Schillinger Verlag, Freiburg

Der Hans im Schnogeloch

*Der Hans im Schnogeloch, denkt alles was er will
un was er denkt, des sagt er nitt,
un was er sagt, des denkt er nitt,
der Hans im Schnogeloch, denkt alles was er will*

*Der Hans im Schnogeloch, kauft alles was er will,
un was er bsitzt, des ghört ihm nitt,
un was ihm ghört, des bsitzt er nitt,..........*

*Der Hans im Schnogeloch, der mag kei Polizischt,
un wenn er grün sieht, sieht er rot
un wenn er rot sieht, sieht er grün,..........*

*Der Hans im Schnogeloch, der het sei Lebe satt,
lebe, seit er, kann ich nitt, un sterbe, seit er, will ich nitt,
er hüpft usm Fenster nus, un kummt ins Narrehus,........*

Bergauf – bergab, zum schönsten Wiesengrund

P-Badenweiler West – P-Badenweiler Süd – René Schickele Brunnen – Hausbaden – Sehringer Weg – Sehringer Brunnen – Römerweg – Friedhof – Badenweiler

Markierung:	Lila Scheibe mit weißem Pfeil (Sehringer Weg)
Länge:	Vom P-West = 7 km: vom P-Süd = 6 km; Steigung mäßig
Hinfahrt:	Mit Bus Nr. 111 ab Müllheim bis P-West
	Mit Fahrrad oder Pkw bis P-Süd

Schon die Römer wussten das heilbringende Wasser zu schätzen, das aus den Quellen am Rande des Schwarzwaldes reichlich quoll. Sie legten zudem großen Wert auf ein liebliches und mildes Klima und eine schöne Landschaft. Das alles fanden sie abseits ihrer staubigen Heerstraße, die drunten in der brütenden Hitze der Rheinebene verlief. Am Fuße des dunklen Gebirges, dort wo die Schwarzwaldgöttin „Diana Abnoba" lebt, legten sie im Jahre 75 nach Christus den Grundstein für „Aquae villae", dem heutigen Badenweiler. In Rom regierte zu jener Zeit Kaiser „Titus Flavius Vespasianus". Er gab wohl den Befehl zur Einrichtung einer Therme. Wer hier baden wollte, der musste vorher der Schwarzwaldgöttin als Opfergabe frische Blumen auf den Altar legen. In dieser seit zwei Jahrtausenden bevorzugten Landschaft wollen wir heute wandern.

Unsere Wanderroute soll der „Sehringer Rundweg" sein. Kommen wir mit dem Linienbus, dann müssen wir am Bahnhof in Müllheim in die Nr.111 steigen. Mit ihm fahren wir bis zum Parkplatz „Badenweiler West". Von hier aus wandern wir in einer großen Schleife die Markgrafenstraße hinauf bis zum René Schickele Brunnen. Wenige Meter oberhalb liegt der Parkplatz „Badenweiler Süd". Ihn fahren die Wanderfreunde an, die mit dem Pkw oder mit dem Fahrrad kommen. Er ist über Niederweiler gut zu erreichen, und dort kostet es keine Parkgebühren. Die Scheibe mit dem lila Pfeil zeigt uns an, dass der Wanderweg gegenüber vom Schickele Brunnen bergwärts beginnt. Eigentlich führt er an der oberen Seite des Parkplatzes B-Süd vorbei. Etwas weiter oben liegen rechts vom Weg

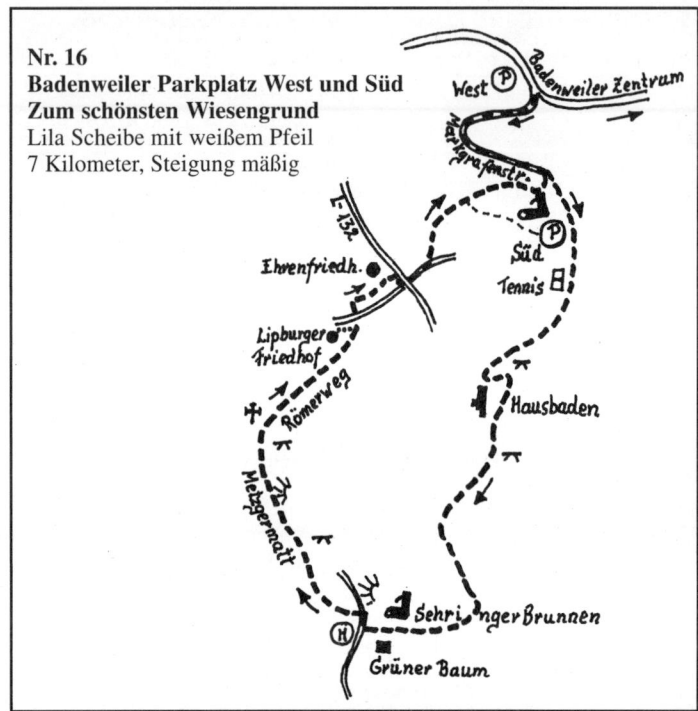

Nr. 16
Badenweiler Parkplatz West und Süd
Zum schönsten Wiesengrund
Lila Scheibe mit weißem Pfeil
7 Kilometer, Steigung mäßig

die Tennisplätze. Zunächst ist der Weg noch asphaltiert, doch das ändert sich bald. Wir überqueren die Landstraße, und kurz vor der „Reha-Klinik „Hausbaden" biegen wir bei der halbrunden Steinbank nach links ab. Die Tafel an dem großen Findling erinnert an den ehemaligen Förster „Wolfgang von Preen". Über zwei weit ausholende Serpentinen gewinnen wir mühelos an Höhe. Auf dem oben folgenden Querweg geht es nach rechts weiter. Unter uns liegt „Hausbaden". Ab jetzt zieht sich der Weg mal auf mal ab durch den Wald in Richtung Sehringen. Hier ist es selbst an heißen Sommertagen angenehm zu gehen. Wir folgen konsequent der lila Scheibe mit dem Pfeil, bis wir zu den oberen Häusern von Sehringen kommen.

Dann zweigen wir auf einen schmalen Weg nach rechts ab. Eine Tafel weist auf das Gasthaus „Grüner Baum" hin. Wo am Gartenzaun die Hausnummer **10** steht, geht es schmal und leicht bergab zum „Sehringer Brunnen". Das winzig kleine Tälchen wird vom Mussbach durchflossen. Auf beiden Seiten des schmalen Sträßles sind Bänke, die uns den Blick hinaus in die Ebene des Markgräflerlandes frei geben. Linkerhand ist das Gasthaus „Grüner Baum", das am Montag Ruhetag hat.

Vom Sehringer Brunnen aus sind es nur 40 Meter weit hinab bis zur Straße. Rechts von der Bushaltestelle biegt unser Wanderweg nach rechts hinab in die „Metzgermatt". Was uns da an landschaftlicher Schönheit erwartet, das ist einfach wunderbar. Wir tauchen ein in ein breites Wiesental, das aufgelockert wird durch einzeln stehende Obstbäume. Wenn die im Mai ihre Blütenpracht entfalten, dann nimmt das Schauen kein Ende. Dieses Wiesental fließt für das Auge übergangslos hinaus in die schier endlose Weite der „Oberrheinischen Ebene", die erst drüben am Kamm der Vogesen ihr Ende findet. Aber auch ein Blick zurück lohnt sich. Über uns erhebt sich der Hochblauen, und ab und zu schwebt vom Gipfel ein Drachenflieger herunter. Von einem Bänkle am Wegrand haben wir einen schönen Blick auf „Lipburg". Auch dorthin führt von Badenweiler aus ein interessanter Wanderweg, der in diesem Büchle unter der Nummer 15 beschrieben ist. Manchmal sind am Wegrand sickerfeuchte Stellen. Dort wächst vom Mai bis in den Juli das am Boden niederliegende „Pfennigkraut" (Lysimachia nummularia). Man nennt es auch „Pfennig-Gilbweiderich". Seinen Namen hat es von den pfennigförmigen Blättern, die man in der Volksmedizin trocknet und als Hustenmittel verwendet. Es wird im Juli fast übergangslos vom „Blutweiderich" (Lythrum salicaria) abgelöst. Auch er zieht auch feuchte Stellen vor. Sein Name kommt von der blutroten Blütenfarbe. Schon ziemlich weit unten im Wiesengrund begegnet uns links vom Weg ein Kruzifix, das man im Jahr 1995 aufgestellt hat. Hier biegen wir nach rechts ab auf den Römerweg. Da wachsen Nüsse, Birnen, Äpfel und Kirschen. Nach zwei Windungen erreichen wir oberhalb des „Lipburger Friedhofes" auf dem René Schickele beerdigt ist, die Landstraße (René Schickele, siehe Wanderung Nr. 15).

Ab jetzt verläuft unser Wanderweg parallel mit dem „Lipburger Rundweg". Wir überqueren die Straße und folgen dem Weg durch die Wiesenmulde nach rechts bis hinauf zum Ehrenfriedhof. Wenige Meter rechts davon unterqueren wir die „L-132". Knapp 200 Meter nach dieser Unterführung zweigt nach links ein Weg durch ein Waldstück ab, der uns zum Ausgangspunkt am „René Schickele Brunnen" unterhalb des Parkplatzes „Badenweiler-Süd" bringt. Die Wanderer, die mit dem Linienbus gekommen sind, haben noch 500 Meter bergab durch die Markgrafenstraße vor sich. Dann sind auch sie am Ausgangspunkt beim „Parkplatz Badenweiler-West".

Wir haben eine wenig anstrengende und beschauliche Wanderung hinter uns, bei der wir das erholsame Umfeld von Badenweiler kennen lernen konnten. Die Wege sind so gut, dass sie bei fast jeder Witterung das ganze Jahr über begangen werden können. Die Ausnahme werden ein paar Schneetage sein. Sollten wir uns noch rüstig fühlen, dann lohnt sich als krönender Abschluss ein Spaziergang durch den Kurpark, in dem es ebenfalls das ganze Jahr über etwas zu schauen gibt. Und wer ohne eigenes Fahrzeug da ist, der könnte ja auch mal ein Viertele „Markgräfler Gutedel" probieren. „Mei, der isch süffig"!

Pfennig-Gilbweiderich
(Lysimachia nummularia)

Blutweiderich
(Lythrum salicaria)

Über die Schwärze zur Ruine Neuenfels

Sportbad Oberweiler – Schweighofstraße – Römerbergklinik – Schwärze – Ruine Neuenfels

Markierung:	Großer Buchstabe „**R**", ab Schwärze „**N**", abwärts „**Z**"
Länge:	8 Kilometer; Steigung mäßig, kurz steiler
Hinfahrt.	Mit SWEG Linienbus Nr.111 ab Müllheim, mit Fahrrad oder Pkw bis Oberweiler

Jedes Mal wenn ich zwischen den verblichenen Mauern einer Burgruine stehe, dann keimt in mir der Wunsch auf mich in jene Zeit zurück verzaubern zu können, in der die Burg noch unzerstört und voller Leben war. Wie mag sich damals so ein Tageslauf abgespielt haben? Was hat man hinter den dicken Mauern an den einsamen Wintertagen gemacht? Was hat man für Kleider getragen, wie hat man geheizt, was hat man gekocht? Wie sahen die einzelnen Räume von innen aus? Natürlich ist alles nur ein Wunschtraum, und sicher ist das gut so. Vielleicht hätte mir das Leben in jener Zeit – vor 700 Jahren – überhaupt nicht gefallen. Also bleiben alle meine Fragen offen, und ich werde im Verlaufe der heutigen Wanderung wieder staunend und erneut ratlos auf den Zinnen der Ruine „Neuenfels" stehen. Ich werde, wie schon so oft, begeistert in die Tiefe schauen und das einmalig schöne Markgräflerland bestaunen, das im Süden an die Großstadt Basel stößt und im Westen vom Rhein begrenzt wird. Doch zunächst wollen wir einmal den Aufstieg angehen.

Die Ruine Neuenfels liegt in knapp 600 Meter Höhe auf einem Felsvorsprung gegenüber von Badenweiler. Dazwischen verläuft das „Klemmbachtal". Dieser tiefe Einschnitt in den Schwarzwald verbindet Müllheim mit der Passhöhe droben auf der „Sirnitz". Zwei Möglichkeiten für die Anreise bieten sich an: Kommen wir mit öffentlichen Verkehrsmitteln, dann steigen wir am Bahnhof in Müllheim in den Bus Nr. 111 und fahren bis zur Station „Badenweiler-Oberweiler" Sport- und Freizeitbad. Dieser Bus hat in Müllheim fast an jeden Zug Anschluss. Kommen wir mit dem Pkw, dann findet sich im Umfeld dieser Bushaltestelle auch ein Parkplatz. Not-

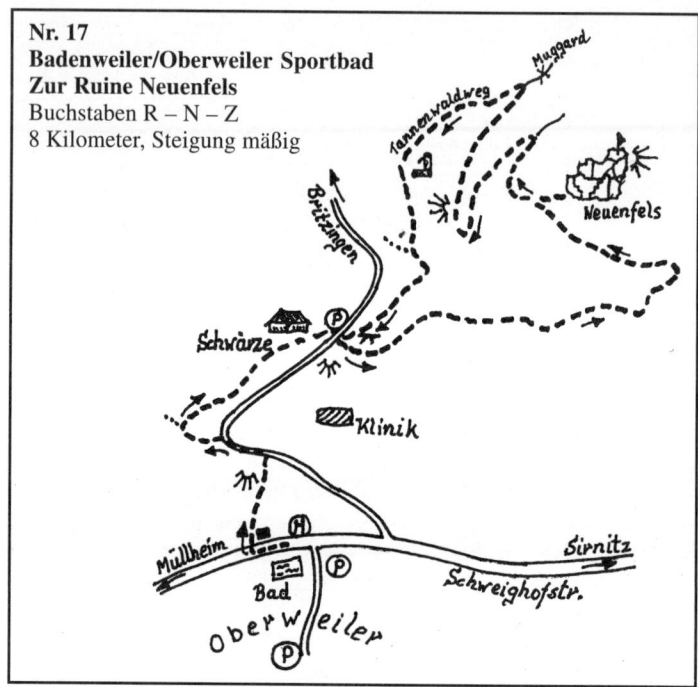

Nr. 17
Badenweiler/Oberweiler Sportbad
Zur Ruine Neuenfels
Buchstaben R – N – Z
8 Kilometer, Steigung mäßig

falls muss man 300 Meter weit hoch fahren bis zum P-Badenweiler Ost, wo es im unteren Drittel auch kostenlose Parkflächen gibt. Wir sollten stabile Schuhe und zweckmäßige Wanderkleidung einplanen, denn der Weg kann – besonders in der Nähe der Burg – steinig sein. Von der Bushaltestelle „Sportbad" wandern wir 40 Meter weit talabwärts. Beim Haus Nr.79, das auf der anderen Straßenseite steht, biegen wir bergwärts in Richtung „Schwärze" ab. Wir überqueren den Bach und folgen dem **„R".** Dieses Wegstück ist für wenige Meter etwas steiler, doch gut begehbar. Beim Anstieg sollten wir unbedingt zurück schauen, denn es bieten sich herrliche Ausblicke auf das gegenüber liegende Badenweiler. Unterhalb der „Römerbergklinik" treffen wir auf die Fahrstraße. Ihr folgen wir 100 Meter weit bergauf. Bei der großen Rechtskurve biegen wir nach links in den Pkw-Parkplatz ein. An der tiefsten Stelle dieses Platzes schlüpft unser Weg zwischen den Büschen hindurch in den Wald hinein. Oft stehen parkende Autos davor, so dass wir den Einstieg erst suchen müssen. Es geht gleich bergauf, aber schon nach wenigen Metern biegen wir spitz nach rechts ab. Bald wird der Weg flacher. Dann verläuft er parallel zur Straße bis hinauf zur „Schwärze". Das ist eine kleine Passhöhe, die den Weinort „Britzingen" mit Badenweiler verbindet. Zugleich haben wir die Möglichkeit auf dem großen Wanderparkplatz eine erste Rast einzulegen. In der Hütte finden gut 25 Leute Platz. Im Freien sind viele Bänkle und eine Feuerstelle. Mehrere große Abfallbehälter sorgen für eine augenfällige Sauberkeit auf der weitläufigen Anlage.

Der Anstieg zur Ruine Neuenfels beginnt auf der anderen Straßenseite bei der herrlichen „Traubeneiche", unter der zwei stabile Bänkle stehen. Dem direkt ansteigenden „Neuenfelsweg" folgen wir nur für die ersten 20 Meter, dann biegen wir nach links auf den schmalen Waldpfad ab. Dort ist ein Holzpfeil mit der Aufschrift „Burgruine Neuenfels". Das ist der schönste Weg hinauf zur Burg, und ihn wollen wir auch benützen. Bald wird der Weg noch schmaler. Er schmiegt sich förmlich an den Berghang an. Links unter uns schlängelt sich der „Ehebach" durch den „Dammbachgraben". Er führt meistens nur wenig Wasser, doch nach einem heftigen Gewitter kann dieses harmlose Rinnsal zu einem reißenden Schluchtbach werden. Am Waldboden wachsen in niedrigen Büschen viele Stechpalmen (Ilex aqiufolium). Wir erkennen diese Pflanze an den dunkelgrün glänzenden und lederartigen Blättern, die auch im Winter nicht abfallen. In den Monaten November bis Januar sind ihre lebhaft roten Steinfrüchte eine wichtige Vogelnahrung. Interessant ist, dass die Pflanze „zweihäusig" ist. Das heißt, männliche und weibliche Pflanzen wachsen getrennt voneinander. Im hintersten Talende wechselt unser Weg die Richtung nach links. Er wird breiter und steigt etwas mehr an. Nachdem wir einen Querweg passiert haben, sind es nur noch zehn Minuten bis rechts oben, ganz versteckt zwischen den Ästen der hohen Bäume, die Mauern der Ruine auftauchen. Ein schmaler Pfad führt uns in das Innere der ehemaligen Burg. Hoch

ELISABETH WALTER
(1897 – 1956)

Abenteuerliche Reise
des kleinen Schmiedledick mit den Zigeunern

———

Madleen kann nichts wissen

———

Rosmarin und Nägili

Sonderausgabe des Gesamtwerks zum 100. Geburtstag der
alemannischen Schriftstellerin
aus dem Schillinger Verlag Freiburg

ragen die dicken Bruchsteinwände auf. Im oberen Teil, dort wo einst der Rittersaal war, wächst heute eine mächtige Sommerlinde. Auf einer gut gestalteten Tafel erfahren wir die chronologische Geschichte der Burg. Über hohe Stufen steigen wir auf den westlichen Zinnenkranz hinauf, von wo aus sich ein wunderbarer Ausblick bietet. Weit dehnt sich unter uns die „Oberrheinische Ebene" aus. Es ist ein einmalig schönes Panorama. Von den Schwarzwaldhöhen ganz links gleitet der Blick hinab, um in der Ferne in die „Burgunder Pforte" einzutauchen. Wenden wir uns langsam nach rechts, dann schließen die Vogesen im Westen das breite Band der Rheinebene ab, aus der die vielen Ortschaften wie von Kinderhand verstreute Glasperlen herauf leuchten. Lange verweilen wir da oben. Und schließlich fällt unser Blick nach unten in das Innere der ehemaligen Burg. Wo heute manchmal Lagerfeuer brennen und Gruppen oft Sommernachtsfeste feiern, da spielte sich vor vielen hundert Jahren höfisches Leben ab.

Der Hund und die Neuenfelser

Fest steht, dass schon die Römer hier oben auf dem Felsvorsprung in 600 Meter Höhe ein Kastell hatten. Es gehörte als Glied in das große Verteidigungssystem, das wie ein Netz das ganze Land umspann. Auf fast allen Höhen, von denen aus man das flache Land und die dort verlaufende Römerstraße beobachten konnte, bauten sie mächtige Burgen. Zur Bewachung wurden „Veteranen", also ausgediente Legionäre, herangezogen. Meistens bevorzugte man solche, die während ihrer Militärzeit schon eine führende Position begleitet hatten. Zudem sollten sie aus vornehmen Familien stammen. Um ihre Existenz zu sichern, wies man ihnen ein Areal an Feld und Wald zu. Neuenfels selbst war ein Hochkastell. Es stand in Verbindung mit dem Tiefkastell in „Zunzingen", das den römischen Heerweg von Müllheim nach Sulzburg schützen musste.

Nach den Römern weiß die Geschichte für einen Zeitraum von über 1000 Jahren nichts mehr zu berichten. Erst im Jahre 1307 erscheinen in einer Urkunde die „Herren von Neuenfels". Daraus geht hervor, dass ihr Besitzstand bedeutend war. Die Orte „Britzingen, Dattingen und Zunzingen" gehörten ihnen. In Müllheim nannten sie einen Hof ihr Eigen, den sogenannten „Neuenfelser Hof". In vielen Orten besaßen sie Lehen. „Jakob von Neuenfels" war von 1323 bis 1343 sogar Schultheiß von Neuenburg. Mit ihm war ein Höhepunkt in der Familiengeschichte erreicht. Von nun an ging es mit den Gütern bergab. Von Schulden bedrückt, mussten die nachfolgenden Generationen Stück für Stück aus dem Besitz verkaufen. Größte Nutznießer waren die umliegenden Ortschaften, besonders Britzingen. Um das Jahr 1500 schenkte die „Freifrau Elisabeth von Neuenfels" den Britzingern ein großes Stück Wald. An „Muggard" gab sie nichts, so erzählt die Geschichte, weil deren Bewohner sie einmal verspottet hatten, als sie auf einem Esel durchs Dorf geritten war. Im Jahre 1538 musste dann „Christoph von Neuenfels" sein letztes Stück Wald an die Gemeinde Britzingen verkaufen. Völlig verarmt, wurde er immer menschenscheuer. „Ed. Chr. Martini" schreibt in seinem Sagenbuch im Jahre 1875: „Ein Hund holte ihm sein tägliches Essen in einem Halskorb aus Britzingen herauf. Als das Tier einmal für einige Tage ausblieb, schöpfte man bösen Verdacht und stieg zur Burg hinauf. Man fand das Ehepaar, die Tochter, zwei Mägde und das andere Gesinde tot vor. Auch der Hund war erschlagen. Niemals entdeckte man eine Spur der Mörder. Seither zerfiel die leere Burg, und niemand traute sich mehr an diesen grausamen Ort".

Noch ganz in Gedanken, das schaurige Ende der Burgbewohner vor Augen, schnüren wir wieder unseren Rucksack und machen uns an den Abstieg. Dafür wählen wir bis zur Schwärze einen anderen Weg. Wir steigen die wenigen steilen Meter von der Burg hinab und biegen bei den Zeichen **Z** und **B2** auf den schmalen Weg nach rechts ab. Der wird bald breiter, und nach 400 Metern schwenken wir nach links auf den „Theodor Brausweg" ein. Das ist ein Teilstück des geologischen Wanderweges. Nach zwei weiteren Spitzkehren kommen wir auf den „Tannwaldweg", dem wir nach links bergab folgen. Bequem erreichen wir wieder den großen Wanderparkplatz bei der Schwärze. Unterwegs informieren uns vielsagende Tafeln zur Geologie und Botanik. Einmal lesen wir:

> *Bäume wachsen nicht in den Himmel,*
> *aber sie sind die größten Lebewesen auf unserer Erde.*

Vielleicht legen wir an der Schwärze noch einmal eine kleine Pause ein. Dieser Ort heißt deshalb so, weil hier einmal ein Köhler seine Meiler aufgebaut hatte und Holzkohle brannte. Das führte dazu, dass die ganze Gegend schwarz war. Für den Abstieg nach Oberweiler zeigen uns die Wegtafeln mehrere Varianten auf. Wir können aber auch den Weg abwärts benützen, den wir vorhin herauf gekommen waren. Rechnen wir den Aufenthalt auf der Burgruine Neuenfels und eine Rast an der Schwärze mit ein, dann waren wir gut drei Stunden unterwegs gewesen.

Brunnen am Tannwaldweg
beim Rückweg von der Ruine Neuenfels

Zum Burberg über dem Weilertal

Badenweiler-Schweighof – Altensteinweg – Siebenlochenweg – Steinenbrunn – Burberg – Vogelbachhalde – Friedrich Hilda Esche – Vogelbachtal – Bergmannsruhe – Großackerweg - Steinenbrunnenweg

Markierung: Nr.3 – rotes **W** – gelber Punkt
Länge: 7 Kilometer; Steigung mäßig
Hinfahrt: Mit Bus Nr.111 ab Müllheim, mit Fahrrad oder
             Pkw bis Schweighof Rathaus

Oft sucht der Stadtmensch nach einer Wandergelegenheit, die ihm geschichtlich als auch landschaftlich etwas Neues bietet, kennt er doch seine unmittelbare Umgebung schon fast auswendig. Dem kann abgeholfen werden. Der für heute vorgesehene Wanderweg liegt in einem stillen Waldgebiet im oberen Weilertal. Wir sollten ihn auswählen und uns überraschen lassen. In Müllheim am Bahnhof steigen wir in den Linienbus Nr.111 und fahren über Badenweiler bis zum Rathaus in „Schweighof". Dieser Bus hat fast an jeden Zug Anschluss. Wenig mehr als hundert Meter oberhalb vom Rathaus steht das Gasthaus „Sonne". Dort biegen wir nach rechts in das „Altensteintal" ab. Wer mit dem Pkw oder dem Fahrrad kommt, der biegt hier ebenfalls ab und fährt noch 200 Meter ins Tal hinein. Wo sich die Straße teilt, da kann man das Auto prima abstellen. Den asphaltierten Altensteinweg lassen wir links liegen. Wir wandern auf dem ansteigenden „Sandweg", dem Hinweis „Wassertretstelle" folgend, geradeaus weiter. Am Waldrand erreichen wir dann linkerhand die Wassertretstelle. Auf der rechten Seite sind noch die Reste eines ehemaligen Wanderparkplatzes zu erkennen. Die Gäste aus dem Ort wählen diesen Weg oft für einen kleinen Spaziergang, denn hier herrscht himmlische Ruhe. Wir steigen auf dem Weg mit der Markierung Nr.3 nach rechts an. Es geht gleich zügig bergauf. An der Böschung stehen alte Bänkle. Sie zeigen an, dass man von hier aus einst eine schöne Aussicht hatte. Heute sind die Bäume hoch gewachsen. Nach zehn Minuten treffen wir auf den Siebenlochenweg. Ihm folgen wir nach rechts, wobei es leicht bergab geht. Schon

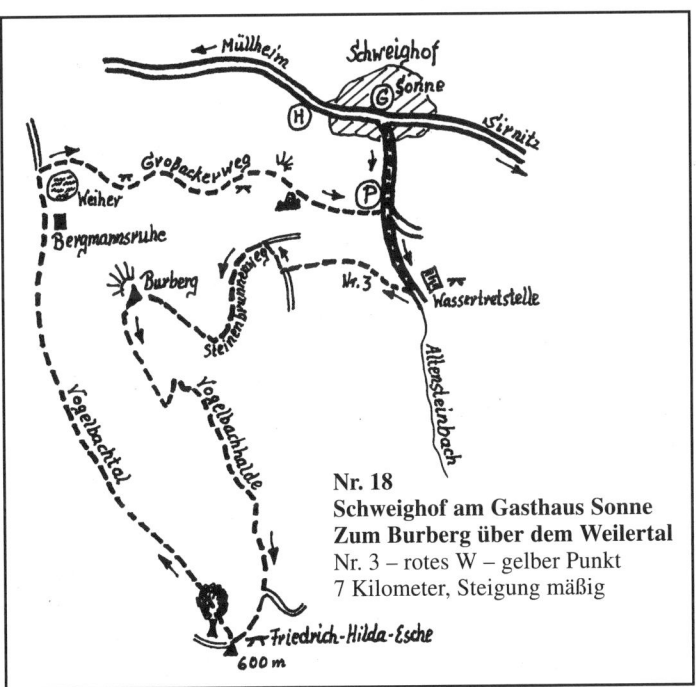

Nr. 18
Schweighof am Gasthaus Sonne
Zum Burberg über dem Weilertal
Nr. 3 – rotes W – gelber Punkt
7 Kilometer, Steigung mäßig

nach 200 Metern stehen wir an der Kreuzung zweier Waldstraßen. Wir biegen nach links auf den ansteigenden „Steinenbrunnenweg" ab. Der endet weiter oben an einem ehemaligen Holzlagerplatz. Jetzt beginnt ein romantisches Wandern auf einem ganz schmalen Pfad. Das ist der „Vogelbachhaldenweg", die direkte Fortsetzung des bisherigen breiten Holzabfuhrweges. Zunächst geht es im dusteren Wald nur leicht bergauf. In einer scharfen Linkskurve wird es um uns herum heller. Jetzt sind wir am „Burberg", der in alemannischer Zeit bestimmt „Burgberg" hieß und zu den Ringwällen rings um den Hochblauen gezählt hat. Das ist ein herrlicher Aussichtsfelsen. Eichen und Kiefern breiten ihre ausladenden Äste wie ein Schirm über uns aus. Zu unseren Füßen wächst Heidekraut, das vom Juli bis in den September blüht. Von dieser Kanzel in 475 Meter Höhe geht unser Blick über die Täler und Ebenen hinweg bis zu den Vogesen. Steil unter uns mündet das Vogelbachtal in das Weilertal ein. Als wäre sie mit dem Gebirge verbunden, steht draußen trutzig die Burgruine von Badenweiler. Wohl von keinem Ort aus hat man eine derart schöne Draufsicht auf das ehemalige Zähringerschloss. Auf der nördlichen Seite neigt sich der bewaldete Buckel des Steinbergs der Ebene zu. An seinen Hängen endet der Schwarzwald. Müllheim stellt schon die Verbindung zur Rheinebene her. Wem der gesamte Rundweg zu weit sein sollte, der kann hier umkehren. Der zünftige Wanderer will jedoch noch viel mehr sehen und erfahren. Deshalb wandern wir weiter auf dem jetzt etwas mehr ansteigenden Bergpfad. Am steinigen Hang entlang kommen wir immer tiefer ins Tal hinein. Über eine kurze Serpentine gewinnen wir schnell an Höhe. Überall liegt moderndes Holz. Wenn in dieser steilen Halde ein Baum umfällt, dann lässt man ihn einfach liegen.

Der Zunderschwamm

Am Altholz fallen uns ganz besonders die Baumpilze auf, die man auch „Zunderschwamm" nennt. Sie gehören nicht zu den Speisepilzen, obwohl sie nicht giftig sind. In wulstigen und konzentrischen Ringen kleben sie wie Vordächer oder Konsolen an den Stämmen und Ästen. Der mitunter Jahrzehnte alt werdende Pilz kommt hauptsächlich in höher gelegenen Lagen vor. Er ist ein gefährlicher Baumparasit, der das Holz brüchig macht. Er hat einen gelblichen oder rostbraunen Rand, der sich eigenartig samtig oder korkig anfühlt. Die Oberfläche ist hart, glanzlos und rußig grau. Jedes Jahr setzt der Baumpilz von unten her eine neue Schicht an. Das können wir schön beobachten, wenn wir ihn nach harter Vorarbeit vom Stamm gelöst haben. Dann stellen wir fest, dass mehrere Röhrenschichten übereinander sitzen. Über den Röhren breitet sich die fahlbraune Zunderschicht aus. Früher schnitt man zur Zunderbereitung diese Schicht in Scheiben. Dann kochte man sie und tränkte sie in Salpeter. Um auf einfache Art ein Feuer zu entfachen, genügte schon ein kleines Stückchen Zunder. Dann brannte der Holzhaufen „wie Zunder". Alte Holzfäller kennen den Zunderschwamm noch gut. Sie benutzten ihn bei Verletzungen als blutstillendes Mittel.

Nachdem wir vom Burberg aus eine halbe Stunde auf stillem Pfad gewandert sind, kommen wir am hintersten Ende der immer enger werdenden Schlucht zur „Friedrich Hilda Esche". Etwa hundert Meter vorher ist unser Weg halbrechts bergab abgebogen. Sie steht in genau 600 Meter Höhe im Vogelbachtal. Dieser kolossale Baum hat fast zwei Meter Durchmesser. Vier mächtige Äste, von denen jeder selbst ein Baum sein könnte, recken sich wie Hilfe suchende Arme hoch zum Himmel. Auf einer Bank können wir rasten. Im Sommer ist der Waldboden bedeckt vom gelben Springkraut. Diesen Platz widmete man dem Großherzog von Baden, Friedrich II und seiner Gattin Hilda (siehe Artikel am Ende dieser Wanderbeschreibung).

Wir haben jetzt den entferntesten Punkt unserer Wanderung erreicht. Abwärts folgen wir dem Lauf des Vogelbaches, der zunächst links, dann rechts vom Weg talwärts plätschert. Schnell verlieren wir an Höhe, und nach 15 Minuten taucht rechts unten im Wiesengrund ein Haus auf. Das ist das ehemalige Gasthaus „Bergmannsruhe". Hier standen bis ins 19. Jahrhundert ein Schmelzofen und ein Pochwerk, in welchem man Bleiglanz vom Granit trennte. Dazu muss man wissen, dass in diesem Tal einst reger Bergbaubetrieb herrschte. Unterhalb ist ein Schwanenweiher. Ihn umrunden wir nach rechts. Über seinen Staudamm hinweg führt der „Großackerweg". Wir müssen nur ein kurzes Stückchen ansteigen, dann geht es fast eben und in großen Kurven, immer parallel zur Talsohle weiter. Am Wegrand stehen viele Bänke. Das weist uns darauf hin, dass dieser Weg gerne von den Kurgästen begangen wird. Bald hören wir links unter uns das Geräusch von Autos, und durch die Äste der dicht stehenden Bäume lugen die ersten Dächer des Erholungsortes „Schweighof" heraus. Wir sind jetzt auf dem Steinenbrunnenweg. In einer Linkskurve hat man im auslaufenden 20. Jahrhundert einen Brunnen aufgestellt. Von da aus sind es nur noch 700 Meter weit

Die Natur im Markgräflerland

ist äußerst vielfältig und erstreckt
sich von der fast mediteranen
Oberrheinebene über die
Vorgebirgszone bis zu den
subalpinen Schwarzwaldgipfeln.

Es ist das Anliegen der beiden
Autoren Werner Bussmann und
Franz Schneider, die Welt der
seltenen Tiere und Pflanzen
aufzuzeigen und Verständnis
zu wecken, diese zu schützen und
zu erhalten.

Das Vorwort zu dem Buch
»Kleinod Markgräflerland«
schrieb Bernhard Grzimek,
103 Farbbilder vervollständigen
den engagierten Text.

bergab, dann sind wir wieder am Ausgangspunkt bei der Wegkreuzung am Altensteinweg. Die Pkw-Fahrer haben ihr Ziel erreicht,
die Fußwanderer müssen noch 200 Meter weit hinab bis zur Straße
beim Gasthaus Sonne.

Wer sich für diese Wanderung entschieden hat, der ist in eine ur-
wüchsige Landschaft vorgestoßen, die alle Vorzüge eines erstre-
benswerten Wandergebietes in sich vereinigt. Wir gingen auf ruhigen und abgeschiedenen Waldwegen, wir sahen vom Burberg aus
die Heimat in einer einmaligen Schönheit, ja, wir erfuhren auch einen Abschnitt aus der geschichtlichen Vorzeit dieser Gegend. Dazu
waren wir fast drei Stunden unterwegs. Ein Glück, dass wir feste
Schuhe und zweckmäßige Wanderkleidung angezogen hatten.

Bei der Friedrich Hilda Esche

Weit oberhalb von Badenweiler, im heute stillen Vogelbachtal,
steht am Ufer des steilen Bergbaches in 600 Meter Höhe die
„Friedrich Hilda Esche". Auf den ersten Blick lernen wir lediglich zwei Vornamen kennen, doch bei näherer Betrachtung sagen sie viel aus. Gemeint sind nämlich „Friedrich II, Großherzog von Baden, und seine Gattin, die „Prinzessin Hilda von
Nassau". Friedrich II wurde 1857 als einziger Sohn von Friedrich I und seiner Gattin Luise geboren. Mit 19 Jahren begann er
in Heidelberg ein Studium in den Fächern Rechts- und Staats-
wissenschaft sowie in Historik. Als sein Vater im Jahre 1881
schwer erkrankte, musste ihn Friedrich als „Erbgroßherzog" in
den Regierungsgeschäften vertreten. Am 20. November 1885
heiratete er die hübsche Prinzessin „Hilda von Nassau". In Erinnerung an diese Hochzeit baute die Stadt Freiburg im Jahre
1886 auf dem Lorettoberg den „Hildaturm". Auf der Tafel, die
an der Südseite angebracht ist, lesen wir: *„Hildathurm. Zur Erinnerung an die Vermählung S.K.H. des Erbgroßherzogs Friedrich II von Baden mit I.H. der Prinzessin Hilda von Nassau.
Erbaut 1886"*. Als ständigen Wohnsitz wählten sie das „Palais
Sickingen" in Freiburg in der Salzstraße 17, das schon vorher
immer ein Absteigequartier der badischen Großherzöge war. Sein

Vater übertrug dem jungen Ehemann hauptsächlich militärische Aufgaben und Pflichten. Im Jahre 1889 wurde er in Freiburg zum Oberst beim V. badischen Infanterieregiment befördert. Ab 1902 legte er sich zwei weitere Wohnsitze zu, nämlich Karlsruhe und Badenweiler. Letzteren, um seinem Vater näher zu sein, der oft vom Amtshaus in Badenweiler aus seine Regierungsgeschäfte erledigte. Als Friedrich I 1907 starb, begann die Regierungszeit seines Sohnes, dem „Großherzog Friedrich II" und seiner sozial sehr engagierten Gattin „Hilda von Nassau". In seine Regierungszeit fiel von 1914 bis 1918 der „Erste Weltkrieg", der allgemein das Ende der Monarchie in Deutschland einläutete. Am 22. November 1918 dankte Großherzog Friedrich II ab. Danach lebte er als Privatmann noch knapp zehn Jahre in Badenweiler, wo er 1928, im Alter von 71 Jahren starb. Seine Gattin überlebte ihn um 24 Jahre. Zunächst wohnte sie in Freiburg im „Großherzoglichen Palais" in der Salzstraße, wo sie als Spaziergängerin zum alltäglichen Bild gehörte. Begegnete man ihr, dann grüßte man sie respektvoll. Als dieses Haus in der Bombennacht des 27. November 1944 total zerstört wurde, nahm sie ihren Wohnsitz für kurze Zeit in Salem am Bodensee ein. Schon bald trieb sie das Heimweh nach Badenweiler zurück, dorthin, wo sie die glücklichsten Jahre ihres Lebens verbracht hatte. Da wohnte sie bis zu ihrem Tode im Jahre 1952. Jedermann schätzte sie, und sie galt allgemein als eine beliebte und angesehene Bürgerin. Kinder waren ihrer Ehe nicht beschieden gewesen. Noch heute hält man die Erinnerung u.a. bei der „Friedrich Hilda Esche" im Vogelbachtal wach.

Ein Spaziergang rund um den Hochblauen

Markierung: Holztafel **BR-1** mit weißem Pfeil
Länge: 1,8 Kilometer; bequem
Hinfahrt: Mit Fahrrad oder Pkw bis Hochblauen

Er ist schon ein massiver Eckpfeiler des südlichen Schwarzwaldes, dieser „Hochblauen". Das fällt uns ganz besonders dann auf, wenn wir ihn von Badenweiler aus erklimmen. Sind wir schließlich droben, dann werden wir mit phantastischen Ausblicken belohnt. Deshalb sollte der Wanderer zunächst den Gipfelturm besteigen, um sich ein Bild von der Landschaft machen zu können. Der heute vorgesehene Spaziergang auf dem Rundweg **BR-1** beginnt links unterhalb der Terrasse vom Berghaus Hochblauen. Auf der Tafel bietet man uns drei Wege an. Wir wählen den kleinsten mit dem weißen Pfeil. Er ist mühelos in einer knappen Stunde zu bewältigen. Aber Ach-

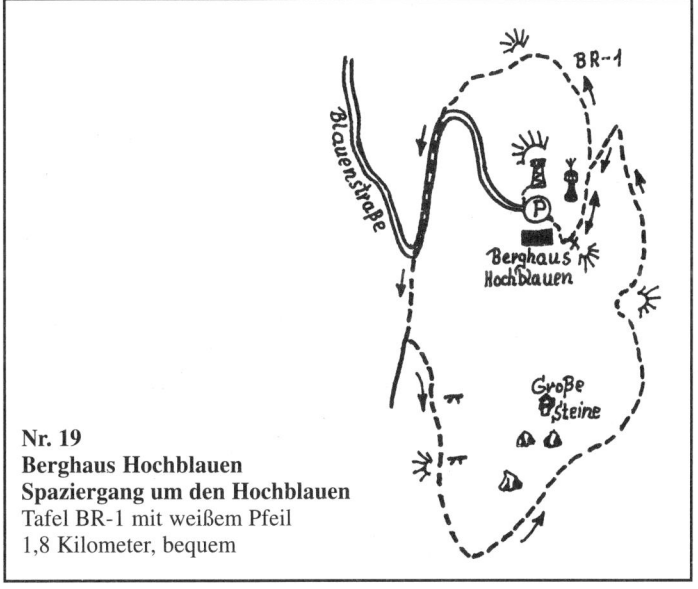

Nr. 19
Berghaus Hochblauen
Spaziergang um den Hochblauen
Tafel BR-1 mit weißem Pfeil
1,8 Kilometer, bequem

tung! Wir brauchen auf jeden Fall stabile Schuhe. Oft liegen Wurzel-
schwellen quer, oder es schauen grobe Steine weit aus dem Boden.
Wer dann nur Stadtschuhe an hat, der riskiert eine Verletzung.

Der schmale Pfad führt gleich leicht bergab. Links oben steht der
hohe Fernmeldeturm. Die nach rechts abzweigenden Wege sollen
uns nicht interessieren. Wir wandern geradeaus weiter. So umrunden wir den sich links über uns erhebenden Gipfel. In einer Haarnadelkurve treffen wir auf die Blauenstraße. Ihr müssen wir nun 350
Meter weit abwärts folgen. Es gibt leider keine andere Möglichkeit.
Positiv ist, dass uns in den fünf Minuten auf der Straße nur selten
ein Auto begegnet. Bei der nächsten großen Rechtskurve haben wir
den Asphalt schon hinter uns, denn unser Wanderweg führt geradeaus auf den breiten Weg. Vorher sollten wir jedoch den schönen
Blick hinunter in die Ebene noch genießen. Dem breiten Waldweg,
an dessen Böschung üppig die Waldhainsimse wächst, bleiben wir
nur 150 Meter weit treu. Dann biegt nach links ein schmaler Pfad in
den Hang hinein ab. Bei gutem Wetter können wir weit über das
Markgräflerland hinweg in die „Oberrheinische Ebene" schauen.
Leider wachsen im Vordergrund die Bäume schnell in die Höhe, so
dass der Fernblick immer magerer wird. Leicht ansteigend, immer
nach links drängend, zieht sich der Weg am Hang hin. Im Wald über
uns liegen mächtige Felsblöcke. Welcher Riese mag die hierher ge-
schuftet haben. Das Rätsel löst sich, wenn wir erfahren, dass der
südliche Ausläufer des Hochblauen vor vielen tausend Jahren ein
ganz alpiner Felsgrat war. Eis und Wasser haben sich mit der Zeit in
die Risse der mächtigen Brocken gesetzt und so das ganze Massiv
mit Gewalt gesprengt. Die Reste, die noch nicht ins Tal gerollt sind,
haben wir jetzt vor uns. Die Kräfte der Natur sind hier noch immer
tätig. Das sehen wir bestens, wenn wir drei Viertel unseres Rundweges hinter uns haben. Da öffnet sich rechts an einer Steilstelle eine
Rinne, die ein Bergrutsch verursacht hat. Für uns ist das von Vorteil,
denn da wachsen im Moment keine Bäume. Deshalb haben wir einen wunderschönen Ausblick hinüber zur 1414 Meter hohen Kuppe
des „Belchen". Schon die Kelten nannten ihn „Bellinus" oder den
„Leuchtenden". Ganz rechts vom Belchengipfel lugt noch ein win-
ziges Stückchen vom Feldberg hervor.

Auf den letzten Metern unseres Rundweges müssen wir leicht ansteigen. Bald sehen wir links oben den Antennenturm. Nach einer spitzen Linkskehre sind wir wieder am Ausgangspunkt beim Berghaus Hochblauen. Eventuell haben wir jetzt ein Kännchen Kaffee oder gar ein Viertele Gutedel verdient. Letzterer wächst drunten in der sonnenüberfluteten Ebene des Markgräflerlandes, aus der wir vorhin steil aufgestiegen waren.

Die Wald-Hainsimse liebt karge Böden

Wenn wir uns bei der Rundwanderung um den Gipfel des Hochblauen an der steilen Westseite des Massivs befinden, dann fallen uns an der Böschung sattgrüne grasartige Büschel auf. Sie haben im Hochsommer einen bis zu 80 Zentimeter hoch werdenden spirrigen Blütenstand, der im späteren Fruchtstand braun wird. Diese horstbildende Pflanze, die am Grund kurze Ausläufer bildet, ist die „Wald-Hainsimse" (Luzula sylvatica). Sie gehört zu der Familie der Binsen. Nicht nur an diesem Standort, nein, im ganzen Schwarzwald überzieht sie die weiten lichten Waldflächen. Sie liebt saure und kalkarme Böden, und genau die haben wir ja im Gebiet des Gneis und Granit. Je steiniger der Boden ist, desto lieber hat sie es. Die vom Grund her aufsteigenden grasartigen Blätter können bis zu zwei Zentimeter breit werden. Die Blattspreite ist am Rande ganz zart bewimpert. Jetzt lohnt es sich, wenn wir eine Lupe bei uns haben. So lassen sich diese kleinen Härchen anschauen. Dann sehen wir auch, dass sich in diesen Wimpern winzige Wassertröpfchen festhalten, welche die Pflanze neben dem Sonnenlicht und der Nährstoffe aus dem Boden zur Bildung des Blattgrüns braucht. Wenn gegen Ende März die Pflanze das junge Grün treibt, dann behaupten sich noch einen ganzen Monat lang die letztjährigen Reste. Sie stützen die zarten Triebe so lange, bis sie aus eigener Kraft Halt gefunden haben. Die Samen werden hauptsächlich von den Ameisen über den Waldboden verbreitet. Der Forstmann sieht die Wald-Hainsimse im ganz jungen Wald nicht so gerne, den sie ist ein starker Humuszehrer. Der botanische Name

„Luzula" kommt von der lateinischen Bezeichnung „Lux", was soviel wie Licht heißt. Sicher rührt das daher, dass man in früheren Jahrhunderten das Mark in den Blütenstielen für Lampendochte verwendet hat. Ihres dekorativen Blütenstandes wegen, findet sie neuerdings auch als Zierpflanze Einzug in die häuslichen Steingärten. Die Gärtner haben sie längst als schmückende Beigabe für anspruchsvolle Gestecke entdeckt.

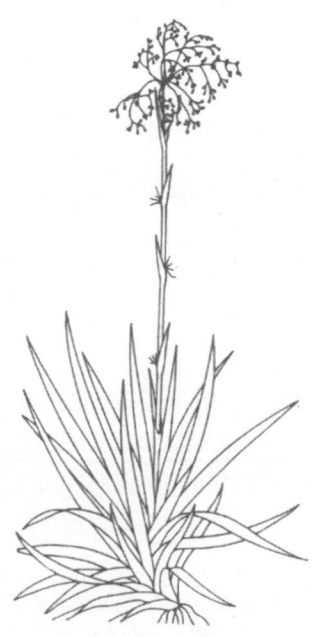

Wald-Hainsimse
(Luzula sylvatica) Binsengewächs

Der Ringwall am Stockberg

Berghaus Hochblauen – Höhenweg – Stockberg – Stockbergweg –
Rossfelsen – Blauenstraße – Fischersbrunn

Markierung: Holztafel **BR-2** mit gelbem Pfeil
Länge: 4,6 Kilometer; Steigung mäßig, am Stockberg
                     sehr steil
Hinfahrt: Mit Fahrrad oder Pkw bis Hochblauen

Von Müllheim aus führt eine Straße über Niederweiler hinauf zum
Hochblauen. Dieser südlichste Eckpfeiler des Schwarzwaldes ist mit
seinen 1165 Metern Höhe nicht nur ein empfehlenswerter Aussichts-
berg, nein, von dort oben aus lassen sich auch wunderschöne Rundwanderungen unternehmen. Obwohl die Bergfahrt von Niederweiler
aus über eine Strecke von zehn Kilometer Länge mitunter recht steil
ist, trifft man auf dem Park- und Rastplatz unter dem Gipfel ver-
mehrt Radfahrer. Die Straße endet am „Berghaus Hochblauen". Dort
ist auf einer großen Fläche genügend Platz das Fahrzeug abzustel-
len. Um uns mit der Landschaft vertraut zu machen, sollten wir zunächst einmal den eisernen Aussichtsturm besteigen. Auf einer Tafel am Sockel lesen wir:

„Auf dem Gipfel des Blauen, in 1165 Meter Höhe, hat der
Schwarzwaldverein 1895 diesen Aussichtsturm erbaut. Von ihm ge-
nießen Sie einen herrlichen Rundblick auf Schwarzwald, Vogesen,
Jura und Alpen. Eine Orientierungstafel auf dem Turm wird Sie ge-
nau informieren. Der kleine Eintrittsbetrag, den Sie entrichten, trägt
zur Erhaltung des Turmes bei. Es dankt Ihnen der SV, Ortsgruppe
Müllheim-Badenweiler.

Also steigen wir hinauf und stellen begeistert fest, dass sich der
kleine „Obolus"* mehr als gelohnt hat. Bei einigermaßen gutem
Wetter hat man den totalen Rundblick. Was uns bei der heutigen
Wanderung besonders interessiert, das ist der stark bewaldete Berg-
kegel am nordöstlichen Fuß des Hochblauens, der Stockberg. Reine
Luftlinie sind es bis dorthin nur 1,5 Kilometer, doch wir wollen ja

---

* Obolus = kleine Münze im alten Griechenland (kleine Geldspende)

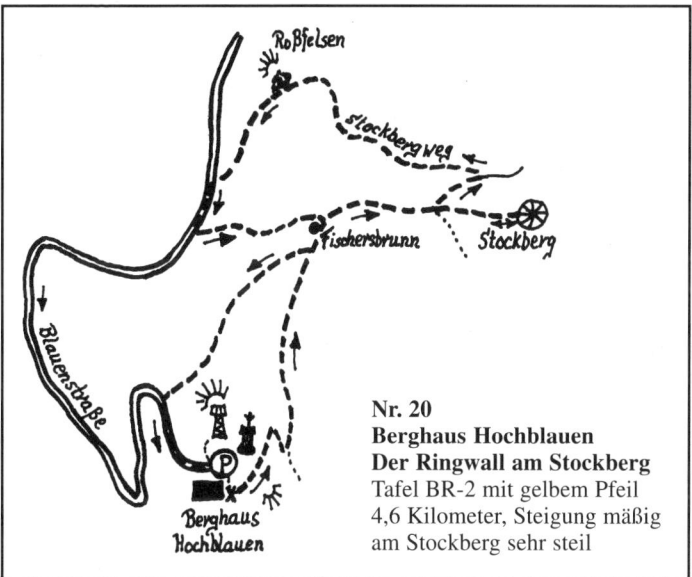

Nr. 20
Berghaus Hochblauen
Der Ringwall am Stockberg
Tafel BR-2 mit gelbem Pfeil
4,6 Kilometer, Steigung mäßig
am Stockberg sehr steil

den Wanderweg benutzen, der etwas länger sein dürfte. Die direkte
Entfernung interessiert dagegen die Gleitschirmflieger, die sich von
den beiden Startrampen im Gipfelbereich des Hochblauen wie einst
„Ikarus" in die Lüfte schwingen.

Unsere Wanderung beginnt direkt am Berghaus Hochblauen. Vom
Kiosk aus steigen wir linkerhand die paar Stufen hinab, und schon
stehen wir vor der Hinweistafel. Unser Weg soll der „Blauen-Rund-
weg Nr. 2 **(BR-2)** mit dem gelben Pfeil sein. Bis zum Fuße des
Rossbergs wird uns auch die rote Raute begleiten. Wir wandern auf
dem schön zu gehenden Waldweg bergab. Am Wegrand blüht im
Sommer das gelbe Springkraut, das man auch „Rühr mich nicht an"
nennt. Ab und zu kommen uns Wanderer mit prall vollen Rucksäk-
ken entgegen. Sie erzählen uns, dass sie auf dem „Westweg" von
Pforzheim nach Basel unterwegs sind. Diesen Klassiker unter den
Wanderwegen hat der Schwarzwaldverein mit der roten Raute mar-

kiert. Nach etwa einer halben Stunde stehen wir am Fuße des Rossbergs. Jetzt verlässt uns die rote Raute in Richtung „Egerten und Marzell". Wir bleiben stehen und orientieren uns. Direkt vor uns – zwischen Büschen und Zweigen versteckt – steigt ein ganz schmaler Pfad zum Gipfel des Rossbergs hinauf. Der Aufstieg ist sehr steil, doch es sind nur 300 Meter bis zum höchsten Punkt. Die Entscheidung fällt uns leicht. Wir haben uns diese Wanderung ja wegen des Stockbergs ausgesucht, also wollen wir auch hinauf. Obwohl der Gipfel mit hohen Bäumen bewachsen ist, bieten sich einige schöne Durchblicke zum Ausgangspunkt drüben am Hochblauen. Rätselhafte Mulden und sonderbare Steinwälle erwecken unsere Aufmerksamkeit. Wir lassen uns auf einem großen Stein nieder und schauen in die Vergangenheit:

Geologie und Geschichte am Stockberg

Schon vom Aussichtsturm des Hochblauen erkannten wir, dass der Stockberg ein hoch aufsteigender Kegelberg ist. Das bekommen wir auch gleich zu verspüren, denn der Anstieg ist zwar kurz aber sehr steil. Der ganz schmale Pfad ist mit Steinen übersät. Ihre rötliche Farbe erweckt unsere Aufmerksamkeit. Bei genauerem Betrachten stellen wir fest, dass es sich um „Porphyr" handelt. Ein Rückblick in die geologische Vergangenheit wird uns das erklären. Wie viele Teile des heutigen Schwarzwaldes, so war auch der Hochblauen vor rund 300 Millionen Jahren von einer festen Gneisdecke überzogen. Im „Altkarbon", das war die Zeit, in der die Grundlage für unsere heutigen Steinkohlenlager gelegt wurde, quoll aus dem Erdinnern feuerflüssige Masse empor. Die Gneisdecke platzte, und aus den Rissen und Klüften drangen neue Gesteine an die Oberfläche. Darunter war auch der rot melierte „Porphyr". Über einem solchen Aufschluss erhebt sich heute der Stockberg. Die mehr abgerundete Kuppe des Hochblauen dagegen besteht aus reinem Granit, der an der Oberfläche stark verwittert ist. In den tief im Erdinnern verlaufenden Spalten bauten sich im Wandel der Jahrmillionen wertvolle Mineralien auf. Dem Menschen blieb es vorbehalten sie zu entdecken und zu nutzen. So grub man vom Weilertal bei Badenweiler her Stollen in den Berg und baute Bleiglanz, Silber, Quarz, Schwerspat und andere Erze ab. Es ist nicht genau bekannt, wann diese Erzlager zum ersten Mal entdeckt worden sind. Jedenfalls beweisen Funde aus der Steinzeit, dass schon damals Menschen hier gewohnt haben. Es ist ebenso als sicher anzunehmen, dass in der nachfolgenden Bronzezeit hier Kupfererz geschmolzen wurde. In der „Hallstattzeit", die wir zwischen 1000 und 500 vor Christus einordnen können, fertigten Menschen in unserer Breite Waffen, Schmuck und Münzen aus Silber und Kupfer an. Dr. E. Scheffelt aus Badenweiler schließt daraus, dass in jener Zeit die Ringwälle rings um den Blauen gebaut wurden, um die bedeutenden Erzvorkommen gegen Angriffe von außen her verteidigen zu können. Einen solchen Ringwall haben wir auf dem Gipfel des Stockbergs vor uns. Es ist ein großes und imponierendes Bauwerk, das einst die ganze Kuppe mit einem Durchmesser von mindestens 400 Metern eingenommen haben muss. Was würden wir dafür geben, könnten wir uns in die Zeit vor 2500 Jahren zurück versetzen. Doch uns bleibt nur die Phantasie, wie das alles einmal gewesen sein mag. Sicher ist das gut so, denn wer weiß schon, mit welchen Nöten sich die Menschen der damaligen Zeit hatten auseinander setzen müssen. Also steigen wir den steilen Pfad bis zum Hauptweg wieder hinab.

Am Fuße des Stockbergs haben wir den entferntesten Punkt unserer Wanderung erreicht. Links bergab führt uns ein schöner Wanderweg weiter. Der breite und leicht ansteigende Wiesenweg geradeaus hat für uns keine Bedeutung. Nach knapp 400 Metern kommen wir zum breiten „Stockbergweg", dem wir spitz abbiegend nach links folgen. Hier ist das Wandern die reine Freude. Jetzt lohnt es sich, wenn wir ein Pflanzenbuch dabei haben, denn am Wegrand blüht vom März bis in den November immer etwas. In einer Kurve steht unvermittelt rechts vom Weg der „Rossfelsen". Leider sind die Bäume zu hoch gewachsen, denn von da aus hatte man einst eine wunderschöne Aussicht ins Weilertal. Schade, dass der Orkan „Lothar" der am zweiten Weihnachtsfeiertag im Jahr 1999 unsere Heimat heimsuchte, hier nicht zugeschlagen hat. Unser breiter Wanderweg mündet nach einer halben Stunde auf der Blauenstraße. Wir wandern 200 Meter weit am Rande bergauf und biegen dann nach links auf den Wanderweg ab. Jetzt leitet uns der gelbe und der rote Punkt. Beim „Fischersbrunn" treffen wir auf den Hauptweg. Den kennen wir schon, denn da sind wir vorhin bergab gewandert. Nur 30 Meter weiter biegt unser Weg nach rechts ab und führt uns ansteigend zurück zum Hochblauen.

Rechnen wir den Aufstieg zum Stockberg mit ein, dann waren wir etwas mehr als zwei Stunden unterwegs gewesen. Empfehlenswerte Jahreszeiten für die Rundwanderung sind das Frühjahr und der Spätherbst. In der letzten Oktoberhälfte leuchtet das Laub an den Buchen, Eschen und am Bergahorn in allen Farben.

Zum Vespern in die Kälbelescheuer

Parkplatz Kreuzweg – Kälbelescheuerweg – Almgaststätte Kälbelescheuer – Haldenhof – Westweg über Weiherfelsen

Markierung: Weg Nr.3; blaue und rote Raute
Länge: 6,5 Kilometer; Steigung mäßig, kurz steil
Hinfahrt: Mit Linienbus Nr.111 ab Müllheim
              oder mit Pkw bis **P** Kreuzweg

Wer das ganze Jahr über wandert, der hat so seine feststehenden Touren, die er nur zu ganz bestimmten Jahreszeiten unternimmt. Er weiß genau, wann in einer Landschaft mit Laubwald die schönste Blattfärbung herrscht, oder wann sich in einer Obstanbaugegend eine Blütenwanderung lohnt. Unsere heutige Wanderung wird uns in ein Gebiet führen, das sich schlecht in so ein Klischee pressen lässt. Da wir uns hoch droben im Schwarzwald bewegen, von wo aus sich herrliche Tiefblicke anbieten, kann ein klarer Sommertag so prächtig sein wie ein später Herbsttag, an dem sich tief unter uns ein weißes Nebelmeer ausbreitet. Ausgangspunkt ist der Wanderparkplatz „Kreuzweg" in 1079 Meter Höhe. Das ist der Passübergang vom Rheintal ins Wiesental. Wir erreichen diese Höhe von Müllheim aus durch das Weilertal mit dem Linienbus Nr.111 oder mit dem Pkw. Weitere Anfahrten gibt es durch das Untermünstertal oder vom Wiesental aus über Neuenweg. Am Kreuzweg droben hat man einen großen Parkplatz angelegt, der auch für einen Halt mit einem Reisebus geeignet ist. Sicher wird auch jeder Busfahrer dort anhalten, um seinen Fahrgästen die herrliche Aussicht auf die malerische Kuppe des 1414 Meter hohen Belchen zu ermöglichen. Mehrere Rundwege von unterschiedlicher Länge nehmen hier ihren Ausgang. Für jede der Routen seien jedoch gute Schuhe und zweckmäßige Wanderkleidung empfohlen. Unwillkürlich fällt uns vor der Hinweistafel der Vers unseres alemannischen Heimatdichters „Johann Peter Hebel" ein

> *Un wenn de amme Chrützweg schtosch*
> *Un nümme weisch, wo´s ane goht,*
> *halt still, un frog di G´wisse z´erscht*
> *s´cha dütsch gottlob, un folg siem Rot*

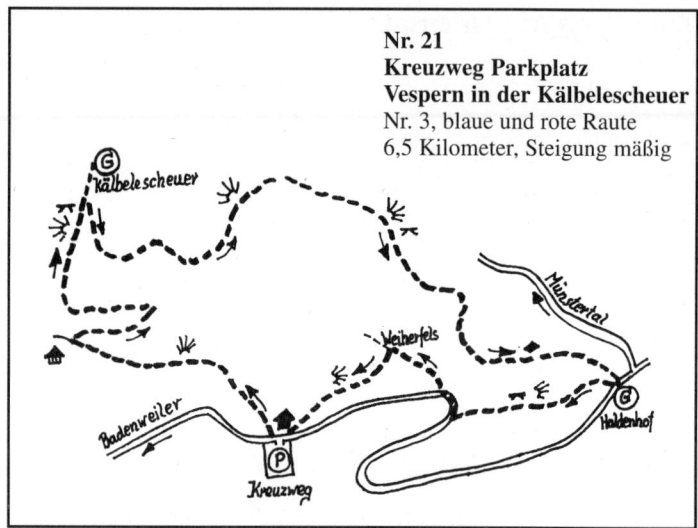

Nr. 21
Kreuzweg Parkplatz
Vespern in der Kälbelescheuer
Nr. 3, blaue und rote Raute
6,5 Kilometer, Steigung mäßig

Heute wählen wir den weitgehend bequemen und an Ausblicken reichen Weg zur „Kälbelescheuer" aus. Vom Parkplatz aus überqueren wir die Straße. Fast auf gleicher Höhe mit der Talstation des Skiliftes biegen wir in den nach links leicht ansteigenden Waldweg ein. Das ist der Weg Nr.3, der vom Anfang an „Kälbelescheuerweg" heißt. Die ersten 200 Meter geht es leicht bergauf, und bald verstummt links unter uns das Geräusch der bergwärts fahrenden Autos. Dann wird der Weg eben und zieht sich in langen Schleifen durch den Wald dahin. Nach 15 Minuten öffnet sich der Blick nach vorne, und wir betreten eine Lichtung. Weit reicht der Blick bis hinüber zum Belchen. Tief unter uns erkennen wir die Almgaststätte „Kälbelescheuer". Das soll unser nächstes Wanderziel sein. Vor uns am Hang steht eine Hütte. Noch bevor wir sie erreichen, zweigt spitzwinklig nach rechts unser Weg ab. Doch ganz bestimmt werden wir zunächst einmal stehen bleiben und das Panorama der umliegenden Berge genießen. Zu jeder Jahreszeit wird das Bild vom Belchen bestimmt. Seine baumlose Kuppe überstrahlt alles. Tief stürzen seine Westflanken hinab ins

Münstertal. Weiter draußen im Norden erstrecken sich die sanft geschwungenen Höhenzüge des Schauinslandes, dem Hausberg der Freiburger. Und noch weiter hinten, sich schon im milden Dunst verstek-
kend, erkennen wir den langgestreckten Höhenzug des Kandels. Ich
hatte einmal das Glück an dieser Stelle an einem klaren Novembertag
zu stehen. Bis in eine Höhe von 800 Meter lag unter mir ein Nebelmeer. Doch hier oben strahlte aus einem azurblauen Himmel eine noch
wohlig wärmende Spätherbstsonne. Wie Inseln erhoben sich ringsum
aus der flockigen Nebelwatte die höheren Gipfel des südlichen
Schwarzwaldes. Da fällt es schwer sich satt zu sehen. Trotzdem gehen die Gedanken zurück in den Hochsommer. Damals, vor vier
Monaten, grasten hier Kühe auf einer üppigen Blumenwiese, auf der
wahrlich alles blühte, was so eine Hochweide zu bieten hat.

Also biegen wir 20 Meter vor der Hütte nach rechts in den Hang
hinein ab. Jetzt geht es bergab. Schon nach 200 Metern biegen wir
spitz nach links ab, unter uns immer das Ziel, die Kälbelescheuer.
Da der Weg zügig abwärts führt, sind wir auch schnell drunten. Auf
keinen Fall sollten wir uns von den dort parkenden Autos stören
lassen. Die Menschen, die herauf gefahren sind, haben halt den be-
quemeren Weg gewählt. Aber ihnen ist das entgangen, was wir auf
dem Fußweg vom Kreuzweg her gesehen und erlebt haben. Ach ja,
wie sagt doch der so gutmütige „Alemanne"? *„Jedem Dierli sei
Pläsierli".* Je nach Wetter und Temperatur haben wir die Auswahl
zwischen einem Platz im Freien oder drinnen in der gemütlichen
Bauernstube. Eine Rast ist schon angebracht, denn die längere Strek-
ke, wieder zurück zum Ausgangspunkt, liegt noch vor uns. Also
stärken wir uns mit einem deftigen Vesper.

Der Rückweg beginnt gleich vor der Almgaststätte. Es ist ein
schmaler Pfad, auf dem uns die blaue Raute zum „Haldenhof" führen wird. Doch bevor wir uns von diesem schönen Fleckchen Erde
ganz verabschieden, sollten wir noch vom Sattel vor der
Kälbelescheuer aus in das tief unter uns liegende Sulzbachtal schau-
en. Wir können ohne Mühe den Verlauf des Baches sehen, denn
links und rechts wird der Wasserlauf durch einen etwas dunkleren
Baumgürtel gesäumt. Der endet erst bei den markant hervortreten-
den Kirchtürmen der Maltesergemeinde Heitersheim. Auf dem

schmalen Weg zum Haldenhof, der an manchen Stellen recht steinig ist, haben wir stets das Belchenmassiv vor uns. Immer wieder ergeben sich neue Motive, was bestimmt den Fotografen erfreuen wird. An einigen Stellen wird der Weg durch kleine Rinnsale unterbrochen, die nach einem heftigen Regenschauer zu plätschernden Bächen werden können. Manche Felspartie ist das ganze Jahr über so feucht, dass sie völlig von dem hellgrünen und nass glänzenden Lebermoos überzogen ist. Interessant sind die aufwendigen bunten Tafeln, welche die Forstdirektion aufgestellt hat. Sie informieren uns über die Situation unserer Wälder. Nach vierzig Minuten erreichen wir beim Haldenhof die Landstraße. Wenige Meter weiter oben biegt der mit einer roten Raute gekennzeichnete Wiesenweg ab. Das ist ein Teilstück des klassischen „Westwegs", den der Schwarzwaldverein von Pforzheim bis Basel durchgehend markiert hat. Auf dem weich federnden Wiesenboden gewinnen wir schnell an Höhe. Sowohl an der Böschung, als auch in der Weidfläche, blüht es vom April bis in den November. Begeisternd schön wird es im August und September, wenn das violettrote Heidekraut (Calluna vulgaris) den Boden bedeckt. Überhaupt sollten wir an einem der Bänkle anhalten und zurück schauen. Wieder ist es der Belchen, der das Bild bestimmt. Noch einmal treffen wir für ein Stück von 50 Metern auf die Straße, die wir aber nach der großen Kurve gleich wieder nach rechts verlassen. Nur für fünf Minuten wird der Weg etwas steiler, dann biegen wir kurz vor dem Weiherfelsen scharf nach links ab. Jetzt ist es auf dem schönen Weg durch die Wiesen nicht mehr weit bis hinauf zum Kreuzweg. Dort hatte ja unser Rundweg begonnnen.

Froh stellen wir fest, dass wir – getreu dem Vers von Johann Peter Hebel folgend – den richtigen Weg gewählt hatten. Wir fanden eine blumenreiche Landschaft mit wunderschönen Weitblicken, sowohl hinab durchs Sulzbachtal, als auch hinauf zum strahlenden Belchen. Und vielleicht haben wir noch zusätzlich gut gevespert.

Die Kälbelescheuer zwischen Rheinebene und Belchen
Sechshundert Meter hoch über dem Sulzbachtal, aber immer noch vierhundert Höhenmeter unter dem Belchen, da liegt in

einem Bergsattel am Fuße des „Sirnitzkopfes" die Almgaststätte „Kälbelescheuer". Vier Möglichkeiten seien genannt, dieses in jeder Beziehung schöne Fleckchen Erde zu erreichen: Am einfachsten ist es mit dem Auto vom Münstertal aus durch die Münsterhalden. Dem Fußwanderer bieten sich gleich drei Wege an. Ganz bequem und fast eben kommt man in vierzig Minuten vom Haldenhof her. Landschaftlich wunderschön ist die Wanderung vom Höhenparkplatz „Kreuzweg" aus. Wer aber die wilde Abgeschiedenheit einer fast alpinen Naturlandschaft liebt, der steigt von Bad Sulzburg über den Behagelfels herauf. Dieser Weg wird von der blauen Raute markiert. Sind wir dann oben, dann bietet sich uns eine herrliche Aussicht. Im Osten reckt sich die runde Kuppe des Belchens wie ein Dom gen Himmel. Schauen wir nach Westen, dann fließt unter uns das Sulzbachtal über Heitersheim hinaus in die Rheinebene, die weit im Westen von den Vogesen begrenzt wird. Wo wir auch hinschauen, überall erstreckt sich das Land der „Alemannen". Sei es im Elsass, in der Nordschweiz oder im Südbadischen, überall spricht man alemannisch und versteht sich über alle Grenzen hinweg.

Ursprünglich gehörte das Land um die Kälbelescheuer herum zum Kloster St. Trudpert im Münstertal. Doch als Josef II, der Sohn von „Maria Theresia" ein Edikt zur Aufhebung aller Klöster erließ, schenkte der letzte Prior „Abt Columban" im Jahre 1796 die Weide und die dazu gehörige Viehhütte der Gemeinde Münstertal. Diese verpachtete das Gebäude und gestattete den Pächtern sich gastronomisch zu betätigen. Erst 1960 erreichte der elektrische Strom die Höhe. Der Name „Kälbelescheuer" ist leicht zu erklären. Im Sommer wird Jungvieh auf die Weide getrieben. Das sind die Kälber, die in der Scheune (Scheuer) Unterschlupf finden. Daneben können die Menschen in einer urwüchsigen Almgaststätte Obdach finden, und keiner geht hungrig oder durstig von dannen. Ist das Wetter gut, dann sitzt man ganz eng mit der Natur verbunden in der Gartenwirtschaft.

Ein Blick in die Eiszeit – Der Nonnenmattweiher

Parkplatz Kreuzweg – Rosswaldweg – Nonnenmattweiher – Fischerhütte – Dürsbergweg – oder Variante über den Haldenhof

Markierung: Weg Nr.2, Nonnenmattweiher
Länge: 6,5 km, Variante 7,5 km; Steigung mäßig, kurz steil
Hinfahrt: Mit Linienbus Nr.111 ab Müllheim,
             oder mit Pkw bis **P** Kreuzweg

Der herrliche Park- und Rastplatz „Kreuzweg" am Sirnitzsattel liegt
in 1079 Meter Höhe. Oft kommen die Menschen nur hierher, um
den schönen Blick auf den Belchen und in die Umgebung zu genießen. In alten Schriften bringt man den Namen „Sirnitz" in Verbindung mit der keltischen Mondgöttin „Sirona". Sicher hat es was auf
sich, denn im Licht des Vollmondes leuchten die Wälder, als wären
sie mit einem Hauch von Silber überzogen. Erhärtet wird der Zu-
sammenhang mit der keltischen Übersetzung, wenn wir erfahren,
dass es ebenfalls die Kelten waren, die dem Belchen den Namen
„Bellinus" gaben, was in der deutschen Sprache „der Leuchtende"
bedeutet. Am Waldrand kann man gut lagern. Für die Zufahrt gibt
es drei Möglichkeiten: Entweder man kommt auf der L-131 von
Müllheim über Badenweiler, oder man fährt von Staufen aus durch
das Untermünstertal an. Die dritte Möglichkeit führt aus dem Wiesental über Neuenweg herauf. Meistens stehen auf dem großen Parkplatz viele Autos, doch das soll uns überhaupt nicht erschrecken.
Auf dem für heute vorgesehene Wanderweg zum Nonnenmattweiher
wird uns kaum jemand begegnen. Erst drunten am See kommen uns
Besucher entgegen.

  Unser Rundweg beginnt am oberen Ende des Parkplatzes, wenige
Meter links von der großen Hinweistafel. Völlig eben folgen wir
dem breiten „Oberen Rosswaldweg". Auf keinen Fall dürfen wir
uns von dem Hinweisschild „Nonnenmattweiher" verleiten lassen,
das auf einen schmalen Pfad bergab zeigt. Von dorther werden wir
später zurück kommen. Bevor wir loswandern, werfen wir noch einen Blick nach links auf den Belchen, der nicht nur unter Kennern
als der schönste Gipfel des Schwarzwaldes bezeichnet wird. Ihn

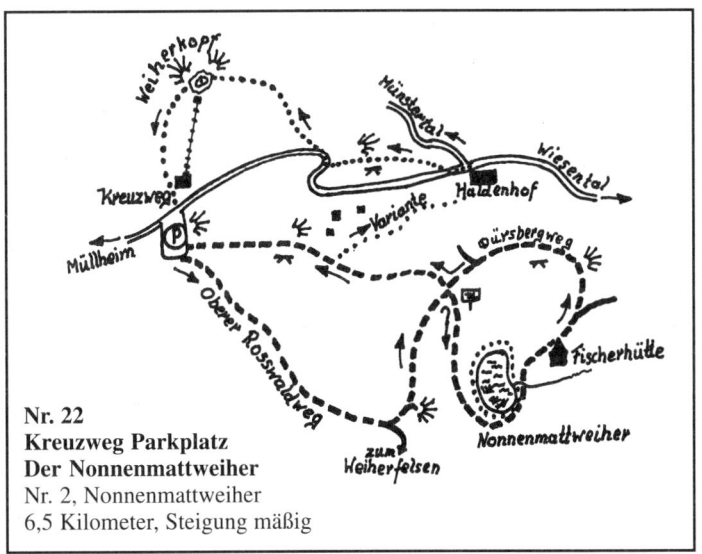

Nr. 22
Kreuzweg Parkplatz
Der Nonnenmattweiher
Nr. 2, Nonnenmattweiher
6,5 Kilometer, Steigung mäßig

werden wir auf der gesamten Wanderung als Begleiter haben, wobei wir ihn auch aus ganz anderen Perspektiven erleben können.
Zunächst bleiben wir auf dem „Oberen Rosswaldweg". Im Schatten
der hohen Bäume geht es sich angenehm. An den lichten Wegrändern blüht vom Juni bis in den Oktober der rote „Wirbeldost"
(Clinopodium vulgare). Die Lippenblüten stehen wie Königskro-
nen in Form von Scheinquirlen am Stengelende. Da die einzelne
Blütenröhre sehr lang ist, haben nur Hummeln und einige Schmet-
terlinge Zugang zum Nektar, der reichlich vorhanden ist. Mehr ins
Lila gehen die Blüten des bis zu 1,50 Meter hoch werdenden „Hasen-
lattichs" (Prenanthes purpurea). Er ist ein typischer Begleiter der
Hochstaudenfluren. Wie bei fast allen Wanderungen lohnt es sich,
wenn wir ein Pflanzenbuch dabei haben. Es erschließt uns erst so
richtig die Schönheiten am Wegesrand. Bewährt hat sich da „*Der
große BLV-Pflanzenführer*". Nach zwanzig Minuten erreichen wir
eine Rechtskurve. Der Weg erweitert sich zu einem breiten Holzlager-

platz. Da verlassen wir den Rosswaldweg, denn der führt weiter zum
großen Weiherfelsen. Wir biegen bei der „Naturschutztafel" auf den
schmalen Weg nach links ab. Er verliert schnell an Höhe. Nun bewährt es sich, wenn wir gute Schuhe angezogen haben. Schon nach
fünfzig Metern, bei dem hoch aufragenden Baumstumpf, können
wir rechterhand von einem felsigen Vorsprung aus einen schönen
Blick auf den tief unten liegenden Nonnenmattweiher werfen. Dann
geht es weiter recht steinig bergab, bis wir zehn Minuten später auf
einen breiten und guten Querweg treffen. Bevor wir ihm nach rechts
folgen, informieren wir uns auf der anschaulichen Tafel über unseren Standort. Ab jetzt befinden wir uns im „Naturschutzgebiet
Nonnenmattweiher", das man im Jahre 1987 zum Schutz von Pflanzen und Tieren eingerichtet hat. Für uns gilt ab sofort, dass wir den
erlaubten Weg nicht mehr verlassen dürfen. Alle angeführten Gebo-
te sind so einleuchtend, dass wir sie auf jeden Fall respektieren sollen. Geologisch gesehen, wandern wir im Moment auf der „Oberen
Seestufe". Stets an Höhe verlierend, zieht sich unser Weg in einer
großen Linksschleife hinab zum See. In dem Steilhang ist der
Gesteinsschutt das ganze Jahr über in Bewegung. Dabei werden die
jungen Stämmchen des Bergahorns stetig nach unten gedrückt. So
entsteht nach vielen Jahren beim ausgewachsenen Baum der typische „Sichelwuchs". Das fällt dem aufmerksamen Beobachter hier
besonders auf.

Fast am unteren Ende, dort wo der See von Menschenhand aufge-
staut ist, erreichen wir endlich den Nonnenmattweiher. Noch einmal können wir auf einer Naturschutztafel nachlesen, was wir ver-
nünftigerweise beachten sollen. Dann machen wir uns auf den Weg,
den nierenförmigen See zu umrunden. Zur Westseite hin wird die
Wasserfläche von einer schwimmenden Torfinsel eingeengt (siehe
Extrabericht am Ende dieser Wanderbeschreibung). Von der Staumauer aus begeben wir uns auf den schmalen Uferweg, und wandern entgegen dem Uhrzeigersinn – also immer links rum – um den
See. Im rötlich schimmernden Wasser spiegelt sich der Wald vom
Gegenhang. Fische ziehen gemächlich ihre Bahn. An der steilen
Uferböschung an der Wasserseite stehen herrliche Baumgruppen.
Aus einem Wurzelstock wachsen 14 Buchen. Etwas oberhalb ent-

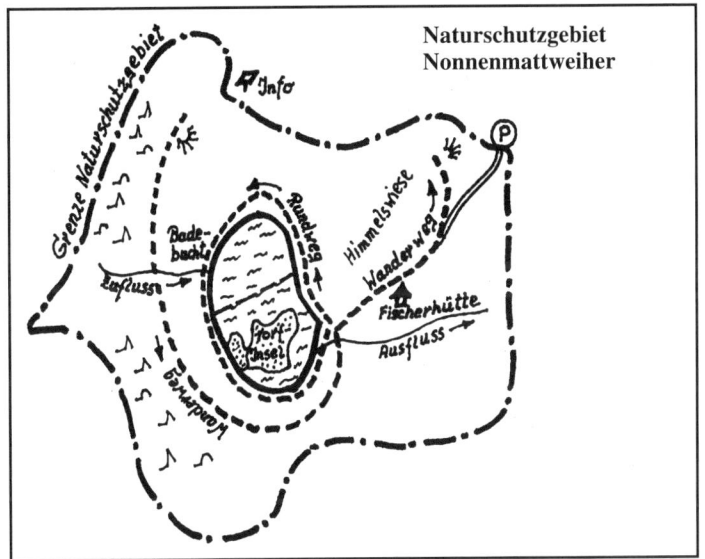

decken wir eine Elfergruppe. Oder sind es gar 12 Stämmchen? Gegen das feuchte und raue Klima schützen sich die Bäume mit einem grauen Flechtenüberzug. Ganz am oberen Ende des Sees, dort wo sich eine lichte Wiese am Hang hochzieht, hat man eine Badebucht ausgewiesen. Eine Barriere aus Baumstämmen hindert die Schwimmer daran, die hoch empfindliche Torfinsel zu betreten. Für den ganzen Rundgang brauchen wir fünfzehn Minuten, dann sind wir wieder an der Staumauer.

Jetzt folgen wir der Markierung „Fischerhütte", die wir schon nach hundert Metern erreichen. Beim Kiosk können wir uns sowohl drinnen als auch draußen niederlassen. Hier haben wir den entferntesten Punkt der Wanderung erreicht. Hundert Meter unterhalb der Fischerhütte verlassen wir den breiten Weg und wechseln auf den schmalen Pfad nach links in das Weidfeld. Jetzt heißt die Markierung „Hinterheubronn und Haldenhof". Links am Hang stehen „Wachholderbüsche" (Juniperus communis). Einige Wissenschaftler sind

Er»fahren« und gezeichnet

wurde das badische Oberland zwischen Freiburg und dem Hochrhein von Walter Fahl und Sepp Wurster. Das Resultat sind vier Bände mit Beschreibungen der Ortschaften, geschichtliche und landschaftliche Besonderheiten in einer sorgfältigen Ausstattung.

Band I   **Im Stromland des Oberrheins**
Mooswald, Bechtholskirch, Mengen, Biengen, Schlatt, Feldkirch, Bremgarten, Tunsel, Eschbach, Hartheim, Grißheim, Neuenburg, Klotzengebiet, Rheinknie.

Band II   **Links und rechts der Bundesstraße 3**
Bad Krozingen, Heitersheim, Betberg, Buggingen, Dattingen, Hügelheim, Müllheim, Auggen, Schliengen, Haltingen.

Band III   **Am Schwarzwaldrand**
Staufen, Münstertal, Ballrechten, Sulzburg, Laufen, Britzingen, Badenweiler, Liel, Eggenen, Feldkirch, Rötteln, Kandertal.

Band IV   **Vom Wiesental zum Hochrhein**
Lörrach, Ötlingen, Brombach, Hauingen, Steinen, Maulburg, Schopfheim, Hausen, Dinkelberg, Eichsel, Grenzach, Wyhlen, Rheinfelden, Beuggen, Wehr, Bad Säckingen, zum Hotzenwald.

Im Buchhandel vom Schillinger Verlag Freiburg

der Meinung, dass dieser Busch bis zu 2000 Jahre alt werden kann.
Bis die Beeren ihre schwarzbraune Farbe mit der bläulichen Berei-
fung erreicht haben, dauert es drei Jahre. Sie sind ein beliebtes Ge-
würz im Sauerkraut. Vergoren liefern sie den „Wachholderschnaps.
Aus dem Holz haben sich früher die Kutscher Peitschenstiele ge-
schnitzt. Für das Auge bestimmend ist jedoch rechts drüben der
Belchen. Immer wieder fesselt uns sein Anblick. Ab August blüht
am Wegrand der „Augentrost" (Euphrasia officinalis). Mit der Lupe
sehen wir deutlich die safrangelben Punkte. Berühren wir die Staub-
beutel, dann rieselt der Pollen wie Puder auf unsere Finger. Ein Stück
bergwärts mündet unser Weg in den Wald, wo er sich nach 300
Metern teilt. Wir halten uns nach links und steigen etwas steiler an,
um sofort auf jenen breiten Weg zu treffen, an dem wir vorhin zum
ersten Mal die Naturschutztafel gelesen haben. Für den weiteren
Rückweg wählen wir die breite Waldstraße nach rechts, die zunächst
nahezu eben verläuft. Ab und zu lassen Baumlücken zu, dass wir
rechts drüben die Landstraße und den Haldenhof sehen. Drunten
auf der Talsohle stehen die wenigen Höfe von „Hinterheubronn".
Nachdem wir linkerhand ein großes Wasserreservoir passiert haben,
versperrt eine Schranke den Durchgang für Fahrzeuge. Dahinter
gabelt sich der Weg. Wir steigen links durchs Weidfeld zum
Sirnitzsattel an. Nach rechts führt eine große Schleife hinüber zum
Haldenhof. Diese Route wird gleich als „Variante" beschrieben (siehe
Wegeskizze). Beim Anstieg zum Sirnitzsattel droben am „Kreuzweg" lohnt sich wieder ein Blick zurück zum Belchen. Je nachdem
wie viel Zeit wir uns am Nonnemattweiher gelassen haben, waren
wir fast drei Stunden unterwegs gewesen. Landschaftliche Höhepunkte waren der Nonnenmattweiher, die Blumen und der Belchen.

Variante: Wenn wir nach dem Wasserreservoir die Schranke passiert haben, wählen wir den breiten Weg durch „Hinterheubronn"
hinüber zum Haldenhof. Dort treffen wir auf die Landstraße L-131.
Nur fünfzig Meter oberhalb vom Gasthaus führt uns die rote Raute
über eine Hochweide bergauf. Immer wieder lohnt es sich zurück zu
schauen. Auch die üppige Blumenwiese macht den Anstieg kurzweilig. In einer Haarnadelkurve berühren wir für wenige Meter die
Straße, verlassen sie aber gleich oberhalb der Biegung wieder. Da

zweigt ein schmaler Pfad zwischen den Leitplanken hindurch in den Wald ab. Auf ihm erreichen wir nach einem kräftigen Anstieg den 1143 Meter hohen „Weiherkopf". Was uns da oben an Aussicht geboten wird, das ist einfach phantastisch. Stünden nicht hinter uns ein paar Bäume, dann wäre der Rundblick perfekt. Wir werden lange und viel zu schauen haben. Für den Abstieg wählen wir den Wiesenpfad neben dem Skilift, der uns in fünf Minuten wieder zum Ausgangspunkt am Parkplatz Kreuzweg bringt. Für den Abstecher über den Weiherkopf sollten wir etwa 30 Minuten mehr an Zeit einkalkulieren.

Der Nonnenmattweiher – ein Relikt aus der Eiszeit

Sicher ist es gut zunächst einmal dem Namen dieses Bergsees auf die Spur zu gehen. Auf keinen Fall hat er etwas mit den Nonnen – den Klosterfrauen – zu tun. Die richtige Erklärung ist einfach: Im Schwarzwald nennt man die jungen Kälber, die man im Sommer auf die Weide führt, „Nonnen". Fast um den halben See herum befindet sich Weidefläche, und inmitten dieser „Nonnenmatten" liegt unser Weiher, der „Nonnenmattweiher". Zur Geologie und zur Schutzwürdigkeit des Nonnemattweihers können wir den interessant gestalteten Info-Tafeln viele Hinweise entnehmen. Dort heißt es wörtlich:

Liebe Besucherinnen und Besucher!
Herzlich willkommen im Naturschutzgebiet „Nonnenmattweiher"

Seit dem 31. Juli 1987 steht das etwa 70 Hektar große Gebiet um den Nonnenmattweiher unter Naturschutz. Es umfasst das besonders schön ausgebildete Gletscherkar mit seinen hohen Felswänden, dem Karsee und den vorgelagerten Moränenwällen. Es handelt sich um ein einzigartiges Relikt aus der Eiszeit. Durch den künstlichen Aufstau des Karsees Anfang des 18. Jahrhunderts löste sich ein Teil des vermoorten Karbodens ab, und eine schwimmende Torfinsel entstand, ein für den Schwarzwald einmaliges Phänomen. Das empfindliche Schutzgebiet, in dem zahlreiche seltene Tier- und Pflanzenarten in teilweise außergewöhn-

lichen Lebensgemeinschaften vorkommen, ist durch die vielen
Besucher stark belastet.

- Die Torfinsel ist ein extrem empfindlicher Lebensraum. Durch
  das Betreten können sich am Rand Torfstücke lösen, und auf
  der Insel wird die einmalige Moorvegetation zerstört.
- Das Betreten außerhalb von Wegen zerstört die empfindliche Pflanzendecke. Wasser und Wind tragen den offenen Boden ab (Erosion).
- Tiere werden durch Störungen aus ihrem Lebensraum vertrieben und finden nicht mehr die nötige Ruhe zur Nahrungs-
  suche und zur Aufzucht ihrer Jungen.

**Damit Tiere und Pflanzen durch Ihren Besuch nicht beein-
trächtigt werden, beachten Sie bitte folgende Punkte:**

- Bitte betreten Sie die Torfinsel unter keinen Umständen. Eine
  Zerstörung dieses Lebensraumes wäre unwiederbringlich.
- Bitte baden Sie nur in der markierten Badebucht, benützen
  Sie keine Boote oder Luftmatratzen und lassen Sie Ihren Hund
  nicht in das Wasser.
- Die markierten Wege führen Sie durch das gesamte Natur-
  schutzgebiet und erschließen Ihnen seinen vollen Reichtum.
  Bitte weichen Sie nicht von ihnen ab. Bitte nehmen Sie Ihre
  Abfälle wieder mit nach Hause.

Wir danken Ihnen für Ihr Verständnis und wünschen Ihnen einen erholsamen und erlebnisreichen Aufenthalt im Naturschutzgebiet „Nonnenmattweiher".

Bezirksstelle für Naturschutz und   Gemeinde Neuenweg
Landschaftspflege Freiburg

Es ist selbstverständlich, dass sich der Naturfreund und Wanderer an die so höflich geäußerten Bitten hält. Nur so können in
der empfindlichen Moorvegetation auch weiterhin die Moos-
beere, der Sonnentau und die Rosmarienheide gedeihen. Aber
auch außerhalb des Sees und der schwimmenden Insel gibt es
Pflanzen, die recht selten geworden sind. So entdeckt der Kenner am Rande des Bergmischwaldes eventuell die „Alpen-Hek-

kenrose" (Rosa pendulina). Sie fällt dadurch auf, dass sie keine Stacheln hat. An einer ausgesetzten Felspartie direkt am Weg blüht im Juli und August das sehr selten gewordene „Felsen-Leimkraut" (Silene rupestris). Wer will es schon verantworten, wenn unsere Nachkommen solche Pflanzen nur noch auf der Liste der ausgestorbenen Arten nachlesen oder anschauen können.

Echter Buchenfarn
(Phegopteris polypodioides)

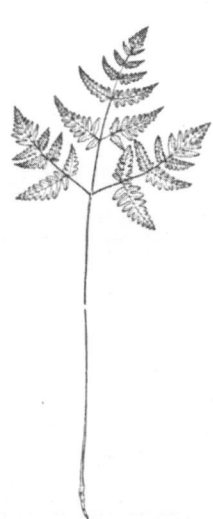

Echter Eichenfarn
(Phegopteris dryopteris)

Allein auf schmalem Pfad

Parkplatz Kreuzweg – Wiedenwaldweg – Klemmbachquelle – Köhlgartenkopfweg – Holzplatz – Köhlgartenrundweg – Abstecher Gipfelkreuz

Markierung:	Holzpfeil mit grüner Spitze, ein Stück weit Nr.4, am Köhlgartenrundweg rotes Pluszeichen auf weißem Grund
Länge:	8 Kilometer; Steigung mäßig
Hinfahrt:	Mit Linienbus Nr.111 ab Müllheim oder mit Pkw bis **P** Kreuzweg

Drei Möglichkeiten gibt es, um zu dem in 1079 Meter Höhe liegenden Wanderparkplatz „Kreuzweg" zu kommen: Entweder wir fahren über Müllheim und Badenweiler auf der L-131 an – diese Strecke fährt auch der Linienbus Nr.111 ab Müllheim – oder wir kommen über Staufen durch das Untermünstertal herauf. Die dritte Möglichkeit ist die Zufahrt aus dem Wiesental über Neuenweg. Oft halten am „Kreuzweg" ganze Busgesellschaften auf der Durchreise an, um den herrlichen Blick auf den Belchen zu genießen. An schönen Tagen stehen recht viele Autos auf dem großen Parkplatz, doch der vorgesehene Wanderweg um und auf den Köhlgartenkopf wird uns ganz alleine gehören.

   Die Wanderung beginnt am oberen Ende des Parkplatzes am Kreuzweg. Dort schlüpft der Weg Nr.4 halbrechts schmal in den Wald hinein. Eine Holztafel mit grüner Spitze trägt die Aufschrift „Köhlgarten". Schon nach wenigen Metern überqueren wir einen Weg, auf dessen gegenüberliegender Seite unser Pfad ganz schmal und fast eben weiter führt. Zwischen den Wipfeln der hohen Bäume dringt gerade noch so viel Licht durch, dass sich je nach Jahreszeit im Unterholz eine Vielzahl bunter Pilze ansiedeln können. Sie beleben den sonst kahlen Waldboden, und alleine schon deshalb sollten wir sie stehen lassen. Auch der nach uns Kommende wird sich daran erfreuen. Nach zehn Minuten überqueren wir eine breite Holzabfuhrstraße, und nach weiteren fünf Minuten sind wir auf dem „Wiedenwaldweg". Kaum hundert Meter weiter bergauf tritt rechts in

Nr. 23
Kreuzweg Parkplatz
Allein auf schmalem Pfad
Pfeil mit grüner Spitze, Nr. 4
8 Kilometer, Steigung mäßig

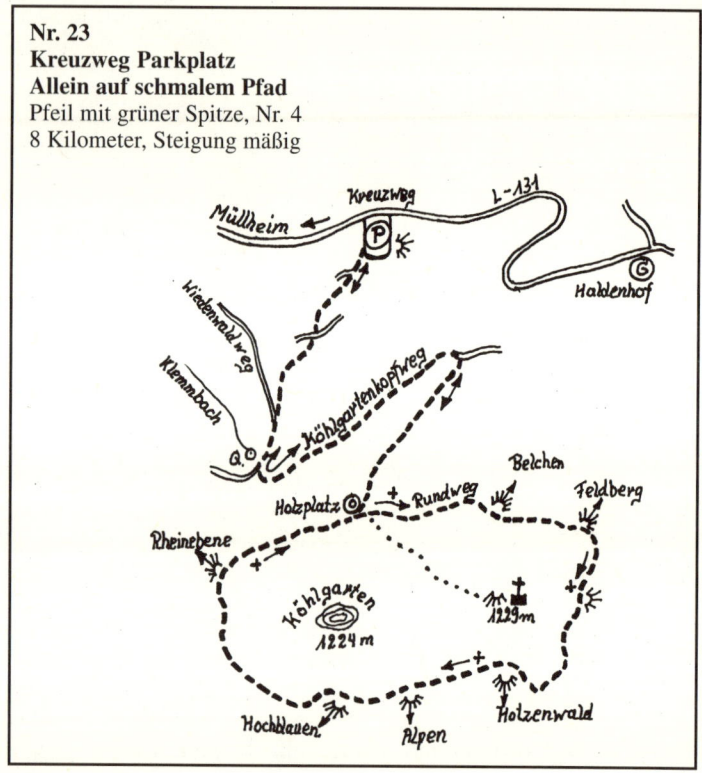

einem feuchten Grund die Quelle des Klemmbaches zu Tage. Noch ist es nur ein dürftiges Rinnsal, doch auf seinem Weg durch das Weilertal und Müllheim bis zum Rhein wird er von zahlreichen Nebenbächen gespeist. Gleich oberhalb dieser Quelle teilt sich der Weg. Wir folgen jetzt dem breiten „Köhlgartenkopfweg" bergauf. Manchmal zweigen steile Abkürzungspfade ab, doch die sollen uns nicht interessieren. Schnell gewinnen wir an Höhe. Auch der nach links wegführende „Köhlgartenweg" ist nichts für uns. Wir wandern durch die große Rechtskurve weiter bergauf bis zu einem weiträumigen Holzlagerplatz. Da werden wir zunächst verschnaufen und uns orientieren.

An dieser Stelle beginnt der „Köhlgartenrundweg". Er ist benannt nach dem sich über uns erhebenden 1229 Meter hohen „Köhlgartenkopf". Markiert ist er mit einem roten Pluszeichen auf weißem Grund. Das ist ein abenteuerlicher schmaler Pfad, auf dem wir uns oft nur hintereinander im Gänsemarsch fortbewegen können. Ja, jetzt lohnt es sich, wenn wir stabile Schuhe angezogen haben. Der Rundweg beginnt dreißig Meter links oberhalb des Holzplatzes ganz unscheinbar und schmal. Ob Frühling, Sommer oder Herbst, ganz egal zu welcher Jahreszeit wir uns diesen Weg auswählen, es sei unterstellt, dass er zu den schönsten Höhenrundwegen im Schwarzwald gehört. In einer gleichbleibenden Höhe von 1150 Metern umrunden wir den „Köhlgartenkopf" im Uhrzeigersinn. Heidelbeerbüsche schlackern um unsere Schuhe. Obwohl die Bäume am Hang schnell höher wachsen, werden sie immer wieder Lükken lassen, um die wunderschöne Aussicht ins Tal und hinüber zum 1414 Meter hohen Belchen zu erleben. Nach zwanzig Minuten schwenkt der Weg langsam nach rechts. Da sind wir am östlichen Ende des Köhlgartens und erleben ein völlig neues Bild. Weit draußen taucht jetzt der höchste Berg des Schwarzwaldes, der „Feldberg" auf. Die bewaldete Höhe etwas rechts davon ist das 1415 Meter hohe „Herzogenhorn". Der Weg schwenkt weiter nach rechts. Er wird steiniger und steigt für ein paar Meter weit leicht an. Auch die Heidelbeerbüsche werden seltener. Sie werden abgelöst von der horstbildenden „Hängenden Segge" (Carex pendula). Die ährentragenden Stängel dieser grasartigen Pflanze sind dreikantig. Die bis zu 15 Millimeter breit werdenden Grasblätter färben sich im Spätsommer rostbraun. Sie verdecken an dieser Stelle den leicht abhältigen Pfad völlig. Obwohl wir gut aufpassen müssen, wo wir den Fuß hinsetzen, sollten wir verweilen. Der Gebirgszug im Süden ist der „Hotzenwald". Dahinter erheben sich bei klarem Wetter die schneebedeckten Schweizer Alpen. Wenn wir dann ein Stück weiter den lichten Hochwald erreicht haben, ragt im Südwesten der 1165 Meter hohe „Hochblauen" mit dem Turm und dem Berghaus aus der Hügelkette empor. Wieder wendet sich der ein wenig breiter werdende Weg nach rechts. Und schon gibt es eine neue Aussicht. Jetzt liegt tief unter uns die „Oberrheinische Ebene", und ganz im Hintergrund schließen die Vogesen den Blick nach Westen ab. Plötzlich wird aus dem Pfad ein Weg, der leicht an Höhe verliert. Nach dreihundert Metern sind wir wieder an dem schon bekannten Holzplatz. Dort hat vor einer Stunde unser abenteuerlicher und doch so faszinierender Rundweg begonnen. Somit hat sich der Kreis geschlossen.

Kleine Wunder am Wege

Auf den letzten Metern des „Köhlgartenrundweges" hat die hohe Krautvegetation am Wegrand dominiert. Vom Juni bis August blüht besonders auf frischen Holzschlägen das bis zu 1,50 Meter hoch werdende purpurrote „Schmalblättrige Weidenröschen" (Epilobium angustifolium). Von dem nach oben hin rötlich werdenden Stängel heben sich weidenförmige Blätter ab, die auf der Unterseite blau überlaufen sind. Die lange Blütenähre öffnet sich von unten nach oben. Für den noch bodenständigen Schwarzwaldbauern hat diese Pflanze eine besondere Bedeutung. Er weiß, dass der Sommer dann zu Ende ist, wenn die obersten Blüten des Weidenröschens abgeblüht sind. Recht hat er, denn wenn die Fruchtschoten aufplatzen und ihre silbern leuchtenden federleichten Samen dem Wind zur Verbreitung überlassen, dann sind in dieser Höhenlage die Nächte schon wieder kalt. Unterbrochen wird das zarte Rot des Weidenröschens durch das leuchtende Gelb des ebenfalls über einen Meter hoch werdende „Fuchs-Kreuzkraut" (Senecio fuchsii), auch Greiskraut genannt. Diese Ableitung des Wortes „Greis" geht auf die lateinische Form „senex" – Greis/ graues Haar – zurück. Wenn im Herbst die Pflanze verblüht ist, dann erinnert der gewölbte Fruchtstand der silbern leuchtenden Pappusstrahlen an ein Greisenhaupt. Das Weidvieh meidet dieses Pflanze, denn es weiß, dass besonders in den Blättern ein leberschädigendes Gift enthalten ist. Das „Greiskraut" taucht in Kahlschlägen und lichten Waldstellen auf. Seine Samen trägt im Herbst der Wind wie

Fallschirme weit fort. Dort wo sie landen, legen sie den Grundstein für die nächstjährige Pflanze. Doch nicht nur Pflanzen fesseln unsere Aufmerksamkeit. An der Stelle, an welcher der Wald wieder dichter wird, kann uns der glückliche Umstand widerfahren, dass wir durch die mächtigen Flügelschläge eines Auerhahnes aufgeschreckt werden. Er nistet noch am Köhlgarten, was ein Zeichen dafür ist, dass dieses Gebiet nur von wenigen Menschen besucht wird. Doch wir waren da, und darüber sind wir froh.

Wir sind also jetzt wieder am Holzplatz. Der wunderschöne Rundweg um den Köhlgartenkopf liegt hinter uns. Ein Wegzeichen macht uns darauf aufmerksam, dass der breitere Weg bergauf zum Gipfelkreuz führt. In fünfzehn Minuten ist man droben. Leider ist die einstmals tolle Rundumsicht in großen Teilen zugewachsen. Lediglich der Ausblick zum Hochblauen ist noch offen.

Für den Rückweg zum Wanderparkplatz am Kreuzweg sei die Route empfohlen, die wir schon beim Aufstieg benutzt haben. Das ist der bequemste und am besten zu findende Weg. Natürlich zweigt gleich unterhalb des Holzplatzes nach links ein schmales Wegchen ab. Das ist zwar eine kleine Abkürzung, doch der Zeitgewinn ist unbedeutend. Ohne Mühe kehren wir zum Ausgangspunkt zurück. Für die ganze Wanderung waren wir etwa drei Stunden unterwegs. Dazu käme noch eine halbe Stunde, sollten wir den Gipfel besteigen. Da in dieser Region das Wetter kurzfristig umschlagen kann, muss auch ein Regenschirm im Rucksack sein. Waren wir heute an einem Sommertag unterwegs gewesen, dann sollten wir unbedingt noch einmal an einem klaren Herbsttag kommen. Dann leuchten die Laubbäume im bunten Glanz des auslaufenden Wanderjahres. Im Winter kann dieser Weg nicht begangen werden, denn da liegt viel Schnee an den Hängen des Köhlgartenkopfes.

Ein historischer Rundweg

Schliengen – Wasserschloss Entenstein – Untere Biefangstraße – Mühlenweg – Altinger Mühle – Laihütte – Bammerthütte – Auf der Eckt – Hendschenberg

Markierung: Wappen und roter Pfeil
Länge: 6 Kilometer; Steigung mäßig, kurz steil
Hinfahrt: Mit Zug bis Schliengen, oder mit
             Pkw bis **P** beim Rathaus

Etwa sechs Kilometer südlich von Müllheim wird der ebene Verlauf der Bundesstraße 3 jäh unterbrochen. Vom Schwarzwald her schiebt sich ein keilförmiger Ausläufer weit in die Ebene hinaus. Das ist der Schliengener Berg, an dessen nördlichem Rand der Weinort Schliengen liegt. Hier verlässt die Straße die „Oberrheinische Ebene" und steigt steil bergauf. Als es noch keine Autos gab, mussten die Fuhrwerke und Postwagen sogenannte „Vorspannpferde" mieten, um die Steigung überwinden zu können. „Johann Peter Hebel" weiß zu berichten, dass sogar die Kutscher zu Fuß neben dem Gefährt her gingen, um die Pferde zu entlasten. Im Ort selbst gab es Fuhrbetriebe, bei denen man sich mit Pferden versorgen konnte. Ganz schwierig war die Fahrt bergab. Oft sollen – so die vielen schauerlichen Erzählungen – die Bremsen versagt haben. Dann rasten die Wagen unkontrolliert zu Tal. Auf die Zeit der „Vorspannpferde" weist auch das Schliengener Ortswappen hin. Dort sehen wir ein Hufeisen im linken roten Feld. Selbst die ersten Autos hatten Respekt vor dem „Schliengener Buck", wie er im Volksmund genannt wird. Heute ist die Straße entschärft, und niemand kann mehr ahnen, was sich da alles abgespielt hat. Am Fuße des Schliengener Buck liegt das ehemalige Wasserschloss „Entenstein", in dem jetzt das Rathaus und die Kurverwaltung Einzug gehalten haben.

Reisen wir mit dem Zug an, dann haben wir vom Bahnhof bis zum Wasserschloss Entenstein einen kurzweiligen Spaziergang durch das Dorf von einem Kilometer Länge vor uns. Kommen wir mit dem Pkw, dann finden wir auf dem Parkplatz vor dem Wasserschloss eine Abstellmöglichkeit. Hier beginnt unser „historischer Rundweg",

Nr. 24
Schliengen beim Wasserschloss
Ein historischer Rundweg
Wappen und roter Pfeil
6 Kilometer, Steigung mäßig

den der Museumsverein Schliengen im Jahre 1996 als „Geschichtslehrpfad" angelegt hat. Anlass war der 200. Jahrestag der
Schlacht bei Schliengen. Zahlreiche interessant gestaltete Tafeln
informieren den Wanderer über die damaligen Geschehnisse. In jenem „Ersten Koalitionskrieg" standen sich die Österreicher und die
Franzosen feindlich gegenüber. Dieser Krieg begann 1792 und dau-
erte bis 1797. Der französische General „Moreau" drang 1796 mit
rd. 80 000 Soldaten bis nach Bayern vor. Sein Ziel war es, die „Habs-
burger Monarchie" in Wien zu stürzen. Doch er musste nach schweren Niederlagen unverrichteter Dinge den Rückzug antreten. Erst
durch den Frieden von „Campo Formio" in Oberitalien im Jahre
1797 kehrte für einige Zeit Ruhe ein. Das erfahren wir alles auf dem
großartig gestalteten Wanderweg, der zudem durch eine malerisch

schöne Landschaft mit vielen reizenden Ausblicken führt. Also machen wir uns auf den Weg.

Die erste Informationstafel steht schon beim Rathaus. Hier beginnen wir mit der Wanderung. Auf dem Parkweg kommen wir schnell vor zur Bundesstraße. Gleich nach der Schlossmauer biegen wir nach links ab, überqueren den „Holenbach", und kommen zur Straße „Untere Bifang". Dort wenden wir uns wieder nach links. Jetzt lernen wir das neue Schliengen kennen. Viele Häuser entstanden erst im Jahr 2000 und danach. Talaufwärts überqueren wir den Holenbach nach links und kommen so zum „Mühlenweg".

Da fällt uns auf der rechten Straßenseite, von einem schönen Vorgarten abgeschirmt, ein mächtiges Haus auf. Das ist die ehemalige „Altinger Mühle". Die erste Nennung dieser Anlage stammt aus dem Jahre 1282. Wie mag die Landschaft damals um dieses historische Gebäude herum ausgesehen haben? Im Jahre 1765 setzte man auf die stabilen mittelalterlichen Grundmauern einen der damaligen Zeit entsprechenden barocken Neubau. Besitzer waren die „Herren von Baden zu Liel". Hier wurde für alle Bewohner im Tal und darüber hinaus das Mehl gemahlen. Zeitweise presste man auch Öl. Wir sollten stehen bleiben und den Eingangsbereich anschauen. Eine Freitreppe führt zur Türe, deren Oberlicht von einem geschwungenen Türsturz aus Stein getragen wird. Der fratzenartige Kopf in der Mitte ist ein „Kleienkotzer", das Wahrzeichen vieler Müller. Darüber fassen zwei barocke Voluten das Schachbrettwappen der „Herren von Baden zu Liel" ein.

Am Ende des Mühlenwegs überqueren wir die Landstraße, die Schliengen mit Liel verbindet. Links drüben steht ein Kruzifix. Wir benützen den wenige Meter nach rechts versetzten und aufwärts führenden Weg hinter dem Ortsschild. Eigentlich ist es zunächst ein von Nussbäumen eingerahmtes Sträßle, das bald nach rechts abbiegt und in eine Hohlgasse mündet. An dieser Stelle beginnt eine Steigung, die uns in kurzer Zeit rund hundert Höhenmeter über die Talsohle führen wird. Obwohl der Wanderweg auf diesem Stück etwas steiler wird, belastet uns das kaum. Wir schauen uns einfach die am Wegrand blühenden Pflanzen an. Reben und Obstanlagen wechseln sich ab, und der Ausblick hinüber zum Schwarzwald wird immer schöner. Wenn wir Glück haben, dann schaffen Winzer in den Reben, und diese freundlichen Menschen sind immer bereit uns Fragen zum Weinbau zu beantworten. So kann manche bis jetzt ungeklärte Frage eine Lösung finden. Etwa 150 Meter nachdem wir im Tal die Landstraße überquert haben, legen wir bei der „Laihütte" eine Verschnaufpause ein. Von hier aus haben wir einen weiten Blick hinaus in die Rheinebene, die erst weit im Westen von den Vogesen begrenzt wird. Während bei uns im Juni die ersten Kirschen reifen, glänzen dort noch große Schneeflecken. Nach der Hütte wandern wir weiter bergauf. Der Wald linkerhand wird von „Robinien" gesäumt. Sie haben ihren Namen nach dem französischen Gärtner „J. Robin" bekommen, der diesen Baum im Jahre 1601 aus Nordamerika nach Paris brachte. Im Volksmund werden die meist weiß blühenden Robinien fälschlicherweise als „Akazien" bezeichnet. Rechts abwärts stehen Reben. Drunten im Tal liegt das Dörfchen Liel, welches durch das Wasser seiner Heilquelle weit über die Lande hinaus Berühmtheit erlangte. Schon im Mittelalter wusste man von der wohltuenden Wirkung dieses flüssigen Naturschatzes, den wir heute als „Lieler Schlossbrunnen" trinken. Am Talende stößt unser Blick auf die dunklen Fichtenwälder des Hochblauen. Wenn wir stehen bleiben, dann stellen wir fest, dass es rings um uns herum absolut still ist. So still, dass wir aus dem Tal herauf den Stundenschlag der Kirchturmuhr hören können. Fast am höchsten Punkt unseres Wanderweges kommen wir zur „Bammerthütte". Das ist ein ganz besonders historisches Fleckchen Erde. In diesem Häuschen bezog der österreichische „Erzherzog Karl" vom 23. zum 24. Oktober 1796 Quartier. Er war übrigens ein Enkel der Kaiserin „Maria Theresia" und zugleich der Bruder von „Kaiser Franz II". Seine Aufgabe war es, die Franzosen auf ihrem eiligen Rückzug in Richtung Grenze zu verfolgen. Wir laben uns an dem schönen Ausblick, den man von dieser Hütte aus hat. Direkt gegenüber erkennt man etwas versteckt zwischen den Wäldern „Schloss Bürgeln". Knapp vierzig Meter nach der Hütte biegen wir scharf links ab und steigen hinauf zum Waldrand. Wir sind jetzt am höchsten und zugleich am entferntesten Punkt unserer Wanderung angelangt. Am Kammweg, das ist der „Eckt-weg", wachsen zwischen Reben und Wald viele Heckenrosen. Besonders im Spätherbst sollten wir sie genauer anschauen, denn wundersam bunte Bällchen zieren die Zweigenden.

Die Rosengalle

Zahlreiche kleine Wespen und Mücken verfügen in ihrem Lege-stachel über eine Wünschelrute, die auf den von ihnen besuchten Pflanzen wunderliche Gebilde hervorrufen können. Nach dem Einstich in das Pflanzengewebe legen sie ein Ei ab und umgeben dieses mit einem Wachstumshormon. Die Pflanze reagiert darauf mit der Bildung einer „Galle". Diese Gallen sind nichts anderes als die Kinderwiegen der nächsten Generation dieser Insekten. In ihnen wachsen ihre Larven wohlgeboren heran. Zudem werden sie von der Pflanze auch noch ernährt. Die winzige „Rosengallwespe", die nur drei Millimeter groß wird, legt aus dem Stachel ihres roten Hinterleibes ein Ei in die Blattknospe der wilden Heckenrose (Rosa canina). Daraus entwickelt sich im Verlaufe des Jahres eine moosartige, fasrig-zottige Kugel. Sie kann bis zur Größe eines Tennisballes wachsen. Diese schönen Gebilde spielen – je nach Jahreszeit – in den Farben von grün über gelb bis rot. In ihrem Innern wächst eine junge Rosengallwespe heran. Im Volksmund nennt man diese Kugeln auch „Schlafäpfel" oder „Rosenkönige". Noch vor hundert Jahren dichtete man ihnen heilwirksame Kräfte an.

Nachdem wir den Bergrücken überschritten haben, geht es zügig bergab. Immer wieder laden Bänkchen am Wegrand zum Verweilen ein. Besonders jetzt sollten wir den phantastischen Weitblick genießen. Dort unten liegt Schliengen. Es wird von dem im Hintergrund verlaufenden „Schliengener Berg" geschützt. Er hält die kalten Winde und die Gewitterstürme ab, die oft von Südwesten kommend schlagartig ins Land einfallen. Das wissen besonders die Winzer zu schätzen, denn die empfindlichen Reben mögen die späten Maifröste nicht.

Haben wir bei unserer Wanderung Glück mit dem Wetter, dann glänzt die weite Rheinebene in strahlendem Silberlicht. Sicher stand der Dichter René Schickele einst an jener Stelle, als er sagte: "Das Markgräflerland ist wahrhaftig die Toskana Deutschlands". Schnell verlieren wir an Höhe. Bald sind wir wieder im Rebengebiet, in dem der „Gutedel" wächst. Das ist der typische Wein des Markgräflerlandes. Er ist eine kernige urgesunde Sorte, die leicht zu kultivieren ist. Auf kräftigen und tiefgründigen Böden trägt diese Rebe reiche Frucht mit großen Beeren. So kommt es auch, dass der Gutedel die einzige in Deutschland angebaute Tafeltraube ist. Neben dem Markgräflerland wird er in der Schweiz im Wallis und im Waadtland, sowie im Elsaß und an der Loire angebaut.

Nach einem Wegkreuz ist es nicht mehr weit bis zu dem tief in den Hang eingegrabenen Hohlweg, den das zu Tal eilende Wasser in Jahrhunderten in den Löß eingegraben hat. Mit langen und bizarren Wurzeln halten sich die Bäume an den Böschungsrändern solange fest, bis sie ein Sturm heraus reißt. Am Ende des Hohlweges treffen wir auf die „Altinger Straße", der wir rechts abwärts folgen. Wir sind am oberen Ortsausgang von Schliengen. Jetzt sind es nur noch zehn Minuten bis zum Ausgangspunkt beim Wasserschloss Entenstein. Während wir am Straßenrand die blumenreichen Vorgärten betrachten, fällt uns an einem Brunnen am Straßenrand ein netter Spruch auf:

> *„Un wänns scho in d'r Bibel stoht,*
> *d'r Mänsch läbt nit allei vum Brot,*
> *Im Läbe un zum fröhlich sy,*
> *trinkt me nit Wasser, me trinkt Wy"*

Bevor wir beim Wasserschloss Entenstein von Schliengen Abschied nehmen, sollten wir noch einen Spaziergang durch den so geschmackvoll angelegten Schlosspark machen. Gleich am Eingang können wir auf einer Bronzetafel die umfangreiche und interessante Geschichte dieses Schlosses lesen. Ein Rundgang durch diese Idylle ist zu jeder Jahreszeit empfehlenswert. Vielleicht überkommt uns jetzt sogar noch die Lust, in einem der zahlreichen Lokale jenen Gutedel zu probieren, den wir vorhin an den sonnenüberfluteten Hängen haben wachsen sehen. Er wird es fertig bringen, die herrliche Wanderung auf dem Geschichtslehrpfad geschmackvoll abzurunden.

Ein Rundgang in Schliengen im Markgräflerland
Die Besitzer von Schloss Entenstein

821	Walter von Schliengen
1207	Rudolf von Üsenberg
1327	Ritter Schuler
1331	Ritter Jakob von Neuenfels, Schultheiß zu Basel
1462	Heinrich von Blumegg
1525	Ulrich Nagel von der alten Schönstein
1694	Johanna von Roggenbach
1725	Fürstbischof von Basel
1805	Oberamtssitz des Landes Baden
1849	Baselstabwirt Josef Anton Walz
1857	Graf Otto von Andlaw-Homburg
1960	Graf Ottokar von Andlaw vermacht den Besitz den Jesuiten
1970	Gemeinde Schliengen macht es zum Rathaus

Eine Tafel mit diesen Daten steht am Eingang zum wunderschönen Park beim Wasserschloss Entenstein in Schliengen. Damit befindet sich der Besucher mitten in der Geschichte dieser Gemeinde, von der auch das Wappen viel aussagt. Im linken roten Schildfeld ist ein Hufeisen, das uns auf die Vorspannpferde hinweist, die man brauchte, um die Lasten auf den Fuhrwerken den „Schliengener Buck" hinauf zu ziehen. Die rechte Hälfte der Wappenscheibe ziert der Baselstab. Schon 1134 war Schliengen vorübergehend weltlicher Besitz des Fürstbischofs von Basel. Endgültig kam der Ort dann am 15. September 1343 an das Hochstift Basel. Dessen allgemeine Herrschaft endete erst im Jahre 1803 durch die „Säkularisation" und den „Reichsdeputationshauptschluss". Damit war auch die Zeit des Basler Obervogtes in Schliengen abgelaufen. Der badische Staat übernahm 1805 das Schloss und richtete dort einen Oberamtssitz ein. Wenn wir heute vor dem Schloss Entenstein stehen, dann offenbart sich uns eines der ältesten baulichen Zeugnisse aus der Geschichte unserer Heimat. Dass dies so ist, verdanken wir dem „Verein zur Erhaltung des Wasserschlosses Entenstein". Dieser Verein betrieb die Renovierung und machte es zum heutigen Prachtbau, in dem das Rathaus und seine Ämter residieren dürfen.

In Schliengen selbst lohnt sich ein Rundgang, zum Beispiel hinauf zur katholischen Pfarrkirche St. Leodegar. Sie steht hoch über der verkehrsreichen Bundesstraße. Steinmetzzeichen am Glockenturm lassen darauf schließen, dass die Bausubstanz auf das Jahr 1200 zurück geht, denn es existiert noch ein romanisches Fensterchen. Den heutigen Barockbau verdanken wir dem Basler Domkapitel, das nach 1752 einen Neubau befürwortete. Namhafte Künstler verewigten sich mit ihren Werken, so der Vöhrenbacher Barockbildhauer „Johann Michael Winterhalter", dem wir die Seitenaltarfiguren zu verdanken haben. „Johann Pfunner" malte den St. Sebastian am rechten Seitenaltar, und „Simon Göser" schuf am Hauptaltar in den rechteckigen Feldern hinter Glas vier Miniaturbilder des „Alten und Neuen Testaments". Er hinterließ uns damit eine große Kostbarkeit. Zwei weitere Kunstwerke verdienen auch Beachtung. Einmal ist es die barocke Madonna im Strahlenkranz, die der Schule des Freiburger Bildhauers „Franz Anton Xaver Hauser" (1739-1819) zuzuordnen ist. Zum anderen sollten wir der Kanzel mit ihrem Rokokozier unsere Aufmerksamkeit widmen. Unter dem Schalldeckel schwebt eine Taube, die das Zeichen der Pfingstbotschaft symbolisiert.

Da Schliengen die erste „Markgräfler Winzergenossenschaft" beherbergt, ist ein Besuch sehr zu empfehlen. Dort beginnt auch der landschaftlich einmalig schöne Weinlehrpfad, der im Anschluss an diesen Artikel beschrieben wird. Wenn wir schließlich zum Ausgangspunkt zurückkehren, können wir in einem der zahlreichen Lokale sowohl den Hunger als auch den Durst stillen. Und wer mehr über den Wein und seine Vorzüge erfahren möchte, der lässt sich bei einer Weinprobe – evtl. verbunden mit einer Kellerbesichtigung – in einem Weingut führen.

Zum Abschluss machen wir einen Spaziergang durch den blumenreichen Park rund um das Wasserschloss Entenstein. Hier wohnt die Ruhe und die Beschaulichkeit, welche das Markgräflerland ausstrahlt.

*Der Rosenapfel oder Stechapfel
entsteht durch den Stich der Rosengallwespe.
Im Volksmund heißt er „Schlafapfel"*

Der aussichtsreiche Weinlehrpfad

Schliengen – Winzergenossenschaft – Weinlehrpfad – Himmelberg
– Halde

Markierung: Ortswappen auf großen Infotafeln
Länge: 3,5 Kilometer; Steigung leicht
Hinfahrt: Mit Zug bis Schliengen, oder mit
              Pkw bis **P** bei der Winzergenossenschaft

Der Bahnhof Schliengen liegt knapp einen Kilometer westlich vom
Ortszentrum. Planen wir die Anfahrt zu unserer heutigen Rundwanderung mit dem Zug, so müssen wir etwa 15 Minuten vom Bahnhof bis zum Ausgangspunkt, der bei der Winzergenossenschaft liegt,
durch den schmucken Ort gehen. Kommen wir mit dem Pkw aus
Richtung Müllheim, dann finden wir das riesige Gebäude der WG
linkerhand an der Ortseinfahrt. Dort sind auch genügend Parkplätze
vorhanden, auf denen wir unser Auto abstellen können.

Die Winzergenossenschaft Schliengen ist die erste Markgräfler
Winzergenossenschaft überhaupt. Es war der Ortspfarrer Leonhard Müller, der sie im Jahre 1908 gegründet hat. Als Vorbild
diente ihm sein Amtsbruder Pfarrer „Heinrich Hansjakob", der
schon im Jahre 1881 in Hagnau am Bodensee die erste Winzergenossenschaft Badens ins Leben gerufen hatte. Leonhard Müller war oft bei Hansjakob zu Gast, denn dieser war ab 1884
Stadtpfarrer zu St. Martin in Freiburg. Schon auf dem weiträumigen Platz vor der WG Schliengen werden wir mit einem ein-
ladenden Text in die alte Geschichte des Weinbaus eingeführt.
Zur besseren Veranschaulichung der Situation hat man ein Fach-
werkhaus aus dem 17. Jahrhundert nachgebildet, in dem eine
alte „Torkel" – Trotte – steht. Das Wort „Torkel" wird aus dem
lateinischen „torquere" abgeleitet und heißt soviel wie *abdrük-
ken oder abwürgen*. Diese Traubenpresse ist eine griechische
Erfindung aus dem Jahre 24 nach Christi. Auch das Wort „keltern" kommt aus dem Lateinischen, und heißt soviel wie *mit*

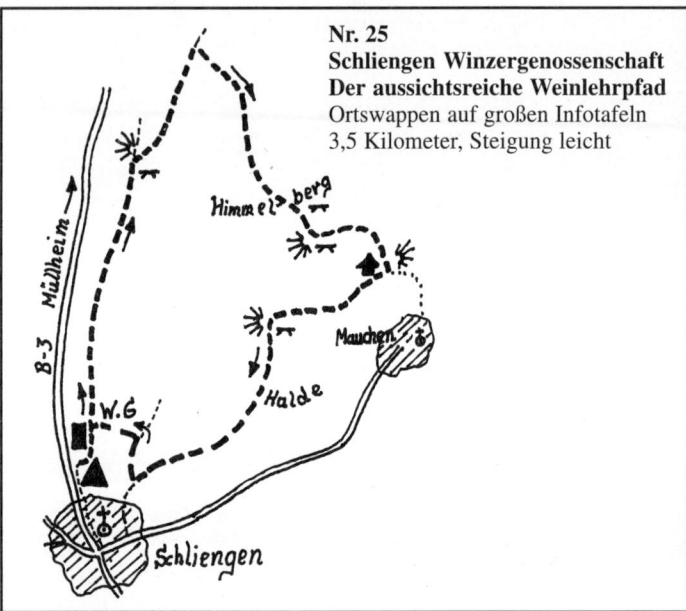

Nr. 25
Schliengen Winzergenossenschaft
Der aussichtsreiche Weinlehrpfad
Ortswappen auf großen Infotafeln
3,5 Kilometer, Steigung leicht

den Füßen treten. Das Stampfen der Trauben mit bloßen Füßen hat schon „Karl der Große" im Jahre 805 in einem Edikt aus hygienischen Gründen verboten. Es hat jedoch den Anschein, dass man sich kaum danach richtete, denn 1620, also rund 800 Jahre später, werden die Buben und Mädchen aufgefordert „sich vor dem Keltern die Füße zu waschen".

Unser Rundweg auf dem Weinlehrpfad beginnt an der Bergseite hinter der WG. Zunächst verläuft der breite Weg nahezu eben und parallel zur unten auf der Talsohle sich geräuschvoll bemerkbar machenden Bundesstrasse 3. Bereits auf einer der ersten Tafeln, die alle das Wappen von Schliengen zieren, erfahren wir vom Sinn dieses Lehrpfades. Wir sollen die Geschichte des Weines kennen lernen. Gleichzeitig sollen wir uns aber auch darüber Gedanken machen wie mühsam die Arbeit für den Winzer ist, bis das fertige Produkt heraus kommt, das wir als Wein im Glas trinken dürfen. Es waren die Römer, welche den Weinstock vor knapp 2000 Jahren bei uns zum ersten Mal anpflanzten. Nach etwa 500 Metern verlassen wir den ebenen Weg nach rechts. Jetzt müssen wir leicht ansteigen. Mit jedem Meter, den wir an Höhe gewinnen, wird der Ausblick nach Westen schöner. Im Sommer umgibt uns das satte Grün der sich endlos dahin ziehenden Rebflächen. Interessant jedoch wird der Weg im Herbst, wenn ab Oktober die Winzerinnen und Winzer, unterstützt von fleißigen Helfern, mit der Weinlese, dem Herbsten, beschäftigt sind. Trotz der schweren Arbeit sind sie stets zu einem kleinen Gespräch bereit. Ich habe es selbst erlebt, wie mir in aller Freundlichkeit der „Gutedel", die Weinsorte des Markgräflerlandes, erklärt wurde. So erfuhr ich, dass es der Markgraf von Baden war, der 1780 den Gutedel aus der Schweiz mitgebracht hat. Zudem lud man mich zum Probieren der aromatischen und großbeerigen Trauben ein.

Waren wir bisher mit der Sonne im Rücken, also von Süden nach Norden gewandert, so ändert sich das schlagartig. In einer scharfen Rechtskurve ändern wir die Richtung. Es geht weiter bergauf. Ab und zu lädt eine Bank zum Verweilen ein. Kurz vor dem höchsten Punkt unseres Rundweges haben wir an einem kleinen Rastplatz einen wunderschönen Ausblick hinaus in die „Oberrheinische Ebene", die drüben im Westen an die Vogesen stößt. Das ist ja eine geschichtsträchtige Ebene. Dort, wo heute Autos und Züge in rasendem Tempo vorüber eilen, hinterließen vor 2000 Jahren römische Legionen ihre Wagenspuren. Das war die „Römerstraße", die sich von „Kaiseraugst" bei Basel, über den „Isteiner Klotz" hinweg, vorbei an Breisach und Riegel bis nach Köln (Colonia) erstreckte. Nach einer lang gezogenen Linkskurve überqueren wir den Höhenzug. Jetzt liegt im Osten der Schwarzwald mit der bewaldeten Kuppe des „Hochblauen" vor uns. Tief unten im Tal sehen wir die Ortschaft „Mauchen", die heute politisch mit Schliengen verbunden ist. Deutlich sticht der alte Ortskern mit der erhöht stehenden Nikolauskirche heraus. Neuerdings hat sich der Ort durch viele Neubauten stark vergrößert. Wir biegen an der Wegkreuzung, dort wo die Tafel

bei der Rebhütte an die Flurbereinigung von 1969 bis 1972 erinnert, rechts ab. Jetzt befinden wir uns in dem Gewann „Halde". Dieser Name weist darauf hin, dass die Hänge etwas steiler als normal sind. Das ist eine von der Sonne verwöhnte Anlage, und hier wachsen edle Tröpfchen. In großem Bogen führt die Rebstraße abwärts. Bald taucht unter uns wieder der Weinort Schliengen auf. Noch bevor wir die ersten Häuser erreichen, biegen wir nach rechts ab. Jetzt sehen wir unten die großen Gebäude der Winzergenossenschaft. Dort war unser Ausgangspunkt, und dorthin wollen wir wieder zurück. Sollten uns unterwegs die zahlreichen Informationstafeln und die Reben auf den Wein neugierig gemacht haben, dann können wir uns in der Winzergenossenschaft eine Probe einschenken lassen. Das ist natürlich auch in einer der renommierten Weingüter in Schliengen möglich, deren Werbung wir zum Teil unterwegs auf den Tafeln haben lesen können. Da es auf dem gesamten Rundweg viel zu lesen und zu schauen gegeben hat, waren wir sicher bis zu zwei Stunden unterwegs gewesen. Stolz stellen wir fest, dass die informativen Tafeln uns fast zu Fachleuten haben werden lassen. Stolz dürfen aber auch die Winzer von Schliengen sein. Denn: Bei der Landesweinprämierung im Jahr 2000 bekam die „Erste Markgräfler Winzergenossenschaft e.G. Schliengen" wie schon 1996, 1998 und 1999 in Folge den Ehrenpreis als bester Markgräfler Erzeugerbetrieb.

Die Blume des Jahres 2001

Jedes Jahr wird von der „Stiftung Naturschutz Hamburg und Stiftung zum Schutze gefährdeter Pflanzen" die Blume des Jahres gewählt. Die Vorsitzende ist Frau „Loki Schmidt", die Gattin des ehemaligen Bundeskanzlers Helmut Schmidt. Für das Jahr 2001 entschloss sich das Kuratorium als Blume des Jahres den „Blutroten Storchschnabel" (Geranium sanguineum) zu benennen.

Diese ins Karminrot neigende Pflanze blüht bei uns vom Mai bis in den September. Wenn sie es nicht vorzieht ziemlich flach am Boden entlang zu kriechen, dann kann sie bis 50 Zentimeter hoch werden. Sie bevorzugt kalkhaltige Lehm- und Sandböden.

Am Kaiserstuhl und im Markgräflerland wächst sie am liebsten auf den warmen Lößböden und in der Nähe von sonnigen Waldrändern. Der weithin leuchtende Blütenteller kann einen Durchmesser von bis zu drei Zentimeter erreichen. Den Namen „Storchschnabel" gab ihr der eigenartige Fruchtstand. Bis zu fünf Zentimeter lang stehen die beiden spitzen Samenträger ab, genau wie ein geöffneter Storchschnabel. Besonders schön ist die Pflanze im Herbst. Dann strahlen die Blätter in einem leuchtenden Rot mit dem bunten Laub der hohen Bäume um die Wette. Der Grund, weshalb diese Pflanze auf die Liste der gefährdeten Blumen gesetzt wurde, ist einfach zu erklären: Sie verträgt keinerlei Dünger. Sollten also Ackerraine oder waldnahe Wiesenflächen gedüngt werden, dann zieht sich der Storchschnabel zurück. Neuerdings wird der „Blutrote Storchschnabel" in den Gärtnereien als Zierpflanze für den Hausgarten angeboten. Auch unsere Geranie, die wir im Sommer als Balkonschmuck lieben, stammt aus der Familie der Storchschnabelgewächse.

Blut-Storchschnabel
(Geranium sanguineum)

Unter uns das Eggener Tal

Niedereggenen Dorfplatz – Weinbergstraße – Sonnholebänkle – Steinenkreuzle – Niedereggenen

Markierung: Tafel mit N-1
Länge: 5 Kilometer; Steigung mäßig
Hinfahrt: Mit Fahrrad oder Pkw; mit RVL-Bus Linie 264
              ab Müllheim *

Weshalb man die Niedereggener auch „Kanonentäler" nennt

Es geschah in der „Badischen Revolution" von 1848/49. Da gab es in Niedereggenen Schießereien zwischen den Regierungstruppen und den Freischärlern. Als sich das im Sommer 1849 wiederholte, schlugen sich die meisten Einwohner von Niedereggenen auf die Seite der Regierungstreuen. Der Grund war wohl der, dass die Freischärler sich gegenüber der Bevölkerung manchmal recht rüde benahmen. Zur damaligen Zeit goss man im nahe gelegenen Eisenwerk bei Badenweiler Kanonen und dazu passende Kugeln. Also wollten die Niedereggener ebenfalls eine Kanone haben. In der Kasse herrschte jedoch großer Geldmangel, denn die Freischärler hatten alles Geld für sich beschlagnahmt. Deshalb überlegten sie, wie man selber so eine Kanone bauen könnte, um die Revoluzzer zu vertreiben. Nach längerem Überlegen stand der Plan. Der Dorfschmied musste um ein hölzernes Brunnenrohr mehrere Eisenringe legen, damit es kräftig wurde. Dieses Rohr montierten sie auf einen Wagen. Zum Ausprobieren wollten sie Blei sparen, weshalb sie die provisorische Kanone mit Erbsen füllten und dann kräftig Pulver drauf gaben. Mit einen dicken Frauenunterrock stopften sie die Röhre fest zu. Dann setzten sie die Lunte an, und freuten sich auf den ersten Schuss. Der ging auch mit einem gewaltigen Knall los, doch das Ergebnis war anders als erwartet. Es zerriss die Kanone, und die Erbsen, vermischt mit den Fetzen des Unterrocks, flogen durch die Gegend. Jeder kann sich denken, dass

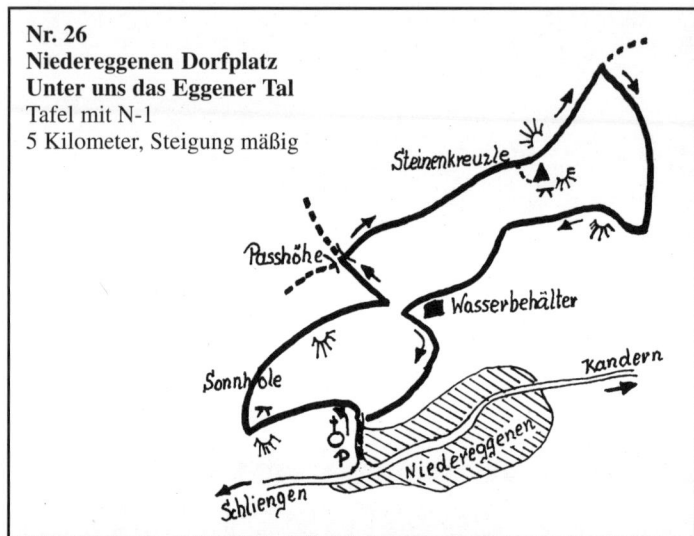

Nr. 26
Niedereggenen Dorfplatz
Unter uns das Eggener Tal
Tafel mit N-1
5 Kilometer, Steigung mäßig

Steinenkreuzle

Passhöhe

Wasserbehälter

Sonnhole

Kandern

Niedereggenen

Schliengen

man zum Schaden hin nicht für den Spott sorgen musste. Seit jener Zeit nennt man die Niedereggener „die Kanonentäler". Heute steht eine Nachbildung der Kanone im Ortszentrum von Niedereggenen.

Schön ist es, das Markgräflerland, und wer sich einmal in diese himmlische Landschaft verliebt hat, der kommt immer wieder hierher. „Johann Peter Hebel" gibt uns die Antwort auf die Frage, was diese Gegend so anziehend macht, wenn er in einem seiner Gedichte sagt:

> *„Oh wie wechsle Berg un Tal,*
> *Land un Wasser überall.*
> *Aber zeig mir was de witt,*
> *numme näumis (gleiches) find i nit".*

Wir erreichen das Eggener Tal von der Rheinebene aus über Schliengen. Dort biegen wir im Ortszentrum von der Bundesstraße 3 in Richtung Kandern nach Osten ab. Schon fünfzig Meter nach dieser Kreuzung würde sich ein kurzer Halt lohnen. Dort steht in einem wunderschönen Park das Wasserschloss Entenstein. Heute ist das Rathaus mit seinen Ämtern darin untergebracht. Ein Spaziergang lohnt sich zu jeder Jahreszeit, und für den Pkw finden wir an der Straße auch einen Parkplatz. Eine nähere Beschreibung dazu finden wir bei der Wanderung Nr.24. Dann fahren wir weiter talaufwärts. Kurz vor Liel bleiben wir auf der Talsohle des Holebachs und biegen nach links ab. Schon sind wir im „Eggener Tal". Nach drei Kilometern sehen wir vor uns „Niedereggenen". Von weit her fällt uns links drüben die Kirche mit ihrem romanischen Turm auf, der zwar niedrig ist, aber beschützend vor dem Langhaus steht. Da unsere heutige Wanderung in Niedereggenen beginnt und endet, wollen wir uns den Besuch der Kirche als krönenden Abschluss aufsparen. Die Kirche ist immer geöffnet.

Kommen wir mit dem Bus, dann steigen wir im Unterdorf am Dorfplatz aus. Das ist bei der Kirche. Wer mit dem Pkw anreist, der kann hier oder unterhalb der Kirche sein Auto parken. Vor uns liegt eine sehr bequeme Rundwanderung von fünf Kilometer Länge. Sie führt uns hoch über das Eggener Tal hinauf und offenbart uns die Schönheiten dieser Landschaft in aller Pracht. Wenige Meter oberhalb des Dorfplatzes kreuzen sich die Weinbergstraße und die Schulstraße. Linkerhand im Garten stehen die Werke des einheimischen Bildhauermeisters „Jörg Jauss". Wir folgen der asphaltierten Weinbergstraße, auf der wir schnell an Höhe gewinnen. Links unter uns liegt die Kirche mit dem zum Berg hin ausgerichteten Friedhof. Nach etwa zehn Minuten kommen wir zum Sonnholebänkle. Zunächst bemerken wir es überhaupt nicht, denn es steht unter einer Gruppe von sieben Buchen versteckt, rechts am Weg. Von dem kleinen Platz neben der Bank prägen wir uns die Landschaft ein. Links droben am Talschluss rundet der „Hochblauen" das Panorama ab. Ein Stück weiter rechts schaut zwischen den Baumwipfeln das Schloss Bürgeln hervor. Unter uns.liegt Niedereggenen, und drüben auf der anderen Hangseite zwängt sich eine hundert Meter hohe bewaldete Erhebung aus dem Gesamtbild hervor. Dieser Buckel ist der „Hagschutz", ein prähistorisches Wahrzeichen des Eggener

Tales. Von dort aus hat man nicht nur einen herrlichen Weitblick, nein, auch die „Ur- und Frühgeschichte" weiß uns darüber viel zu erzählen (siehe Bericht am Ende dieser Wanderbeschreibung).

Nachdem wir uns vom Aussichtsplatz am Sonnholebänkle mit der Landschaft vertraut gemacht haben, wollen wir unsere Wanderung fortsetzen. Wir folgen dem Zeichen N-1, das uns auf den ansteigenden zweiten Weg oberhalb vom Bänkle leitet. Zwischen Reben und Kirschbäumen geht es ein kurzes Stückchen bergauf. Bald wird der Weg eben und bequem. Vor uns liegt die Kuppe des Hochblauen. Nach 600 Metern geht es leicht bergab, und wir landen schließlich bei dem Wasserschlössle an der Straße, die von Niedereggenen herauf kommt. Dieser Straße folgen wir für 250 Meter aufwärts bis zur Passhöhe. Dort biegen wir nach rechts ab. Der Kammweg bringt uns genau nach einem Kilometer zum „Steinenkreuzle". Das ist die höchste Erhebung zwischen Niedereggenen und Obereggenen. Zwanzig Meter rechts vom Weg steht auf der Kuppe ein mächtiger „Findling". So musste man sich in Kriegszeiten einen Feldherrnhügel vorstellen. Um den Stein stehen drei Bänke und vier Bäume. Auf einer Tafel lesen wir:

Hier stand bis Anfang des 19. Jahrhunderts ein Sühnekreuz.
Es erinnerte daran, dass 1426 Ritter Dietrich von Ratsamhausen
in einem Streit mit Markgraf Rudolf von dieser Stelle aus
das Dorf Feldberg angriff und nieder brannte.

Wir genießen den totalen Rundblick. Am Hochblauen links beginnend, drehen wir uns langsam nach rechts. Unter uns liegt das Eggener Tal, das im April in einem Meer von Kirschblüten versinkt. Weiter rechts öffnet sich die „Oberrheinische Ebene", die von den Vogesen begrenzt wird. Noch bevor wir uns vollends um 360 Grad gedreht haben, öffnet sich in der Vorbergzone eine kleine Lücke, durch die wir in den „Breisgau" schauen können. Wenn es das Wetter erlaubt, können wir hier oben eine Vesperpause einlegen.

Für den Rückweg wandern wir auf dem Kammweg noch 300 Meter weiter leicht bergab. Bei der ersten Abzweigung biegen wir scharf nach rechts ab. Dann sehen wir weit vor uns das Dorf Niedereggenen mit seiner markanten Kirche. Mehrere Rebwege führen uns schnell in Richtung Dorf. Wir suchen uns einfach einen aus. Noch bevor wir wieder am Ausgangspunkt beim Dorfplatz sind, müssen wir unbedingt der Kirche einen Besuch abstatten. Es wird sich auf jeden Fall lohnen.

* RVL = Regio-Verkehrsverbund Lörrach, Bus der Firma Will, Müllheim, Tel.07631/17860

Niedereggenen und seine Kirche

Niedereggenen hat seine Herren oft gewechselt, bis es 1470 endgültig in markgräflich-badischen Besitz kam. Diesem Umstand ist es auch zuzuschreiben, dass das Dorf evangelisch wurde. Der damals regierende „Markgraf Karl II" führte per Erlass am 1. Juni 1556 in seinem Land die Reformation durch. Historisch belegt ist die Existenz von Niedereggenen bereits seit 773 nach Christus. Damals wurde in einer Urkunde des Klosters „Lorsch" von einem „Ruotpert" geschrieben, der seinen Besitz in „Ekkinheim" – benannt nach dem Heim des Ekkin – dem Kloster schenkte. Im Jahre 1155 wird von „Ekkinheim superior" und einem „Ekkinheim inferior" gesprochen (Ober- und Niedereggenen), was zu jener Zeit zur Zelle Bürgeln gehörte. Erst um 1360 schreibt man von einer Kirche „Egginheim inferior", doch eindeutige Angaben fehlen. Ins Licht der Öffentlichkeit rückt der Ort mit seiner Kirche erst so recht im Jahre 1429. Damals gewährte Papst Martin V einen Ablass für die Erneuerung der Kirche. Den Grund dafür kann man leicht rekonstruieren. Die Kirche war baulich in einem schlechten Zustand. Da wandte sich der Pfandherr, „Markgraf Wilhelm" an seinen Bruder Otto, der Bischof von Konstanz war. Er bat diesen, beim Papst ein Wort für die Erneuerung der Kirche einzulegen. Der Papst ging darauf ein und versprach jedem Einwohner, der für die Kirche in Niedereggenen Geld spendete, ihn per Ablass von seinen Sünden zu befreien. Wörtlich heißt es in dem päpstlichen Schreiben: „*Wir wünschen, dass die Gläubigen um so bereitwilliger für die Wiederherstellung und Erhaltung ihre Hilfe anbieten, und im Gotteshaus zusammen strömen, je reichlicher das Geschenk der Ablässe ist*". Der Erfolg ist noch heute sichtbar, den es entstand die Kirche mit den Wandmalereien, die wir jetzt vor uns haben. Man hat zwar nach der Einführung der Reformation die Fresken in blindem Eifer übertüncht. Doch 1901 wurden sie zufällig wieder entdeckt und gleich frei gelegt. Untersuchungen am Mauerwerk ergaben, dass zumindest der Turm und die anschließende Nordwand der Kirche im 12. Jahrhundert errichtet wurden. Somit hätte Niedereggenen eine der ältesten Kirchen im Lande. Kommen wir von Westen, also von Schliengen her, dann fällt uns gleich der romanische Turm auf. Die Form des Daches nennt man im alemannischen Sprachraum ein „Käsbissdach". Weil man im 15. Jahrhundert die Südwand hinaus schob, steht der Turm heute nicht mehr in der Mittelachse.

Wir betreten die Kirche durch ein sehr niedriges Tonnengewölbe, was darauf schließen lässt, das der Boden früher tiefer lag. Im einschiffigen Kirchenraum wird unser Blick sofort auf die Fresken an der Langhauswand und im Chor gelenkt. Für den Menschen des Mittelalters, der weder lesen noch schreiben konnte, offenbarten sich die Bilder wie ein aufgeschlagenes Buch. Er las die Sprache der Bilder und lernte so die Geschichte des Christentums. Aus dem Bild entstand die „Bildung" der damaligen Menschen. Unglaublich schön und verständlich ist zum Beispiel an der Nordwand die Schöpfungsgeschichte dargestellt. Jedem Schöpfungstag ist ein Bild gewidmet. Wenn auch Teile der Fresken zerstört sind, so erkennen wir deutlich die Erschaffung der Eva, oder daneben die Vermählung des ersten Menschenpaares, das später aus dem Paradies vertrieben wird. Sehr bunt und hervorragend restauriert ist das Chorgewölbe, wo an deutlich sichtbarer Stelle das Gesicht Jesu auf dem Schweißtuch der Veronika zu sehen ist. In den Gewölbezwickeln findet der aufmerksame Betrachter die Symbole der vier Evangelisten. Wir werden sicher lange schauen, und dabei die zur Ehrfurcht mahnenden Bilder verinnerlichen. Dabei kann uns der Kunstführer Nr.1214 aus dem Verlag „Schnell und Steiner" eine große Hilfe sein. Er ist in der Kirche oder im Pfarrhaus käuflich zu

erwerben. Bevor wir Niedereggenen verlassen, sollten wir noch
einen Blick in den Friedhof werfen. Vom Brunnen an der West-
mauer aus gleitet unser Blick über die Gräber und Kreuze hinweg zum Hochblauen, dem beherrschenden Berg in dieser prächtigen Landschaft. Sicher werden wir wieder einmal her kommen, zumal man auch von „Obereggenen" aus wunderschön
wandern kann.

Auf Spurensuche am Hagschutz

Schon die Menschen der Jungsteinzeit (Neolithikum), also zwischen 4000 und 2000 vor Christus, bauten auf diesem Hügel,
etwa 100 Meter über dem heutigen Dorf Niedereggenen, ihre
Häuser. Sie hatten erkannt, dass der Hochblauen die kalten Ost-
winde abhält und dadurch im Eggener Tal für ein mildes Klima
sorgt. In dieser Jungsteinzeit vollzog sich der Übergang vom
reinen Jägertum zum Ackerbau und zur Viehwirtschaft. Das war
zudem die Epoche, in der sich die Menschen zu Dorfgemein-
schaften zusammen schlossen und sesshaft wurden. Da kam ihnen die Erhebung am Rande des Tales gerade recht. Dort oben
auf dem Hagschutz konnten sie sich gegen eventuelle Angreifer
prima verteidigen. Die Werkzeuge und Waffen bestanden zunächst aus Stein, wurden aber gegen Ende der Jungsteinzeit vom
neu entdeckten Kupfer abgelöst. Umfangreiche Grabungen haben ergeben, dass der Hagschutz zu zwei verschiedenen Zeiten
besiedelt war. Zunächst war es der „Rössener" Kulturkreis. Na-
mengebend für diese Gruppe war der erste Fundort in „Rössen"
in Mitteldeutschland. Die Menschen bevorzugten als Siedlungs-
ort fruchtbare Lößböden. Ihre selbstgebrannten Gefäße verzier-
ten sie mit künstlerisch hochwertigen Motiven. Die Toten be-
statteten sie ausgestreckt und auf dem Rücken liegend von West
nach Ost. Die Frauen bekamen als Grabbeigabe Gefäße und
Keramikschmuck, den Männern gab man auf die letzte Reise
Beile, Äxte und Pfeilspitzen aus Fels- und Feuerstein mit. Lange nachdem die Rössener den Hagschutz wieder verlassen hatten, fand eine zweite Besiedelung statt. Wieder waren es Bau-

ern, die man als „Michelsberger Leute" bezeichnete, und die sich auf dem Hagschutz ihr Dorf bauten. Namensgebend für sie war der erste Nachweis bei „Michelsberg" im Kreis Bruchsal. Die Häuser wiesen erheblich mehr Komfort auf, und die Verzierungen auf den Keramiken waren noch kunstvoller. Die Krüge hatten jetzt einen Henkel und die Schöpfkellen einen langen Griff. Alle Gefäße bekamen einen flachen Boden, so dass sie standfest waren. Man unterteilte das Haus bereits in Wohnraum und Küche. Ihr Dorf umgaben die Bewohner mit einer Palisade aus Holz und einem Graben. Beides diente dem Schutz, sowohl vor wilden Tieren als auch vor feindlichen Angriffen. *„ Der Hag bot also einen Schutz".* Verwandtschaftlich verbunden waren die Bewohner des Eggener Tales mit Michelsberger Gruppen am Kaiserstuhl, am Schönberg und am Odilienberg im Elsaß. Am Isteiner Klotz bei Kleinkems baute eine Sippe der Michelsberger im Kalkstein die Jaspisknollen ab. Beim Zerschlagen dieser Brocken entstanden messerscharfe Splitter, die man als Werkzeuge und Speerspitzen verwendete. Man besuchte sich gegenseitig und tauschte Gastgeschenke aus. Es entstanden sogar regelrechte Handelswege, deren Fährten sich an Hand von Funden (zum Beispiel Jaspis) noch heute nachweisen lassen.

Im Kernland der Kirschen

Obereggenen Kirche – St. Johannisbreite – Steineckweg – Rüttiweg
– Fritz Graserplatz

Markierung: Tafel mit O-2
Länge: 9 Kilometer; Steigung schwach
Hinfahrt: Mit Fahrrad oder Pkw; mit RVL-Bus Linie 264
             ab Müllheim oder Kandern *

Wenn wir in Schliengen, das südlich von Müllheim an der Bundesstraße 3 liegt, zum Schwarzwald hin abbiegen, dann kommen wir in
das „Eggener Tal". Da es von allen Seiten gegen raue Winde geschützt ist, genießt es den Ruf, von einem lieblichen Klima umspielt
zu sein. Die Auswirkungen dieser Vorzüge dürfen wir als Wanderer
schon im Frühjahr erleben. Im April blühen tausende von Kirschbäumen und verwandeln die Landschaft in eine weiße Pracht. Im
Juni und Juli biegen sich dann die Äste der Kirschbäume unter der
Last der prallen und schwarz glänzenden Früchte. Doch nicht nur
die Kirschenzeit ist Wanderzeit. Das ganze Jahr über, auch an schnee-
freien Wintertagen, übt dieses Tal eine besondere Anziehungskraft
aus. Der weite Blick über die sanft gewellten Höhenzüge lässt uns
frei atmen und das Land unbeschwert erleben.

   Unsere heutige Wanderung beginnt an der Turmseite der Kirche
in „Obereggenen". Dort hängt an der gegenüberliegenden Hauswand
eine Wandertafel, die uns sowohl Rundwanderwege als auch Ziel-
wanderwege angibt. Wir wollen uns die neun Kilometer lange Rundwanderung mit der Markierung O-2 aussuchen. Sie führt uns zwar
zu keinen spektakulären Sehenswürdigkeiten, aber sie zeigt uns das
Markgräflerland von seiner ganz charmanten Seite. Wir wandern
durch Wiesen, Felder, Obstanlagen und Wälder. Dabei werden wir
schöne Ausblicke haben. „Kreuzweg", heißt das Sträßle, auf dem
unser Wanderweg beginnt. Kaum sind wir am „Landgasthof Graf"
– rechts am Weg – vorbei, überqueren wir die schmale Straße, die

---

* RVL = Regio-Verkehrsverbund Lörrach , Bus der Firma Will,
Müllheim, Tel. 07631/17860

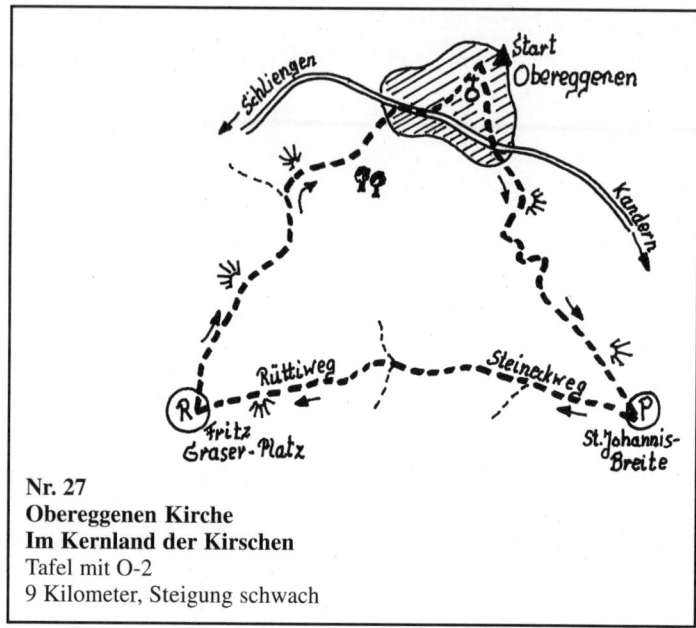

Nr. 27
Obereggenen Kirche
Im Kernland der Kirschen
Tafel mit O-2
9 Kilometer, Steigung schwach

Obereggenen mit Sitzenkirch verbindet und nach Kandern führt. Ab da lassen wir das bewohnte Gebiet hinter uns. Der Weg ist noch ein kurzes Stück weit asphaltiert, doch das hört weiter oben auf. Nachdem wir den von einem Bach tief eingeschnittenen Talgrund durchquert haben, steigt der Weg in großen Schleifen bergan. Obstbäume – vorherrschend Kirschen – und Wiesen begleiten uns. Je höher wir kommen, desto schöner wird der Blick zurück ins Eggener Tal. Plötzlich taucht links droben, umgeben von dichtem Wald, Schloss Bürgeln auf. Die Poesie gab diesem Kleinod den schönen Namen „Perle des Markgräflerlandes". Weiter links schließt die Kuppe des „Hochblauen" das Tal ab. Ständig gibt es was zu schauen, und so wird der Weg recht kurzweilig. Nach einer halben Stunde kommen wir zu dem großen Parkplatz an der „Johannisbreite". Der Name geht auf eine kleine Feldkapelle zurück, die dem Johannes geweiht war und

einst an der Wegkreuzung stand. Johannes war der Schutzpatron von
Bürgeln. Im Zuge der Säkularisation von Bürgeln im Jahre 1805
wurde der Hof an der Johannisbreite an den Landwirt Andreas
Bromberger verkauft, der 1826 die Kapelle abbrechen ließ. Wer bereits Hunger verspürt, der kann hier sein erstes Vesperbrot auspak-
ken. Bei der Johannisbreite erreicht der Straßenübergang nach
Sitzenkirch mit 482 Metern seinen höchsten Punkt. In dieser Höhe
brechen die Kirschblüten etwa eine Woche später auf als drunten im
Tal.

Für den Weiterweg biegen wir scharf nach rechts auf den leicht
ansteigenden „Steineckweg" ab. Links draußen schaut, eingerahmt
von hohen Bäumen, der Turm der Ruine Sausenburg heraus. Gleich
hinter der Waldgrenze verlieren wir ein wenig an Höhe. Die nächsten 45 Minuten schlängelt sich unser Weg sehr bequem durch den
Wald. An den etwas lichteren Stellen wird der Boden von der Stechpalme (Ilex aquifolium) bedeckt (siehe Beschreibung am Ende dieses Wanderberichtes). Etwa 15 Minuten nachdem wir die Johannisbreite verlassen haben, wechselt unser Weg seinen Namen. Jetzt
heißt er „Rüttiweg". Im ganz stillen Wald hören wir das Kreischen
des „Eichelhähers", der die anderen Tiere vor uns warnt. Um die
Mittagszeit erklingt das leise „tsi-tsi" der Tannenmeise. An feuchten Bodenstellen sind tiefe Wühlspuren. Das ist für uns der Hinweis, dass Wildschweine nach Engerlingen gesucht haben. Unser
Ziel ist der Fritz Graserplatz an der Passhöhe zwischen Niedereggenen und Riedlingen. Das ist ein wunderschöner Rastplatz mit
einer sauberen Feuerstelle, vielen Tischen und Bänken sowie Spiel-
geräten für die Kinder. Sollte das Wetter sich plötzlich verschlech-
tern, dann haben in der geräumigen Blockhütte gut zwanzig Perso-
nen Platz. Hier werden wir sicher rasten.

Für den Rückweg folgen wir der Landwirtschaftsstraße abwärts in
Richtung Niedereggenen. Nach 200 Metern erweckt links von uns
der aus dem Gelände aufsteigende Buckel unsere Aufmerksamkeit.
Das ist der Hagschutz, jenes historisch hochinteressante Bergchen,
dem im Anhang zur Wanderung Nr. 26 ein Sonderartikel gewidmet
ist. Bald teilt sich der Weg. Auf der Böschung steht eine Bank. Eine
kleine Tafel auf der Lehne sagt uns, dass sie vom „Blütenstraussiwirt"

gestiftet wurde. Wir folgen dem Sträßle am Fuße der Bank abwärts. Wo wir auch hinschauen, überall stehen Kirschbäume. Doch wir müssen gut auf den Weg aufpassen. Nur 300 Meter unterhalb der Bank verlassen wir die asphaltierte Straße nach rechts. Jetzt wird unser Wanderweg zum Feldweg mit direktem Blick auf Obereggenen. In den Feldern rechts von uns stehen zwei markante Bäume. Einer ist ein Nussbaum, der andere ein Birnbaum. So war es wenigstens noch im Sommer des Jahres 2000. Hinter der Kirche ragt der Hochblauen empor. Nun ist es nicht mehr weit bis zur Talsohle. Bei der Bushaltestelle „Winzergenossenschaft" erreichen wir die Straße, auf der wir durch den Ort hinauf zum Ausgangspunkt bei der Kirche wandern. Das ist eine Chorturmkirche. Man nennt sie so, weil man beim Bau um 1250 den dreigeschossigen Turm auf den Chor gesetzt hat. Auf dem Dorffriedhof ist übrigens das Grab der Heimatdichterin und Hebelpreisträgerin „Lina Kromer". Ihre Freunde bezeichneten sie liebevoll als die „alemannische Droste" (siehe Gedicht vom „Hagschutz" bei der Wanderung Nr. 26). Sollte die Wanderung hungrig oder durstig gemacht haben, dann kann man in einem der Gasthäuser in Obereggenen etwas dagegen tun.

Die immergrüne Stechpalme (Ilex aquifolium)

Dieser schöne und immergrüne Strauch, den man im Volksmund auch „Hülse" nennt, fällt uns zu jeder Jahreszeit durch seine satt glänzenden Blätter auf. Diese ledrigen Blätter können bis zu vier Jahre alt werden. Jeder andere Laubbaum wechselt ja jährlich sein Kleid. Wenn die Stechpalme sich im Eggener Tal besonders wohl fühlt, dann liegt das daran, dass sie ein wintermildes Klima bevorzugt. Strengen Frost mag sie überhaupt nicht, denn in ihrer eigentlichen Heimat am Mittelmeer ist es zu jeder Jahreszeit angenehm warm. Wenn die Stechpalme im Mai und Juni blüht, dann lohnt es sich ganz genau hin zu schauen. Diese Pflanze ist nämlich „zweihäusig". Das heißt, dass männliche und weibliche Blüten auf zwei getrennt voneinander stehenden Pflanzen wachsen. Um zur Bestäubung zueinander zu finden, locken die büscheligen Scheibenblüten die Bienen mit einem

besonders starken Honigduft an. Diese transportieren als Dank
für die Labe an der süßen Quelle dann den Blütenstaub von einer Pflanze zur anderen. Im Spätherbst finden wir dann an den
weiblichen Pflanzen die glänzend roten Beeren. Für die Menschen sind sie giftig, doch für die Vögel stellen sie im Dezember und Januar eine wichtige Nahrungsquelle dar. Die Vögel
verdauen jedoch nur das Fruchtfleisch. Die steinharten Samenkerne scheiden sie mit dem Kot wieder aus. Sie fallen – umhüllt
von wertvollem Vogeldünger – auf den Waldboden. An dieser
Stelle sprießt im Frühjahr eine neue Pflanze hervor. Die Stechpalme ist auch eine beliebte Zierpflanze. Früher wurde sie sogar als Heilpflanze gesammelt. Aus den Früchten kochte man
einen Sud, der in sehr verdünnter Form gegen Rheuma, Gicht
und Epilepsie helfen sollte. Wie alle immergrünen Pflanzen war
die „Hülse" ein Sinnbild für ewiges Leben. Sie wurde besonders zur Weihnachtszeit als Zimmerschmuck verwendet. In England ist das noch heute ein Brauch. Dort ersetzt sie den bei uns
üblichen Christbaum. Mensch und Tier gehen ganz vorsichtig
an die Blätter heran, denn – so sagt der Name schon – sie stechen jeden Angreifer mit kleinen aber spitzen Dornen.

Die Stechpalme

Ich bin auch grün zur Winterszeit,
wenn der Garten dicht verschneit;
und jedes Blatt – auch wenn es friert –
glänzt so wie eben erst lackiert.
Ein Strauß von mir gehört ins Haus,
sieht wunderhübsch und festlich aus!
Nur: Bitte etwas aufgepasst,
wenn ihr in meine Zweige fasst!

Cicely Mary Barker, 1928

Vier Jahreszeiten an der Wegböschung

Parkplatz Bürgeln – Nr. 1 Hauptweg – Kalte Küche – Ameisenkopf – Salzleckeweg

Markierung: Nr.1 auf Holztafeln
Länge: 5 Kilometer; Steigung mäßig
Hinfahrt: Mit Fahrrad oder Pkw bis Parkplatz Bürgeln

Inmitten ausgedehnter Wälder, doch nur wenige Minuten oberhalb der markgräfler Rebenzone, liegt der ruhige Waldparkplatz Bürgeln. Er ist Ausgangspunkt für mehrere erlebnisreiche Rundwanderungen. Zudem ist es nicht weit bis zum Schloss, einem Kleinod im Baustil des Rokoko, das man besichtigen kann. Wer in dieser schönen Landschaft nur rasten will, der nimmt sich seine Würste mit und grillt sie auf der Feuerstelle, welche zu den vielen Einrichtungen gehört, die wir auf dem extra Rastplatz etwa 50 Meter unterhalb der Parkzone im Wald vorfinden. Kommen wir aus dem südlichen Markgräflerland, dann fahren wir über Kandern an. Dort biegen wir auf die Verbindungsstraße L-132 in Richtung Badenweiler ab. Sind wir im Raume Freiburg zu Hause, dann heißt unsere Route Müllheim – Niederweiler – Sehringen, ebenfalls auf der L-132. Wir müssen lediglich aufpassen, dass wir oberhalb von „Schallsingen" die Abzweigung nach Bürgeln nicht verpassen. Am Aussichtspunkt „Kanderner Straße" biegt das Bürgler Sträßle zum Schwarzwald hin ab. Es ist eine Sackgasse, die nach zwei Kilometer leichter Bergfahrt an dem angestrebten Waldparkplatz endet.

Auf der gut gestalteten Hinweistafel suchen wir uns einen der fünf angebotenen Wanderwege aus. Heute entscheiden wir uns für die Route Nr.1. Die Ziffern stehen auf übersichtlichen Holztafeln. Zum Teil finden wir sie aber auch noch mit weißer Farbe auf die Bäume gemalt. Sind wir mit dem Pkw gekommen, dann achten wir darauf, dass wir keine Wertsachen im Auto liegen lassen. Unsere Wanderung beginnt auf dem breiten „Hauptweg" am oberen Ende des Parkplatzes. Die ersten 15 Minuten steigen wir gemächlich an. Dann wird der Weg etwas flacher, stellenweise fällt er sogar leicht ab. Bis auf ganz wenige Lichtungen wandern wir nur im Wald. Das kann

Nr. 28
Schloss Bürgeln am Parkplatz
Vier Jahreszeiten an der Böschung
Nr. 1 auf Holztafeln
5 Kilometer, Steigung mäßig

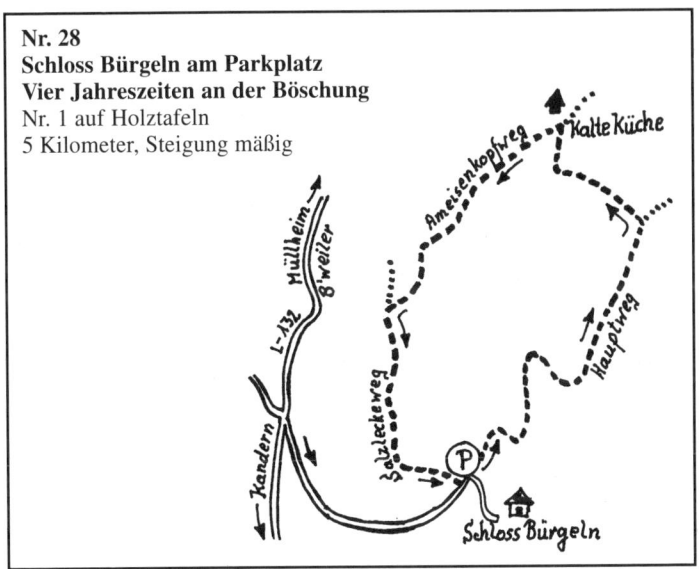

besonders im Sommer von Vorteil sein, denn da spendet uns das mildgrüne Laubdach wohltuenden Schatten. Nach 25 Minuten biegt nach links der „Kalte Kücheweg" ab. Ihm folgen wir aufwärts 500 Meter weit, bis vor uns der Rastplatz mit der Hütte an der „Kalten Küche" auftaucht. Jetzt sind wir 744 Meter hoch, haben also seit unserem Ausgangspunkt schon hundert Höhenmeter überwunden. Diese Stelle ist der höchste und zugleich der entfernteste Punkt unserer heutigen Wanderung. Auf dem Rückweg geht es nur noch bergab. Sollten wir das Bedürfnis nach einer Vesperpause haben, dann sind wir hier richtig. Neben einer Feuerstelle laden massive Holzbänke und Tische zum Verweilen ein. Daneben steht die typische Holzfällerhütte. In ihr hat schon so mancher Wanderer Schutz vor einem plötzlich losbrechenden Gewitter gefunden. Der Name „Kalte Küche", so erfahren wir in den Schriften von „Pfarrer Trenkle", sei schon 1744 als Scherzname bei Holzfällern aufgetaucht. Während sie ihr Essen auf einem Ofen aufwärmen wollten, blies ihnen der kalte Wind aus dem Tal des Blauenbachs immer wieder das Feuer aus, so dass die Küche und das Essen kalt blieben

Von der Hütte bei der „Kalten Küche" aus beginnt unser Rückweg. Jetzt geht es nur noch eben oder bergab. Schon nach wenigen hundert Metern sollten wir uns umdrehen und zurück schauen. Zwischen den Zweigen der hohen Bäume erhebt sich die Kuppe des „Hochblauen". Besonders schön ist dieser Rückblick im zeitigen Frühjahr, wenn noch kein Laub an den Bäumen ist und droben noch große Schneeflecken leuchten. Wir wandern jetzt auf dem breiten „Ameisenkopfweg". Der etwas überhöhte sandige Mittelstreifen ist dicht bewachsen mit „Breitwegerich". Er lässt sich auch durch den Tritt eines Wanderstiefels nicht unterkriegen. Schon am Tage danach richtet er sich wieder auf und wächst weiter. In einer weiten Linkskurve treffen wir auf den Querweg „Badenweiler – Bürgeln". Er ist mit einem fetten **B** markiert. Ab jetzt sind wir auf dem „Salzleckeweg". Am rechten Wegrand werden wir auf einen alten Ringwall hingewiesen, doch davon ist nicht mehr viel zu sehen. Von hier aus sind es nur noch 15 Minuten bis zu unserem Ausgangspunkt, den wir vor 1,5 Stunden verlassen haben. Eines haben wir bei dieser Wanderung nicht, nämlich eine Fernsicht ins Markgräflerland. Dafür wird uns umso mehr die Möglichkeit geboten, uns mit der Botanik am Wegesrand zu beschäftigen. Und da gibt es das ganze Jahr über etwas zu sehen, sogar im Winter.

Da uns die Wanderung körperlich kaum angestrengt hat, könnte sich jetzt noch ein Besuch mit Führung droben im Schloss Bürgeln anschließen (Dienstag geschlossen), zumal es in der Schlossgaststätte auch eine Erfrischung gibt. Siehe Sonderartikel zur Geschichte des Schlosses nach der Wanderbeschreibung Nr. 29.

An der Böschung wächst immer etwas

Bei dieser Wanderung haben wir Gelegenheit eine ganz bestimmte Großfamilie unter den Pflanzen kennen zu lernen. Gemeint sind die Bewohner der Böschung. Auf der ersten Hälfte des Weges haben wir links einen lichtarmen Hochwaldrain. Der Rückweg eröffnet uns rechterhand den mehr aufgelockerten hellen Hang. Zu jeder Jahreszeit gibt es hier etwas zu finden, und der erfahrene Pflanzenkenner weiß ganz genau, wann und wo er etwas suchen muss. Doch auch der Laie in botanischen Dingen wird seine Freude haben, geht er nur mit offenen Augen durch die Landschaft. Schon im zeitigen Frühjahr fallen uns an sickerfeuchten Stellen die weißen und roten Kerzen der „Pestwurz" (Petasites) auf. Die Blüten erscheinen vor den Blättern. Das hat seinen Grund. Die fast kreisrunden Blätter werden im Sommer so groß, dass sie die Blüten völlig zudecken würden. Aber zu einer verdeckten Blüte kommen weder Wind, Wasser noch Insekten, um sie zu bestäuben. Zu den ersten Farbtupfern an der unteren Böschung zählt auch der „Huflattich" (Tussilago farfara). Seine kurzstieligen goldgelben Korbblüten erscheinen ebenfalls vor den Blättern. Diese wagen sich erst einen Monat nach den Blüten aus dem Boden, wenn die Luft schon wärmer ist. Kenner sammeln sie und bereiten einen Hustentee daraus. Mag der Hang noch so steinig sein, die „Waldschlüsselblume" zwängt sich schon im März heraus. Sie wird begleitet vom „Hundsveilchen", das zwar große aber duftlose Blüten hat. Noch bevor die Bäume ausschlagen, bedeckt das häufige „Buschwindröschen" mit seinen großen weißen Sternen den Waldboden. Im April blühen dann an sonnigen Stellen die „Walderdbeeren". Jetzt gibt es auch für viele andere Blumen kein Halten mehr. Fast über Nacht blüht der „Waldmeister", der den Mai einläutet. An grasigen Stellen fällt uns die hellgelbe „Zypressenwolfsmilch" (Euphorbia cyparissias) auf. Ihre Scheindolde wird oft von einem rötlichen Rostpilz befallen. Zum Sommerbeginn begleitet die blaue „Glockenblume" die hellrote „Esparsette" (Onobrychis viciaefolia), die der Volksmund auch „ewiger Klee" nennt. Der „Storchschnabel" (Geranium robertianum) blüht den ganzen Sommer über. Bricht man ein Ästchen ab, denn riecht das unangenehm, weshalb man ihn auch den stinkenden Storchschnabel nennt. Die Krone der Böschungspflanzen bildet im Hochsommer der „Rote Fingerhut" (Digitalis purpurea). Er wird oft bis zu 1.80 Meter hoch, und an einer einzigen Pflanze kann man oft bis zu 200 Blüten zählen. Im fortgeschrittenen Sommer bedeckt das „Heidekraut" (Calluna vulgaris) weite Böschungsflächen. Seine blassvioletten Blüten löscht meistens der erste Frost aus. Dazwischen reckt sich das bis 1,50 Meter hohe „Weidenröschen" (Epilobium angustifolium) in die Höhe, dessen Blüten von unten nach oben aufblühen. Ist die oberste Blüte entfaltet, dann ist der Sommer vorbei. Der Herbst verschwendet noch einmal die volle Pracht aller Farben, die uns der Sommer beschert hat. Doch noch gibt es Neues. Auch die Moose zeigen ihre Sporenkapseln. Oft sind ganze Hangflächen bedeckt vom „Goldenen Frauenhaar", (Polytrichum) und in Heidelbeernähe wächst die „Becherflechte" (Cladonia).

Natürlich sollen bei dieser Beschreibung nur wenige, doch für unsere Flora markante Pflanzen genannt sein. Wir finden zusätzlich noch viele hundert andere. Wollen wir sie besser kennen lernen, dann kaufen wir uns ein gutes Pflanzen-Bestimmungsbuch. Es wird uns weiter helfen, und es macht eine Wanderung erst richtig vollkommen.

Ins Lippisbacher Tal

Parkplatz Bürgeln – Nr. 5 Hauptweg – Koger Bartle Felsen – Zwergweg – Blauenbachweg – Lippisbacher Hof – Sandbodenweg – Bürgeln

Markierung: Nr. 5 auf Holztafeln
Länge: 7,5 Kilometer; Steigung mäßig
Hinfahrt: Mit Fahrrad oder Pkw bis Parkplatz Bürgeln

Wer hat nicht schon von der Perle des Markgräflerlandes, dem „Schloss Bürgeln" gehört. Wer noch nicht dort war, der sollte dies umgehend in sein Programm aufnehmen. Die Anfahrt erfolgt über die Landstraße L-132, die Badenweiler mit Kandern verbindet. Eine weitere schöne Zufahrt führt von Schliengen aus durch das „Eggener Tal". Dieser Weg ist besonders in den letzten Apriltagen und in den ersten Maitagen zu empfehlen, wenn das endlos erscheinende Meer von Kirschbäumen in voller Blüte steht. Oberhalb von „Schallsingen" biegt ein gut markiertes Sträßle nach Bürgeln ab. Es ist eine Sackgasse, an deren Ende ein großer Parkplatz angelegt wurde. Das ist gut so, denn es kommen auch Busse mit Besuchern, die zum Schloss wollen. Trotzdem herrscht hier nie Hektik. Die Waldlandschaft strahlt neben gesunder Luft eine wohltuende Ruhe aus. Zum kulturellen Genuss der Schlossbesichtigung kommt zudem noch eine zweite Variante: Von diesem Platz aus kann man herrliche Rundwanderungen unternehmen. Deshalb sollte man sich für einen solchen Ausflug auch mit festen Schuhen und regensicherer Kleidung ausrüsten. Heute wollen wir zunächst wandern.

Auf einer gut gestalteten Tafel werden uns fünf Wanderwege empfohlen. Wir wählen uns die Route Nr. 5 aus. Schöne Holztafeln mit deutlich sichtbaren Zahlen werden uns führen. Am oberen Ende des Parkplatzes führt uns die Nummer 5 auf den „Hauptweg". So heißt dieser breite Holzabfuhrweg, der sanft ansteigt. Wir befinden uns im Hochwald, was besonders im Sommer von Vorteil ist. Das geschlossene Blätterdach spendet uns wohltuenden Schatten. Standen am Parkplatz noch so viele Autos, dann stellen wir nach wenigen Metern Wanderung fest, dass wir alleine sind. Trotzdem kommen

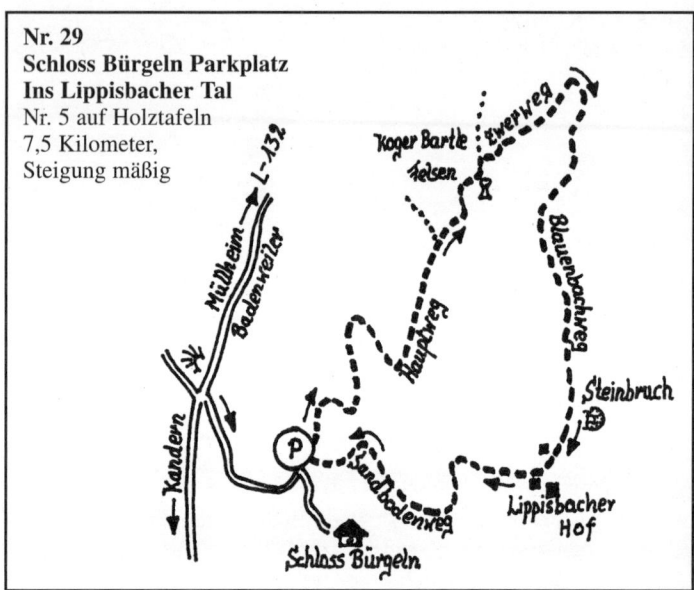

Nr. 29
Schloss Bürgeln Parkplatz
Ins Lippisbacher Tal
Nr. 5 auf Holztafeln
7,5 Kilometer,
Steigung mäßig

wir uns nicht einsam vor, denn zu jeder Tageszeit begleiten uns Vogelstimmen. Besonders auffallend klingt um die Mittagszeit das dünne
aber durchdringliche „tsi-tsi" der Tannenmeise. Dieser nur neun
Gramm schwere Vogel fühlt sich im Mischwald am wohlsten. Er
brütet in Höhlen und Baumstümpfen, und er begleitet gerne den
Wanderer fliegend ein Stück des Weges. Sein Erkennungszeichen
ist ein schwarzer Kopf und eine schwarze Kehle. Auf den Wangen
und am Hals hat er einen weißen Fleck. In großen Schleifen gewinnen wir schnell an Höhe. Nach etwa 25 Minuten verlässt uns nach
links der Weg Nr. 1, der hinauf zur „Kalten Küche" führt. Wir bleiben weiter auf dem Hauptweg, der jetzt kaum noch ansteigt. An
manchen Stellen schlängelt er sich fast eben am Hang entlang. In
einer ausladenden Linkskurve erreichen wir den höchsten Punkt.
Das ist dort, wo rechts am Weg der „Koger Bartle Felsen" steht.
Eine eingemeißelte Schrift weist darauf hin, dass dieser Weg von

1954 bis 1974 von der Gemeinde „Obereggenen" ausgebaut worden ist. Schon hundert Meter nach diesem Felsbrocken verlassen wir den Hauptweg. Nach rechts führt uns der „Zwerweg" hinab auf die enge Talsohle, die wir in einem Dobel erreichen. Jetzt folgen wir, spitzwinklig nach rechts abbiegend, dem „Blauenbachweg" abwärts. In trockenen Jahreszeiten fließt in dem Rinnsal kaum Wasser, doch nach einem heftigen Sommergewitter rauscht es am Wegrand kräftig. An den sickerfeuchten Hangstellen wächst im April und Mai das hellgelbe „Milzkraut" (Chrysosplenium). Dem Kenner entgeht nicht, dass beide Arten, nämlich das „wechselblättrige und das gegenblättrige Milzkraut" an dieser Stelle vorkommen. Im Hochsommer begleitet uns am Uferrand in mächtigen grünen Horsten die „Hängende Segge" (Carex pendula). Sie gehört zu den Ried- oder Sauergräsern. Die grasartigen glänzenden Blätter werden bis zu 15 Millimeter breit, und auf dem 1,50 Meter hohen dreikantigen Stängel neigen sich bogig überhängend die Blüten nach unten. Ganz egal, wie viele Wege auch abzweigen, wir wandern am Bachufer abwärts. Verläuft der Bach anfangs links von uns, so wechselt er später nach rechts. Das ist dort der Fall, wo sich eine von Wald umgebene Wiesenaue öffnet. Wir sollten eine Stelle suchen, an der wir hinüber kommen können, denn dort kann – wenn wir Glück haben – eine Überraschung auf uns warten. In diesem hellen und an manchen Stellen feuchten Wiesengrund blüht im Juli das „Gefleckte Knabenkraut", eine unserer heimischen Orchideen. Sie steht streng unter Naturschutz, weshalb wir sie auf keinen Fall abpflücken dürfen. Doch suchen wollen wir sie. Hoffentlich haben wir jetzt eine Lupe dabei, dann können wir dieser Pflanze ganz nah ins Gesicht schauen.

Das gefleckte Knabenkraut (Dactylorhiza maculata)
Ein typischer Begleiter der mageren Bergwiesen ist das „Gefleckte Knabenkraut". Es bereichert oft die feuchte Sommerwiese mit ihrer bunten Farbenpracht. Alle heimischen Orchideenarten sind streng geschützt. Der Naturfreund schaut sie lediglich an und erfreut sich an dem Wunderwerk der Natur. Um ihre ganze Schönheit in Form und Farbe erfassen zu können, muss

man eine Lupe dabei haben. Je nach Standort kann das gefleckte Knabenkraut bis zu 60 Zentimeter hoch werden. An seinem oberen Ende sitzen ährenartig viele Blüten, die von rein weiß bis zum tiefen Purpur variieren können. Die typische Orchideenblüte besteht aus einer dreilappigen Unterlippe, die mit roten Schleifen, Linien oder Punkten überzogen sein kann. Darüber erheben sich wie Engelsflügel drei schlanke Blütenblätter. Jede Einzelblüte hat eine andere Zeichnung. Schon das alleine macht eine genauere Beobachtung so reizvoll. Manchmal meint man sogar in das Gesicht eines Koboldes zu schauen, der seine Kappe weit ins Gesicht gezogen hat. Nach hinten steht ein hohler Sporn ab, der Duftstoffe speichert. Dieser Duft lockt ganz spezielle Insekten an. Der Fruchtknoten zwischen Blüte und Stängel ist gedreht, und in ihm können bis zu vier Millionen mikroskopisch kleine Samenkörnchen heran reifen. Beim gefleckten Knabenkraut besteht die Wurzel aus zwei verdickten Knollen, die von ihrer Anlage her an männliche Keimdrüsen erinnern. Dieser Form verdankt diese Pflanzenfamilie ihren Namen, denn „Orchis" bedeutet griechisch nichts anderes als „Hoden". So spricht man einfach von „Knabenkräutern". Der Zweitname „maculata" kommt aus dem Lateinischen und heißt übersetzt „gefleckt". Die Laubblätter am Stängelgrund sind dunkelgrün und meist braun gepunktet. In guten Orchideenjahren finden wir diese Pflanze oft in größeren Gruppen. Trotzdem gilt: „Orchideen pflückt man nicht"! Der echte Naturfreund bedankt sich dafür.

Dort wo das Tal breiter wird, erreichen wir eine Fahrstraße. Wir biegen bei der dicht bestockten Fichte nach rechts ab. Gleich dahinter zeigt uns die Tafel mit der Nummer 5 an, dass es auf dem „Sandbodenweg", vorbei am Haus „Verena", aufwärts zum „Lippisbacher Hof" geht. Links drüben kleben wie Schwalbennester die wenigen Häuser des Weilers „Käsacker" am steilen Hang. Wo es noch urwüchsig nach Landwirtschaft duftet, steht der „Lippisbacher Hof". Er hat seinen Namen nach dem Lippisbach, der unterhalb des Anwesens durch den Zusammenfluss von Blauenbach und Bärenbach entsteht. Er fließt durch das kaum bekannte Lippisbacher Tal über „Sitzenkirch" nach Kandern, wo er in die Kander mündet. Der Lippisbacher Hof kann auf eine lange Tradition zurück blicken. Über dem einen der beiden Türstürze lesen wir: „AD – 1345". Bestimmt ist dieses Gebäude nicht so alt, doch diese Zahl soll ein Hinweis darauf sein, dass schon in jener Zeit hier im Tal Menschen wohnten. Sie waren der damaligen Propstei Bürgeln zu Diensten, die eine Niederlassung des Klosters von St. Blasien war. Täglich brachten sie den Klosterbrüdern und deren Dienstvolk frische Milch, Butter und Käse. Da im Lippisbacher Tal gute Weidegründe waren, mussten die Lippisbacher Bewohner auch das Fleisch an das Kloster liefern.

Vom Lippisbacher Hof aus geht es zurück nach Bürgeln. Der Wanderweg führt hinab in einen Talgrund und ist jetzt mit der Route Nr.3 identisch. Fast immer im Hochwald leicht ansteigend, erreichen wir nach zwei Stunden wieder unseren Ausgangspunkt am Waldparkplatz. Jetzt bietet sich ein Besuch im Schloss Bürgeln an. Außer dienstags (Ruhetag) finden jeweils zur vollen Stunde Führungen statt.

In Filzpantoffeln durchs Rokoko

Z´Bürgle uf der Höh,
nei, was cha me seh!
Oh, wie wechsle Berg un Tal,
Land un Wasser überall,
z´Bürgle uf der Höh!

Mit diesem Vers aus seinem Gedicht „Der Schwarzwälder im Breisgau", besingt der alemannische Heimatdichter „Johann Peter Hebel" diese Perle im Markgräflerland. Auch „Hermann Burte" widmet sich in mehreren Gedichten dem Schloss Bürgeln. Der Dichter „Victor von Scheffel" wollte sich im Jahre 1851 Schloss und Anwesen kaufen und dort Landwirtschaft betreiben. Doch wohl gesonnene Freunde rieten ihm davon ab, denn die Bausubstanz war zu jener Zeit „beklagenswert". Heute ist das ganz anders, deshalb sollten wir uns unbedingt zu einer Führung entschließen. Wir betreten das Anwesen durch das große Tor, durch das schon vor einigen hundert Jahren die Kutschen Einlass gefunden haben. Ein freundlicher Führer holt uns ab und geleitet uns zum Hauptgebäude hinauf. Über eine weit geschwungene Treppe, die von einem kunstvoll geschmiedeten Geländer eingefasst wird, gelangen wir auf die Aussichtsterrasse. Jetzt wird uns klar, was Johann Peter Hebel empfunden haben muß, als ihm sein Vers aus der Feder floss. Es ist eine einzige Pracht, die sich vor uns ausbreitet. Weit draußen, hinter der im silbrigen Dunst liegenden Rheinebene, begrenzen die Vogesen unser Blickfeld. Direkt unter uns streben die Hügel der Vorbergzone dem Rhein zu. Die meiste Fläche ist mit Reben bepflanzt. Dazwischen wächst die zweite Köstlichkeit dieser Landschaft, die fruchtig süße „Markgräfler Kirsche". Aus ihr macht man das berühmte „Markgräfler Chriesiwässerli". Nachdem wir die Vorhalle betreten haben, steigen wir in die Filzpantoffeln. Sie gehörten sicher einmal dem Riesen „Timpetu", so groß sind sie. So helfen wir beim folgenden Rundgang mit, den empfindlichen Boden zu schonen und ihn noch vielen Generationen nach uns zu erhalten. Das ist altes Kulturgut, das wir ehrfürchtig betreten. Schon im Jahre 1100 wohnten auf dieser Anhöhe in bescheidenen Verhältnissen der „Freiherr Werner von Kaltenbach mit seiner Gattin Itha". Als ihre Kinder erwachsen waren, trat Werner in das Kloster St. Blasien ein, während Itha sich dem Frauenkloster „Berau" bei Waldshut anschloss. Im Jahre 1125 vermachte Werner von Kaltenbach dann Bürgeln dem Kloster St. Blasien. Damit war aus Bürgeln eine Propstei von St. Blasien geworden. So blieb es bis 1803. Man baute eine Kirche und weihte sie den Heiligen „Johannes dem Täufer" und „Johannes dem Evangelisten". Mehrfach wüteten Brände und zerstörten Teile der klösterlichen Anlagen. Große Verwüstungen entstanden im Bauernkrieg 1525, bei Belagerungen im „Dreißigjährigen Krieg" 1632/33 und durch die Erbfolgekriege 1695 und 1717. Der Gedanke, ein Schloss an die Stelle der baufälligen Klosteranlage zu bauen, kam im Jahre 1762 auf. Fürstabt „Mein-

rad Troger" beauftragte den Baumeister „Franz Anton Bagnato",
ein repräsentatives und dem Stile der damaligen Zeit entsprechendes Barockschloss zu bauen. Der holte sich zur Ausgestaltung einen meisterlichen Stukkateur aus der „Wessobrunner Schule" und den Hofmaler aus St. Blasien, „Anton Morath". Als man dann 1806 die Klöster entmachtete, wechselte in der Folgezeit Bürgeln mehrfach die Besitzer.

Wenn wir heute dieses einmalig schöne Kleinod in seiner vollen Pracht besichtigen können, dann verdanken wir dies dem 1920 gegründeten „Bürgelnbund", der das Schloss in Form einer gemeinnützigen Stiftung übernahm und umfangreich renovierte. Seit 1957 können Besucher die zum großen Teil als Museum eingerichteten Räumlichkeiten besichtigen. So schlurfen wir jetzt in Filzpantoffeln über das zweiarmige Treppenhaus hinauf in die prächtig aufgemachten Gemächer. Wir lassen uns einfangen vom Glanz des „Grünen Kabinetts", dem Eckzimmer mit der Spiegeldecke, dem Porzellanzimmer und der Bibliothek. Ja sogar die Flure, welche zur zweigeschossigen Kapelle führen, sind sehenswert. In Erstaunen wird uns das raffiniert ausgeklügelte Uhrensystem versetzen, das dem Besucher genau erklärt wird. Wenn wir dann am Ende des Rundganges wieder in den eigenen Schuhen stehen, sollten wir unbedingt noch den nach Süden hin ausgerichteten Schlossgarten besuchen. Von dort aus haben wir den direkten Blick zur Ruine „Sausenburg". Dorthin führt auch eine Wanderung, die in diesem Büchle beschrieben ist. Dass wir für die Erhaltung des Juwels Bürgeln einen bescheidenen Eintrittspreis bezahlen müssen, versteht sich von selbst. Am Dienstag ist Ruhetag, auch in der Schlossgaststätte. Von deren Freiterrasse aus kann man in aller Gemütlichkeit bei einer Tasse Kaffee noch einmal den Schlossbesuch geistig nachvollziehen und verinnerlichen.

„War Dein Herz je erfüllt vom sprachlosen Staunen,
wenn Du das Lied eines Vogels hörtest?"
Anthony de Mello

Der historische Brunnen im Bürgelnwald

Parkplatz Bürgeln – Nr. 2 Bürglerweg – Klosterhaldenweg – Bürgeln

Markierung: Nr. 2 auf Holztafeln
Länge: 4,5 Kilometer; Steigung mäßig
Hinfahrt: Mit Fahrrad oder Pkw bis Parkplatz Bürgeln

Schon der alemannische Heimatdichter „Johann Peter Hebel" war vom Schloss Bürgeln und seiner landschaftlich reizvollen Lage so begeistert, dass er ihm in einem Gedicht eine Strophe widmete. Heute, gut 200 Jahre später, hat sich für uns nichts geändert. Bürgeln ist immer ein Ausflug wert, zumal man rings um das Schloss wunderbare Wanderwege erschlossen hat. Wir erreichen Bürgeln mit dem Fahrrad oder mit dem Pkw über die L-132, die Badenweiler mit Kandern verbindet. Etwa auf halbem Weg (oberhalb Schallsingen) biegen wir auf das leicht ansteigende Sträßle in Richtung Gebirge hin ab. Das ist eine Sackgasse, an deren Ende sich ein großer Waldparkplatz befindet. Auf einer gut gestalteten Tafel werden verschiedene Wanderwege angeboten. Wir entscheiden uns heute für die Route Nr.2. Feste Schuhe und zünftige Wanderkleidung sind zweckmäßig, denn der Weg ist stellenweise steinig.

Vom Parkplatz aus steigen wir auf der asphaltierten Straße bergan in Richtung Schloss Bürgeln. In regelmäßigen Abständen säumen schmiedeeiserne Laternen den Weg. Sie verleihen ihm etwas von der Romantik, die wir in großer Fülle oben im und um das Schloss herum vorfinden. Schon nach 200 Metern lohnt sich ein Blick zurück. Dort hinten erhebt sich über die Baumwipfel hinweg der höchste Ausläufer des südlichen Schwarzwaldes, der „Hochblauen". Steil fällt die dicht bewaldete Bergflanke nach Süden ab. Kurz bevor wir das Schloss erreichen, gabelt sich der Weg. Rechterhand steht ein alter – ja historischer – Brunnentrog aus Stein. Wir haben zwei Möglichkeiten: Entweder wir besuchen zur Einstimmung zuerst das Schloss und wandern dann, oder wir wandern zuerst und lassen uns anschließend im Schloss führen. Der zweite Schritt ist besser. Erst wollen wir wandern und die Landschaft kennen lernen, und dann gehen wir zur Abrundung und zum krönenden Abschluss in das

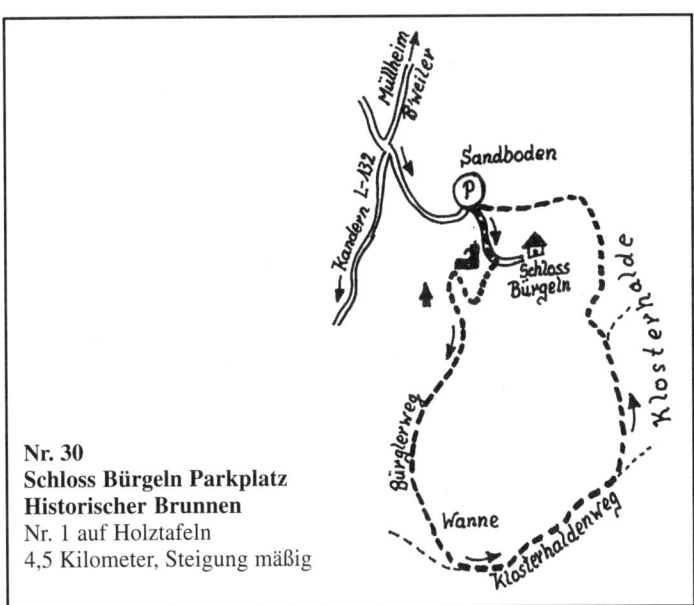

Nr. 30
Schloss Bürgeln Parkplatz
Historischer Brunnen
Nr. 1 auf Holztafeln
4,5 Kilometer, Steigung mäßig

Schloss. Nachdem wir vom Parkplatz aus bis zu dem schon erwähnten Brunnentrog aufgestiegen sind, lassen wir diesen Brunnen zunächst einmal etwas aus seiner Geschichte erzählen.

Der historische Brunnen im Bürgelnwald

Einsam, ja fast verloren steht er da, der traditionsträchtige Brunnen am höchsten Punkt des Bürgelnwaldes. Einst tränkte man hier die Pferde. Das war um 1690, als die Propstei eine der Poststationen war, die von den „Thurn und Taxis´schen Briefkutschen" angefahren wurden. Das Adelsgeschlecht derer „von Thurn und Taxis" stammte ursprünglich aus der Lombardei. Um 1490 bekamen sie von Kaiser „Maximilian I" den Auftrag in den habsburgischen Landen einen regelmäßigen Kurierdienst (Post) einzurichten. Dieser Auftrag vererbte sich von einer Ge-

neration zur anderen. Da ihre Arbeit sehr zuverlässig war, er-
hob man die Thurn und Taxis 1595 in den Rang eines „Reichs-
generalpostmeisters". Im Jahre 1615 erhöhte man den Titel zum
„Reichserbgeneralpostmeister" mit Anspruch auf Ruhegeld im
Alter. Als logische Folge wurde das Geschlecht im Jahre 1695
in den „Reichsfürstenstand" erhoben. Doch zurück zu unserem
Brunnen, der noch weitere Höhepunkte für sich buchen konnte.
Als in der zweiten Hälfte des 19. Jahrhunderts der Kurort Badenweiler immer mehr aufblühte, mieteten sich dort die vornehmen Damen einen Esel und ließen sich auf dessen Rücken zu
einer „Molkenkur" nach Bürgeln tragen. Molke ist ein Neben-
produkt aus der Käseherstellung und entsteht aus Vollmilch nach
Ausscheiden des Fettes und des Kaseins. Übrig bleibt viel Ei-
weiß. Das Kasein wird noch heute als diätetisches Nahrungs-
mittel und für Gesichtsmasken verwendet. Während die „Gnä-
digsten" die Kurpackung über sich ergehen ließen, durften die
Esel am Bürgler Brunnen ihren Durst stillen. Das klare und bekannt köstliche Wasser leitete man mittels Eisenröhren aus den
höher gelegenen Quellen vom Hochblauen her. Damit diese
Wasserversorgung stets intakt blieb, beschäftigte man dafür einen ausgebildeten Wassermeister. Er hatte dafür zu sorgen, dass
der Brunnen zu jeder Zeit ergiebig sprudelte, denn das Kloster,
und später auch das Schloss, war auf dieses Wasser angewiesen.

Zunächst etwas flacher, später stärker abfallend, geht es nach dem
Brunnentrog auf dem breiten Weg bergab. Nach wenigen Metern
versperrt eine Schranke den Weg für Fahrzeuge. Auf einer Tafel
können wir lesen, dass wir im Moment auf dem „Interregio-Wan-
derweg" sind. Er verbindet die drei alemannisch sprechenden Lan-
desteile der Nordschweiz, dem Elsaß und Südbaden miteinander.
Schon nach 200 Metern kommen wir an eine Kreuzung. Links geht
es steil bergab. Das ist nichts für uns. Wir bleiben auf dem breiten
„Bürglerweg", der nach einer scharfen Rechtskurve auf eine Lichtung einmündet. Erst jetzt biegen wir nach links ab. Unten in der

Wiese steht ein Transformatorenhäuschen, das wie ein kleines Wohnhaus aussieht. Unser Weg führt weiter bergab. Ihn sollte man eigentlich zwei Mal im Jahr gehen, nämlich im Frühjahr und im Spätherbst. Schon im März prallt die Sonne auf diese Südwesthalde. Ihre wärmenden Strahlen locken viel früher als anderswo die Blumen aus der Erde. Zu den sonnenliebenden Frühblühern gehört auch das „Lungenkraut" (Pulmonaria officinalis). Siehe Sonderbeitrag am Ende dieser Wanderbeschreibung. Im Herbst leuchtet der Laubwald in einer prallen Buntheit, besonders wenn die tiefstehende Sonne die Blätter anstrahlt. Wo weiter unten der Waldrand lichter wird, endet für uns der Bürglerweg. Jetzt treffen wir auf den querlaufenden „Klosterhaldenweg". Dem folgen wir nach links. Der Name dieses Weges deutet darauf hin, dass an der Stelle des heutigen Schlosses früher ein Kloster stand. Da haben wir den entferntesten Punkt unserer Wanderung erreicht. Von nun an geht es nur noch bergauf, doch die Steigung ist so schwach, dass sie uns keine Mühe bereitet. Wir müssen lediglich aufpassen, dass wir nicht auf einen der nach rechts ins Lippisbacher Tal abbiegenden Wege abdriften. Hochwald umgibt uns, und vom Tal dringt ab und zu das Geräusch eines Autos herauf. Aus der Böschung sickern kleine Rinnsale. Sie deuten darauf hin, dass wir uns an einem Quellhorizont befinden. Nach vielen Kurven durch ein wunderschönes Waldgebiet mündet unser Weg am Parkplatz Bürgeln, wo wir vor knapp zwei Stunden die Wanderung begonnen haben. Doch bevor wir den Weg verlassen, sollten wir uns noch die weit ausladenden und bemoosten Wurzeln links am Wegrand anschauen. Sie geben den mächtigen Bäumen einen festen Stand.

Eventuell entledigen wir uns jetzt der Wanderschuhe und freuen uns noch auf einen Besuch droben im Schloss Bürgeln. Außer dienstags, da ist Ruhetag, finden im Stundentakt Führungen statt. Von der Schlossterrasse aus können wir noch einmal einen Blick auf das heutige Wandergebiet werfen, bevor wir uns im Innern von der Pracht des Rokoko verzaubern lassen. Den ganzen Ausflug kann man bei einer Tasse Kaffee oder bei einem „Markgräfler Viertele" im Schlosscafe beschließen (siehe Beschreibung des Schlosses Bürgeln am Ende des Wanderberichtes Nr. 29).

Das Lungenkraut ist ein Frühblüher

Noch bevor die blauen Veilchen und die weißen Buschwindröschen die Waldlichtungen und Böschungen mit ihrer Blütenpracht verzaubern, finden wir an den sonnenbeschienenen Hängen das „Lungenkraut" (Pulmonaria officinalis). Sein Name wird vom lateinischen „pulmo", die Lunge abgeleitet. Die leicht gefleckten Blätter erinnern an die Farbe der Lungenflügel im menschlichen Körper. Sie enthalten bis zu 35 Prozent Kieselsäure sowie Schleim- und Gerbstoffe. Unter der Erde verläuft ein dünner Wurzelstock, der sich die letzten neun Monate mit Nahrung versorgt hat. Nun wartet er, bis ihn die wärmende Frühjahrssonne wachrüttelt. Dann legt er richtig los. Innerhalb von einer Woche wächst aus der behaarten Blattrosette ein 15 Zentimeter hoher Blütenspross heraus. Anfangs sind die Blüten purpurn, später violettblau. Für die Bienen sind diese Blüten eine große Enttäuschung. Da die Kronröhre mehr als einen Zentimeter lang ist, haben sie keine Chance, um an den am Grund reichlich anstehenden Honig heran zu kommen. Darüber freuen sich die Hummeln und die Falter. Mit ihren langen Saugrüsseln gelangen sie mühelos an das süße Mahl. Wenn dann im Frühsommer die Samen in kleinen Kapseln heran reifen, sorgen die Ameisen für deren Verbreitung. Sie beißen die Kapseln auf und verschleppen die winzigen Samenkügelchen viele Meter weit im Umkreis. Gleich bildet sich ein junger Wurzelspross, der zwei Jahre lang Nährstoffe aus dem Boden aufnimmt, bis dann schließlich an einem warmen Märztag ein neues Lungenkraut aufblüht.

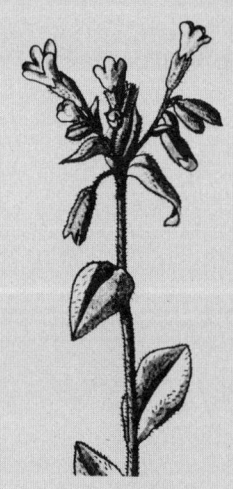

*Echtes Lungenkraut
(Pulmonaria officinalis)*

Familientag am Bürgler „Waldwegli"

Parkplatz Bürgeln – markierter Waldlehrpfad rund um den Schlossberg – Wald-Grillplatz

Markierung: Ab Infotafel kleine Hinweistafeln
Länge: Rundweg 1,5 Kilometer; Steigung leicht
Hinfahrt: Mit Fahrrad oder Pkw bis Parkplatz Bürgeln

Manchmal möchte man mit der ganzen Familie einen erlebnisreichen Halbtagesausflug unternehmen, bei dem man eine kleine und unbeschwerliche Wanderung mit einem kulturellen Erlebnis verbinden kann. Solche Möglichkeiten bieten sich in unserer Heimat viele an. Eine davon wollen wir uns heute vornehmen. Wir fahren mit dem Pkw auf den ringsum von Wald gesäumten Bürgler Parkplatz „Sandboden". Zum Wandern suchen wir uns das „Bürgler Waldwegli" aus, anschließend lassen wir uns durch das Rokokoschloss führen und dann bereiten wir uns auf der Feuerstelle beim Waldgrillplatz unser mitgebrachtes Essen zu. Natürlich kann die Reihenfolge auch anders verlaufen. Also, los geht's!

Nach Bürgeln kommen wir leider noch nicht mit einem „Öffentlichen Verkehrsmittel". Wir sind also auf das Auto – oder ganz sportliche – auf das Fahrrad angewiesen. Badenweiler und Kandern werden durch die Landstraße L-132 verbunden. Etwa auf halbem Weg zwischen diesen beiden Gemeinden zweigt auf der Höhe von „Schallsingen" zum Gebirge hin eine gut ausgebaute Straße hinauf nach Bürgeln ab. Das ist eine Sackgasse, an deren Ende der Waldparkplatz Bürgeln liegt. Er soll Dreh- und Angelpunkt für unser heutiges Vorhaben sein.

Am oberen Ende des Parkplatzes, dort wo das Sträßle zum Schloss Bürgeln ab geht, steht eine große Holztafel, auf der uns mehrere Wanderungen angeboten werden. Zusätzlich wird auch auf einen kleinen Spaziergang hingewiesen, der über das „Bürgler Waldwegli" führt. Dieser nur 1,5 Kilometer lange Rundweg beginnt direkt bei der Infotafel und umrundet den Bürgler Burgberg. Eigentlich ist es ein „Waldlehrpfad", der vom Forstamt Kandern im Jahre 1996 angelegt wurde. Viele Tafeln informieren uns über die Botanik, die

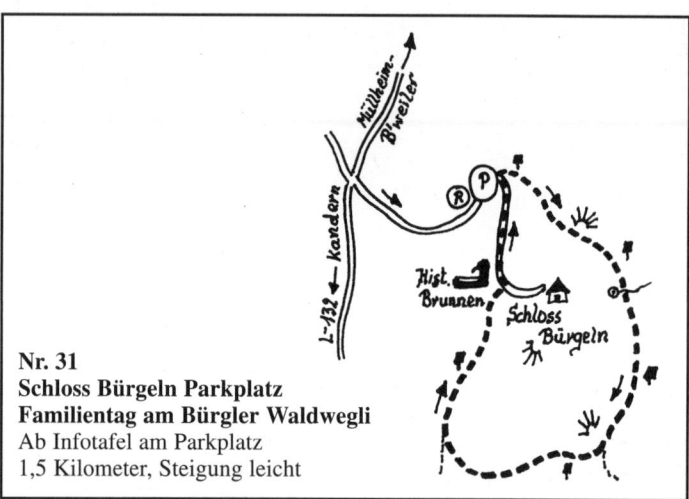

Nr. 31
Schloss Bürgeln Parkplatz
Familientag am Bürgler Waldwegli
Ab Infotafel am Parkplatz
1,5 Kilometer, Steigung leicht

Waldkunde, die Geologie und die Landschaft. Es ist angeraten gute Schuhe anzuziehen, denn an manchen Stellen ist der Weg recht steinig. Schon auf den ersten Tafeln erfahren wir, dass die hier sehr häufig vorkommende „Buche" die Mutter der Landschaft ist. Bis so ein mächtiger Baum in voller Pracht steht, vergehen bis zu 140 Jahre. Bricht er dann unter der Last des hohen Alters zusammen, dann erfüllt der langsam verrottende Stamm immer noch eine Aufgabe. Sein „Totholz" bietet hunderten von Tier- und Pflanzenarten ein vorzügliches Biotop. Dass hier am Bürgler Berg ein hervorragendes Wasser aus der Erde quillt, erzählt uns eine andere Tafel. Dieses Wasser, das vom naheliegenden „Hochblauen" kommt, hat eine ganz geringe Härte und wird als Trinkwasser geschätzt. Der geologisch interessierte Besucher wird feststellen, dass auf engem Raum drei Gesteinsschichten aufeinander stoßen. Vom Schwarzwald her steht „Granit" an, und der trifft auf eine von Westen ansteigende „Buntsandsteinschicht". Die tektonischen Bewegungen in der nahen Rheinebene ließen schließlich den „Muschelkalk" vordringen. Begriffe wie „Nutzwald, Mischwald, Nadelwald oder gar Erholungswald" werden durch einleuchtende Interpretationen gut verständlich gemacht. Dass wir so ganz nebenbei eine Vielzahl von Pflanzen finden, macht diesen Rundweg noch besuchenswerter. Auf den letzten 200 Metern steigt der Weg mäßig an. Rechts über uns liegt, leicht versteckt hinter einer Streuobstwiese, das Schloss Bürgeln.

Diese Wiese ist im Hochsommer ein blühender Teppich. Am Böschungsrand blüht ab Juni das gold- bis zitronengelbe „Echte Labkraut" (Galium verum). Wörtlich übersetzt heißt es sogar das „wahrhaftige Labkraut". Mein lieber Wanderfreund „Rolf Süß" schrieb mir zu dieser Pflanze in einem Weihnachtsbrief folgende Geschichte: „Bei den Briten erzählt man sich, dass damals in Bethlehem die Gottesmutter Maria dem Neugeborenen eine Bettunterlage für die Krippe zusammen suchte. Da fand sie ein weiß blühendes Kraut, das sich sehr angenehm anfühlte. Damit polsterte sie den hölzernen Futtertrog, und das Kind fühlte sich so wohl darauf, dass von nun an das Kraut goldfarbig blühte." Soweit die Geschichte aus England. Bei uns heißt das echte Labkraut im Volksmund vielerorts „Maria Bettstroh", in anderen Gegenden auch „Liebfrauenstroh". Im Hotzenwald kennt man den Begriff „Milchgerinnkraut" bezüglich des Wortes „Lab", und Maria Treben sagt u.a. „Wundstillkraut" dazu.

Beim historischen „Bürgler Brunnentrog" endet der eigentliche Rundweg (siehe Beschreibung des Brunnens bei der Wanderung Nr. 30). Dieser Brunnen steht wenige Meter unterhalb des Schlosses Bürgeln, dem wir jetzt noch unbedingt einen Besuch abstatten sollten. Stündlich finden Führungen statt. Außer am Dienstag, da ist Ruhetag. Dieses Kleinod des „Rokoko" wird uns mit seinen Räumlichkeiten und seiner Einrichtung in eine andere Welt hinein verzaubern. Unvergesslich wird der Blick vom Schlossbalkon aus bleiben, der uns weit draußen im Westen die breite „Oberrheinische Ebene" erschließt, an deren Ende im lichten Blau die Vogesen stehen.

Jetzt sind es nur acht Minuten bis hinab zum Waldparkplatz. Dort packen wir unser Essen aus und begeben uns zum Rast- und Spielplatz. Der liegt wenige Meter unterhalb des Parkplatzes mitten im Wald. Er ist groß genug, um den Kindern auch eine Spielmöglichkeit zu bieten. Neben einer sauberen Feuerstelle suchen wir uns einen Platz zum Rasten. So rundet sich der Tag ab, den wir uns als Familienausflug ausgesucht hatten. Waren wir im Frühjahr da, wenn sich die Natur im hellen Grün präsentiert, dann sollten wir uns vornehmen den nächsten Besuch im Herbst einzuplanen. Dann wird der Laubwald in allen Farben leuchten, und drunten im Eggener Tal werden die Trauben und die Äpfel reifen.

Herbstbild

Dies ist ein Herbsttag, wie ich keinen sah!
Die Luft ist still, als atmete sie kaum,
Und dennoch fallen raschelnd, fern und nah,
Die schönsten Früchte ab von jedem Baum.

Oh stört sie nicht, die Feier der Natur!
Die ist die Lese, die sie selber hält;
Denn heute löst sich von den Zweigen nur,
Was vor dem milden Strahl der Sonne fällt.

Friedrich Hebbel, 1813 - 1863

Schon die Kelten waren da

Auggen Rathaus – Oberdorfstraße – Steinacker – Mauchenerweg –
Rolliweg – Pfeifenholzweg – Keltische Kultstätte

Markierung: Gelbe Tafel mit schwarzer Nr.1 im weißen Feld
Länge: 1,6 Kilometer; bequem
Hinfahrt: Mit Zug bis Auggen, mit Fahrrad oder Pkw
            bis Waldparkplatz Steinacker

Wenn wir auf der Bundesstraße 3 von Freiburg nach Basel fahren,
dann kommen wir drei Kilometer südlich von Müllheim an die Abzweigung nach dem Winzerdorf Auggen. Gekrönten Häuptern und
Präsidenten aus weiten Teilen der Welt liegt dieser Ortsname im
wahrsten Sinne des Wortes im Munde, haben doch viele schon einmal den köstlichen Wein getrunken, der an den von der Sonne ver-
wöhnten Hängen wächst. Wir wollen oberhalb der Weinbauregion,
dort wo der Wald die Reben ablöst, das Bündel packen und auf Schu-
sters Rappen einen Gang in die weitläufige Landschaft unternehmen. Kommen wir mit dem Zug, dann haben wir vom Bahnhof
Auggen bis zur Bundesstraße 3 knapp zehn Minuten zu gehen. Geradeaus führt uns die Hauptstraße ins Dorf hinein. Wenige Meter
nach dem Rathaus, welches aus dem Jahre 1871 stammt und das wir
an dem aufgesetzten Türmchen erkennen, stoßen wir direkt auf den
achteckigen Dorfbrunnen. Von jetzt an schlängelt sich die Straße
durch die „Oberdorfstraße" steiler werdend ins Tal hinein. Etwa zwei
Kilometer oberhalb vom Rathaus erreichen wir eine Passhöhe. Die
Weinberge sind da oben zu Ende. Links drüben prangt die Kuppe
des „Hochblauen". An dieser Stelle weist uns eine gut sichtbare
Hinweistafel nach rechts zum Waldparkplatz „Steinacker". Schon
nach 150 Metern sind wir dort. Das ist ein schönes und ruhiges Fleckchen Erde mitten im Wald. Auf einer großen Tafel werden uns drei
Rundwege angeboten. Sie sind auf gelben Täfelchen mit einer Zahl
im Kreis markiert. Ausgangspunkt für alle drei Wege ist der breite
bergauf verlaufende „Mauchenerweg".

Wir entscheiden uns zunächst für den kürzesten Rundweg, der mit
der Nummer 1 markiert ist. Auf dem Weg bergauf überqueren wir

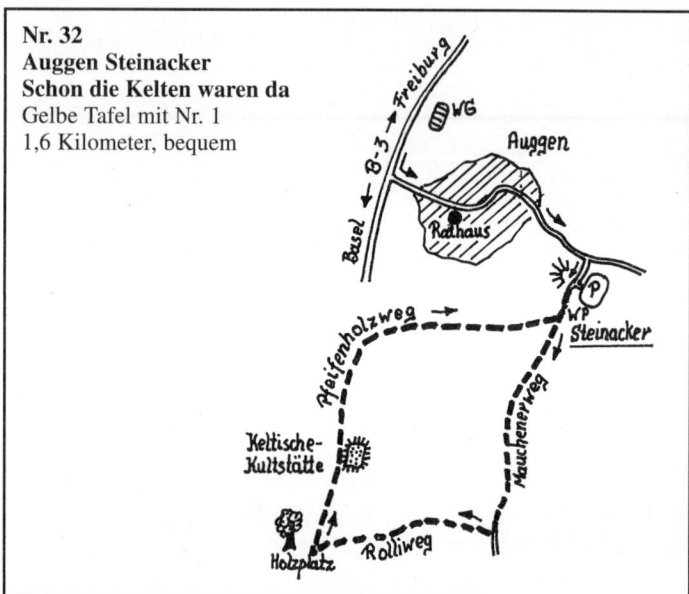

Nr. 32
Auggen Steinacker
Schon die Kelten waren da
Gelbe Tafel mit Nr. 1
1,6 Kilometer, bequem

schon nach 200 Metern eine Kreuzung, doch wir wandern geradeaus weiter. Uns begleiten die Tafeln des Waldlehrpfades. Mehrfach
werden wir stehen bleiben und den informativen Text lesen. Nachdem wir zehn Minuten bergauf gewandert sind, biegt nach rechts
der „Rolliweg" ab. Ihm folgen wir bergab bis zu einem Holzplatz
mitten im Wald. Mächtige Buchen rahmen ihn ein.

An der Höhe und an der glatten silbergrauen Rinde erkennen
wir, dass es sich um die „Rotbuche" (Fagus silvatica) handelt.
Die Buchenwälder sind im Frühjahr durch ihr frisches Grün und
im Herbst durch ihre goldbronzenen Blätter besonders farben-
prächtig. Die Buche wirft im Herbst eine große Menge Laub ab,
was dann auf dem Waldboden zu wertvollem Humus wird, wo-
von wiederum die Nadelbäume zehren. Die Blüten erscheinen

im Mai, und die Früchte reifen im September und Oktober. Die braunen, dreikantigen und stark ölhaltigen Früchte nennt man „Bucheckern". Sie sitzen immer zu zweit in einem stacheligen Fruchtbecher und sind im Winter ein wichtiges Wildfutter. Nach dem „Zweiten Weltkrieg" haben wir die Bucheckern, mühsam auf den Knien über den Waldboden rutschend, gesammelt und in die Ölmühle gebracht. Für je zehn Kilo Früchte bekamen wir dann einen Liter Öl.

Bei dem Holzplatz biegen wir scharf nach rechts ab. Eine Tafel an der Böschung macht uns darauf aufmerksam, dass sich an dieser Stelle vom 2. bis ins 1. Jahrhundert vor Christus eine „keltische Kultstätte" befunden hat. Bei genauem Hinsehen erkennen wir den Verlauf der äußeren Grenzen des damaligen Heiligtums als grabenartige Vertiefung im Waldboden. Wer weiß, welche Geheimnisse die Erde hier noch birgt? Von Grabungen an anderen Stellen wird berichtet, dass man tiefe Schächte frei gelegt hat, in denen man kultische Opfergaben fand.

Kelten – Germanen – Römer
Es waren die keltischen „Rauraker", welche im letzten Jahrhundert vor Christus unsere Heimat in kleinen Siedlungen bewohnten. Aus Funden bei Ausgrabungen wissen wir, dass sie ihre Fliehburgen immer auf Bergkuppen anlegten. Das brachte es mit sich, dass sie tiefe Zisternen graben mussten, um an Trinkwasser zu kommen. Vielleicht waren das die mit Opfergaben gefüllten Schächte. Das Gewerbe der Kelten war die Landwirtschaft. Daneben entfalteten auch einige geschickte Handwerker ihr Können. Sie bearbeiteten hauptsächlich Bronze, Silber und Eisen. Eventuell bauten sie Eisenerz schon selber bei Auggen ab, denn da befinden sich einige Vorkommen von Bohnerz. Besonders begabte Künstler wuschen sich aus dem Rheinsand Gold und verarbeiteten es zu Schmuck. Das Ende der keltischen Besiedelung trat ein, als die Germanen in unser Land eindrangen. Doch auch ihre Jahre waren gezählt, denn bald wurden sie

von den Römern verdrängt. Einige Zeit bildete der Rhein die Grenze zwischen den Römern und den Germanen. Da der Vormarsch der südlichen Legionäre nicht aufzuhalten war, besetzten sie auch bald die Vorbergzone des südlichen Schwarzwaldes. Beweise dafür, dass auf dem heutigen Gewann Auggen schon die Römer gesiedelt haben, sind durch umfangreiche Münz- und Kachelfunde mehrfach bestätigt worden.

Ganz in Gedanken versunken, noch immer mit den Kelten beschäftigt, wandern wir auf dem breiten und leicht abfallenden Waldweg weiter. Wer will es uns verdenken, wenn die so geschichtsträchtige Stelle mitten im Wald unserer Phantasie freien Lauf ließ. Noch lange geistern in unserer Vorstellung wilde Bilder, wie es wohl vor 2000 Jahren hier ausgesehen haben mag. Könnten wir allen Wünschen folgen, so möchten wir gleich nach Pickel und Schaufel greifen und nach den Spuren aus der mit einem Geheimnis umgebenen Vergangenheit suchen. Über den „Pfeifenholzweg" erreichen wir wieder unseren Ausgangspunkt am Waldparkplatz „Steinacker". Das letzte Stück führt nur noch bergab. Wir waren nicht einmal eine Stunde unterwegs. Da die gesamte Wegstrecke im Wald verlief, hatten wir nur auf dem letzten Wegstück eine Aussicht in die Landschaft drunten bei Auggen. Dafür wurden wir jedoch mit einem schönen Rückblick in die Geschichte unserer Heimat belohnt.

Mich hat noch etwas ganz Besonderes fasziniert: Ich war an einem sommerhellen Sonntagmorgen unterwegs. Ringsum war absolute Ruhe, die ab und zu von einer melodischen Vogelstimme unterbrochen wurde. Es war der lockende Gesang eines Amselmännchens, das seine Auserwählte auf sich aufmerksam machen wollte. Weiter entfernt im Unterholz raschelte es. War es ein Reh, oder schlich sich der Fuchs aus Angst vor dem Menschen davon? Kurz vor dem Parkplatz lichtete sich der Wald. Eine heckengesäumte Wiese schloss sich an. Da vernahm ich vom Tal herauf das Läuten von Kirchenglocken. Jeder Ton war zwei Mal zu hören, ausgelöst vom Echo des gegenüber liegenden Weinberges. Da wurde mir wieder klar, was das Wandern alles bedeuten kann.

Seidelbast – Baselstab – Malm

Auggen Rathaus – Oberdorfstraße – Steinacker – Mauchenerweg –
Bürgelnblick – Blauenblick

Markierung: Gelbe Tafel mit schwarzer Nr.3 im weißen Feld
Länge: 3 Kilometer; Steigung leicht
Hinfahrt: Mit Zug bis Auggen; mit Fahrrad oder Pkw
              bis Waldparkplatz Steinacker

Der Winzerort Auggen liegt wenige Meter abseits von der Bundesstraße 3 zwischen Müllheim und Schliengen. Schon bei der Anfahrt fallen uns die sanft zur Ebene hin auslaufenden Hügel der Vorbergzone auf. Überall leuchtet das Grün der Rebberge. Das ist für das Auge wohltuend, ganz abgesehen von der Wohltat für den Gaumen, wenn wir das Produkt probieren, das aus den Reben gewonnen wird, wenn im Oktober die Weinlese beginnt. In diese Hügelkette der Vorbergzone eingebettet liegt Auggen. Kommen wir mit dem Zug, dann haben wir vom Bahnhof Auggen bis zur Ortsmitte etwa 15 Minuten zu gehen. Fahren wir mit dem Auto an, dann biegen wir von der Bundesstraße 3 ab und treffen zunächst auf das Rathaus. Das fällt uns schon von weitem durch sein Türmchen auf dem Dach auf. Vorbei am Dorfbrunnen schlängelt sich die Straße bergwärts. Nach 1,5 Kilometern sind wir droben auf einer Passhöhe. Dort biegt ein Stichweg nach rechts ab und bringt uns zum 150 Meter abseits liegenden Waldparkplatz „Steinacker". Da hat man einen wunderschönen Rastplatz eingerichtet, auf dem es sich nach der Wanderung gut vespern lässt.

Unsere heutige Rundwanderung soll uns auf den sehr angenehm zu begehenden Waldlehrpfad führen, der als Markierung die Nummer 3 trägt. Eigentlich sollte man einen solchen Weg mehrmals im Jahr, und zwar zu verschiedenen Jahreszeiten erwandern, denn immer wieder wird es Neuigkeiten in der Vegetation geben. Unter den vielen Waldlehrpfaden, die wir in unserer Heimat haben, ragt dieser besonders hervor. Seine Tafeln sind klar in der Aussage, und ist ein besonderer Baum oder Strauch angesprochen, dann finden wir eine graphisch gute Darstellung auf dem Schild. Dadurch wird die Auf-

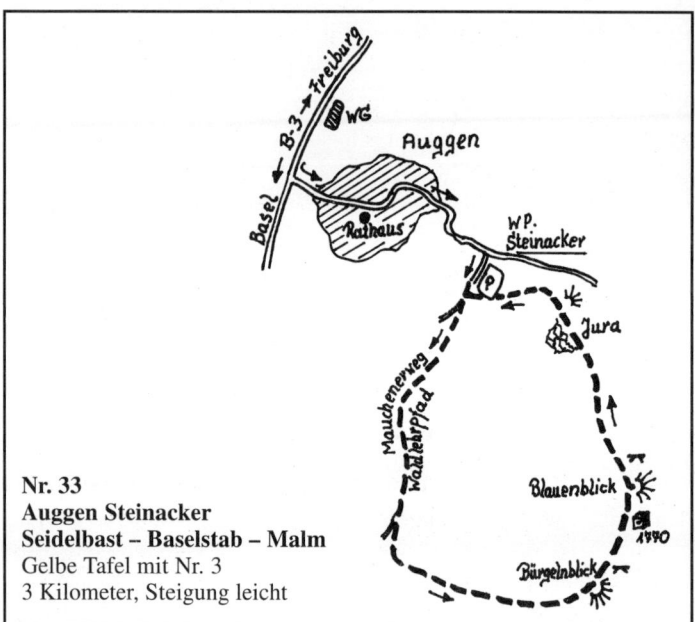

Nr. 33
Auggen Steinacker
Seidelbast – Baselstab – Malm
Gelbe Tafel mit Nr. 3
3 Kilometer, Steigung leicht

merksamkeit des Beschauers gesteigert. Vom Parkplatz aus wandern wir geradeaus den Mauchenerweg hinauf. Er steigt nur leicht an, ist also für alle Altersgruppen geeignet. Bald biegen links und rechts Seitenwege ab, doch das soll uns nicht kümmern. Wir bleiben auf dem breiten Weg. Hoch und frei ist der Blick im ausgewachsenen Wald, und bei völliger Stille verhallt der Schritt wie in einem Saal.

Unweit vom Wegrand steht der „Seidelbast". Dieser bis zu 1,50 Meter hoch werdende Strauch gehört zu den giftigsten Pflanzen, die wir kennen. Schon zehn Beeren genügen, um einen Menschen zu töten. Die alten Griechen nannten ihn Lorbeerbaum, in den nach der Mythologie die Nymphe „Daphne" vor den Nachstellungen des Apoll verwandelt wurde. So heißt er heute in der botanischen Bezeichnung „Daphne mezereum". Man vermutet, dass die zweite Bezeichnung von dem persischen Wort „mazeriyn"= töten kommt. Seine Blüten, die einen betörend süßlichen Duft ausströmen, erscheinen schon im Februar. Kein noch so strenger Frost kann ihnen was anhaben. Erst etwa sechs Wochen später treiben dann die lindgrünen Blätter aus, die ab Juni die leuchtend roten Beeren einrahmen. Aus dieser Beere stellte man früher eine Malfarbe her.

Nach etwa zwanzig Minuten schwenkt unser Weg in einer weiten Schleife nach links. Da haben wir den höchsten Punkt erreicht. Ab jetzt wandern wir eben bis leicht abfallend weiter.

Am Wegrand begegnen wir einigen historischen Grenzsteinen. Mächtig ragt ihr Oberteil aus dem Waldboden. Sie sagen uns, dass wir uns jetzt an der alten Landesgrenze zwischen dem ehemaligen „Bistum Basel" und dem Gebiet von „Sausenburg Rötteln", der späteren Markgrafschaft Baden befinden. Ein Vertrag zwischen dem Markgrafen und dem Fürstbischof legte 1769 diese Grenze fest. Auf der einen Seite des Steines finden wir den „Basler Bischofsstab", die andere Seite zeigt einen roten Balken im goldenen Feld, darüber den Fürstenhut, den Reichsapfel und das Christenkreuz. Wie mag es in der damaligen Zeit hier ausgesehen haben. Drunten in der Rheinebene spielte sich ja im Jahre 1770 Großes ab. Da reiste die Tochter von Maria Theresia die liebliche „Maria Antoinette" als Braut des französischen Dauphins Ludwig mit ihrer Kutsche nach Westen. Alle Straßen, die sie benutzte, wurde speziell für dieses Ereignis erneuert.

Nachdem wir den Höhenzug des Steinackers umrundet haben, bekommen wir für einen Moment einen Ausblick hinüber zum Schloss Bürgeln. Leider ist der Wald so hoch, dass die Weitsicht nicht besonders gut ist. Auch von dort gehen wunderschöne Rundwege aus, die in diesem Büchle beschrieben sind. Folgen wir dem Lehrpfad weiter, dann kommen wir zum „Blauenblick". Auch da war die Aussicht früher besser. Doch das soll uns nicht weiter stören. Wir haben nämlich von der Straße aus, auf der wir angefahren waren, einen herrlichen Blick auf die mächtige Kuppe des „Hochblauen". Noch bevor sich der Rundweg schließt, haben wir Gelegenheit einen Blick in die geologische Vorzeit unserer Heimat zu werfen. Links am Wegrand ist die Humusschicht abgeräumt, und darunter steht das Gestein an. Es ist „weißer Jura", den man auch „Malm" nennt. Diese Ablagerung entstand vor etwa 185 Millionen Jahren. Damals lag unser heutiges Gebiet über einen Zeitraum von 45 Millionen Jahre unter dem „Jurameer". Erst in allerjüngster Zeit, und zwar vor 12000 Jahren, begann die Anwehung des Löß, jenes feinen Erdreiches, auf dem die Reben so gut gedeihen. Mit zunehmender Erwärmung von Boden und Luft siedelten sich Birke und Kiefer an. Später gesellten sich Hasel, Eiche Tanne und Buche dazu. Die Fichte, die wir auch Rottanne nennen, kam zuletzt.

Nun ist es nur noch ein kleines Stückchen, dann sind wir wieder am Ausgangspunkt unserer Wanderung angelangt. Die reine Gehzeit betrug eine Stunde. Die kann sich aber, bedingt durch die vielen botanischen, geologischen und geschichtlichen Hinweise auf den Informationstafeln kräftig verlängern. Obwohl es sich auf dem breiten Waldweg gut wandern lässt, sind gute Schuhe sehr zu empfehlen.

Das Winzerdorf Auggen

Dort, wo die Vorbergzone des Schwarzwaldes in die Rheinebene übergeht, liegt eingebettet zwischen sonnenüberfluteten Rebbergen das Winzerdorf Auggen. Der alte Ortskern wird von der erhöht stehenden Kirche überragt. In diesem Tal, das geologisch gesehen eine Querfurche in der Vorbergzone ist, ließen sich schon Alemannen und Franken nieder. Es ist bekannt, dass jene Orte, die mit der Silbe „heim" enden, auf eine alemannische Gründung zurückgehen. Davon gibt es im Breisgau und im Markgräflerland eine ganze Reihe. Aus dem Jahre 752 nach

Christus ist bekannt, dass man an der heutigen Stelle von „Auggen" von einer Ansiedlung mit dem Namen „Anghoma" sprach. Über die Bedeutung oder gar über die Übersetzung dieses Wortes gibt es mehrere Versionen. Eine scheint der Wirklichkeit sehr nahe zu kommen. Sie spricht vom „Heim in der Aue". Eine Aue ist eine wasserreiche und sumpfige Niederung. Gerade das ist durch Grabungen sehr gut nachzuweisen. Druckwasser aus den Hügeln trat nahe der Talsohle zu Tage und staute sich dort wo die Ebene begann. Im Mittelalter befand sich hier sogar ein Wasserschloss. Da die Menschen vor über 1200 Jahren des Lesens und Schreibens noch nicht so kundig waren wie wir heute, war man auf die mündliche Weitergabe von Kenntnissen angewiesen. Dabei schlichen sich durch Dialekte und ungenaue Aussprache Lautverschiebungen ein, die eine ständige Veränderung eines Wortes zur Folge hatten. So wurde aus „Anghoma" mit der Zeit „Ovgheim", später sogar „Ögheim" und „Oechheim". Im 14. Jahrhundert sprach man schon von „Ouken und Aucken". Etwa nach dem „Dreißigjährigen Krieg" taucht dann die noch heute gültige Bezeichnung „Auggen" auf. Dieses „Auggen" ist mit eines der größten Winzerdörfer im Markgräflerland. Von einer Bank in luftiger Höhe aus betrachtet, fügt es sich harmonisch ein in die weich geschwungene Landschaft, die hinaus fließt in die „Oberrheinische Ebene". Weit draußen, eingehüllt in eine lichtblaue Dunstglocke, türmen sich die Vogesen wie eine Wand auf. Sie begrenzen ein über viele Jahrhunderte zusammen gehörendes Kulturgebiet. Das ist das Land der „Alemannen". Ihr Dialekt wird noch heute im Dreiländereck zwischen der Nordschweiz, dem Elsaß und Südbaden gesprochen.

Mit welcher Energie und vor allen Dingen mit welchem Können hier der Weinbau gepflegt wird, hat die „Landesweinprämierung" im Jahr 2000 gezeigt. Bei diesem anspruchsvollen Wettbewerb bekamen die Winzer und die Winzergenossenschaft der Gemeinde Auggen 51 Goldmedaillen. Das muss doch ein Grund sein, diese Landschaft und ihren Wein recht bald kennen

zu lernen. „Johann Peter Hebel", unser alemannischer Heimatdichter, hat schon früher für diese fleißigen Winzer einen Vers
geschrieben:

Un wer am Werchtig redlich schafft,
dem bringt der Rebensaft am Sunndig neui Chraft.

Besonders schön lernen wir die Geschichte des Weinbaues kennen, wenn wir auf dem landschaftlich so schön angelegten Weinlehrpfad wandern.

Wandern von Freiburg an den Bodensee

Er ist ein »Klassiker«, der »Querweg«
des Schwarzwaldvereins. Durch vier
grundverschiedene Landschaften führt
er: Hochschwarzwald, Baar mit Wutach-
schlucht, Hegau, Bodanrück.

Fritz Hochenjos beschreibt den Wander-
weg mit vielen Hinweisen und typischen
Fotoaufnahmen in seinem Buch »Der
Querweg Freiburg – Bodensee« aus dem
Schillinger Verlag Freiburg.

Der Weinlehrpfad ist ein Panoramaweg

Auggen Rathaus – Sonnbergstraße – Weinlehrpfad – Hach – Hacher Schrenne – Hacher Acker – Rossberghütte – Auggener Schäf – Auggen Kirche

Markierung: Weinlehrpfad mit Buchstabe **A** auf stilisierter Traube
Länge: 4 Kilometer; Steigung leicht
Hinfahrt: Mit Zug bis Auggen, mit Fahrrad oder Pkw
              bis Auggen Rathaus

Es ist besonders der Wein, der den Namen des Winzerdorfes Auggen im Markgräflerland weit über alle Grenzen hinweg verbreitet hat. Dort, in dieser lieblichen Landschaft, wollen wir auf dem Weinlehrpfad die Geschichte des Weinbaues wandernd kennen lernen. Kommen wir mit dem Zug, dann haben wir vom Bahnhof bis zur Ortsmitte etwa 15 Minuten zu Fuß zu gehen. Fahren wir mit dem Auto an, dann zweigen wir drei Kilometer südlich von Müllheim von der Bundesstraße 3 nach Osten, also zum Gebirge hin ab, und schon sind wir in Auggen. Wir sehen das Rathaus bereits aus großer Entfernung, hat es doch ein schönes Türmchen auf dem Dach. Das Auto können wir hinter dem Rathaus abstellen, denn hier wird unsere Rundwanderung auf dem Weinlehrpfad beginnen und enden.

Nur 30 Meter oberhalb vom Rathaus steht der Dorfbrunnen und daneben eine alte Traubenkelter. Wir folgen 80 Meter weit der Hauptstraße durch zwei Kurven aufwärts. Bei der Volksbank biegen wir nach links in die „Sonnbergstraße" ein. An deren Ende zeigt uns die Markierung an, dass nach rechts aufwärts der Weinlehrpfad beginnt. Auf einem Fassboden steht: „Weg für Natur- und Weinfreunde". Schon auf der ersten Tafel erfahren wir etwas über Auggen und seine Rebanlagen. Diese erstrecken sich vom Gewann „Letten" bei „Hach" bis über die Hänge des „Schäf" bei Auggen hinaus. Beide Gewanne umrahmen gewissermaßen dieses berühmte Weinbaugebiet. Nachdem wir 300 Meter angestiegen sind, biegen wir nach links ab. Auf der Tafel an der Wegkreuzung wird der „Riesling x Silvaner" erklärt. Der Weg führt uns auf halber Höhe des Sonnbergs hinüber zum Ortsteil „Hach". Es ist der reinste Panoramaweg, den

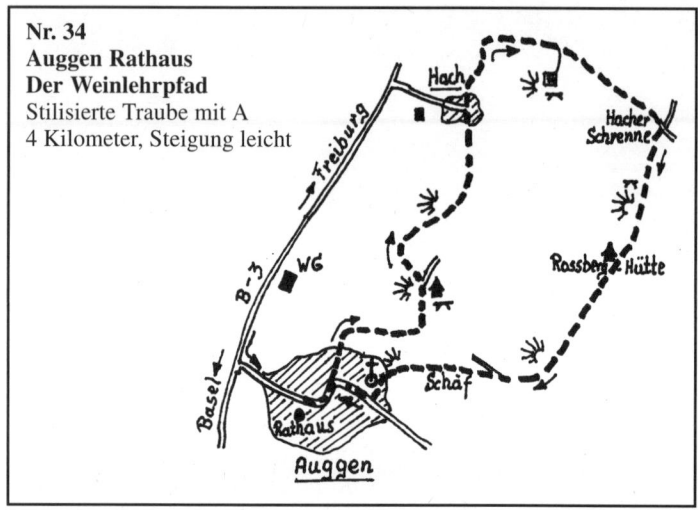

wir jetzt gehen. Soweit das Auge reicht, überall stehen Reben. Drunten am Fuße des Berges verläuft die Bundesstraße 3, auf der wir angefahren waren. Etwas weiter draußen herrscht auf der Rheintallinie der Bahn viel Betrieb. Noch ein Stückchen weiter entfernt verläuft die Autobahn, und an der tiefsten Stelle der „Oberrheinischen Ebene" fließt der Rhein, dessen Hauptwasser die Schiffe auf dem „Grand Canal d`Alsace" befördert. Diese vier unentbehrlichen Lebensadern trugen entscheidend dazu bei, dass diese Region den heutigen wirtschaftlichen Aufschwung schaffte. Ganz weit draußen im Westen begrenzen dann die Vogesen unseren Blick. Zur Erinnerung an die große Flurbereinigung aus dem Jahr 1953 hat man rechts vom Weg ein rotes Häusle erstellt. Von der Bank aus können wir in aller Ruhe ins Land schauen. Wir sind jetzt am Sonnberg. Wie wenig der Name „Sonnberg" mit der Sonne zu tun hat, entnehmen wir einem „Hacher Kaufbrief" aus dem Jahre 1452. Da wird von Sunderberg gesprochen, was soviel wie der „südlich (von Hach) gelegene Berg" bedeutet. Hier biegen wir auf die leicht nach unten führende Rebstraße ein. Die Tafel mit der Information über Rebschädlinge

und Rebkrankheiten weist uns den Weg. Bald sind wir in „Hach",
einem Ortsteil von Auggen.

Wer würde schon von der Straße aus diesen schmucken Weiler
vermuten, der auf ein stolzes Alter zurückblicken kann. Schon
im Jahre 770 nach Christus wird „Hach" in Urkunden genannt.
Das will aber nur wenig sagen, denn man nimmt mit Sicherheit
an, dass schon viel früher hier Menschen siedelten. Der Name
„Hach" kommt aus dem Althochdeutschen, wo wir ihn immer
dann finden, wenn es um die Begriffe „hoch" oder „steil" geht.
Das gilt auch für unseren Fall, denn hoch ziehen sich die Hänge
ringsum hinauf. Eine Tafel beim „Zähringer Hof", einer netten
und urigen Bauernwirtschaft, in der es freitags noch richtige
Kartoffelsuppe gibt, sollten wir lesen. Dort erfahren wir, dass
der erste Wirt, Andreas Seiler, dieses Haus im Jahre 1826 für
1383 Gulden erworben hat und auf Anregung des badischen
Ministers Winter das „Realwirtsrecht" beantragt hat. Erst zehn
Jahre später, man schrieb mittlerweile 1836, wurde dem Ge-
such von allerhöchster Stelle statt gegeben. Seit dieser Zeit hat
Hach eine Gaststätte. Dienstag und Mittwoch ist Ruhetag.

Seit dem 8. Juni 1995 gehört Hach zu Auggen. Wir wandern weiter auf der Straße, die gleich nach den Häusern in einer Rechtskurve
kräftig ansteigt. Nur wenige Meter abseits hat man ein Rückhalte-
becken gebaut. Hier wird bei Unwettern das in großen Mengen aus
dem Berg kommende Wasser aufgefangen. Dort ist auch ein Rastplatz mit einem Brunnen, auf dem wir lesen können:

„Dr Wii vu Augge un vu Hach,
verschüche Sorge, Weh un Ach"!

Begleitet von vielen Lehrtafeln kommen wir auf eine Passhöhe.
Nur 40 Meter nach diesem Übergang zweigt an der Böschung scharf
nach rechts ein Weg ab. Wir sind jetzt in der „Hacher Schrenne".
Auf der Tafel erfahren wir wie es weiter geht. Dort steht:
*„Diese Kreuzung ist der nordöstlichste Punkt unseres Weges und
gleichzeitig unsere Gemarkungsgrenze (kann ohne Pass überschrit-*

*ten werden). Hier eine Ruhepause – eine Erholung, ein schöner Blick
zum Blauen. Und nun geht's weiter, aber wohin?*

> *Un wenn de amme Chrützweg stosch
> Un nümme weisch wo´s ane goht,
> Uf Augge!*

Diesem Hinweis folgen wir 300 Meter weit bergauf bis zum höchsten Punkt unserer heutigen Wanderung. Unter uns liegt das Gewann „Hacheracker", wo man von 1975 bis 1977 unter Aufbietung
eines riesigen Maschinenparks ein modernes und zukunftweisendes
Rebgebiet geschaffen hat. Unter den Kirschbäumen setzen wir uns
auf ein Bänkle und gehen in Gedanken das durch, was wir bisher
gelesen und gelernt haben.

Der Anteil des „Gutedel" in diesem Anbaugebiet beträgt etwa
60 Prozent. Spricht man vom typischen Markgräfler Wein, dann
meint man ihn. Die Traube ist hell und dichtbeerig, und ihre
Heimat soll eine ägyptische Oase sein. Dort wurde sie von der
Sonne verwöhnt, und diesen Anspruch erhebt sie auch bei uns.
Vielleicht sagt man deshalb dem Gutedel nach, er würde selbst
ältere Herzen mild durchsonnen. Badens Großherzog, der Markgraf „Carl Friedrich", hat ihn 1780 vom Genfer See ins Markgräflerland gebracht. Rund zehn Weinsorten müsste man nennen, wollte man die wichtigsten aufzählen. Bekannt ist auch der
Riesling x Silvaner oder „Müller Thurgau". Diese Traube reift
früh, und der prickelnde Wein hat im Nachgeschmack einen
angenehmen Muskatton. Einen „Gaumenschmeichler" nennen
Kenner den „Silvaner". Ihn brachten Liebhaber aus Transsylva-
nien, dem ehemaligen Siebenbürgen, zu uns. Aus der großen
Familie der Burgunderreben seien der Weißburgunder und der
Spätburgunder (Pinot noir) erwähnt. Wer einmal zu einem Fisch-
oder Geflügelgericht einen richtig temperierten Weißburgunder
getrunken hat, der wird immer wieder darauf zurück kommen.
Dagegen wird zum deftigen Braten oder gar zu Wild ein schöner Spätburgunder serviert. Dieser rubinrote Wein mit seinem
„Brombeerton" gleitet samtweich über die Zunge. Zum feierli-

chen Ausklang, quasi als Tüpfelchen aufs i, setzt man den Ge-
würztraminer. So wie man ihn in der Speisenfolge als Schluss-
punkt beim Dessert kredenzt, wollen wir auch da oben auf dem
„Hacherberg" unsere Betrachtungen über den Wein in Auggen
beschließen. Zu sehr hat unser Gaumen mitgespielt, sodass es
uns eilig an jene Stätten zieht, wo es all das Besprochene zu
probieren gibt.

Jetzt führt unser Weg nur noch bergab. Gleich nach der Rossberghütte kommen wir wieder in ein weit sich ausdehnendes
Rebgebiet Als neues Wegzeichen führt uns jetzt noch zusätzlich die
Vignette des „Markgräfler Wiiwegli". Kurz bevor wir die hoch über
Auggen stehende Kirche erreichen, prangt links am Weg ein meter-
hohes Gerüst mit den Buchstaben des bekanntesten Gewannes
„Auggener Schäf". Die Kirche ist ein nach dem zweiten Weltkrieg
renovierter „Weinbrennerbau" aus dem Jahre 1835. Hinter dem
schlichten Altar mit dem barocken Kreuz beeindruckt ein 36 Qua-
dratmeter großes Glasfenster, das in leuchtenden Farben das
Pfingstwunder zeigt. Von der Freiterrasse vor der Kirche aus hat
man einen herrlichen Blick auf Auggen und auf das Markgräflerland. Am Abstieg unterhalb der Kirche ist im Berg ein Eis- und
Lagerkeller, den der Maurer „Spahlinger" im Jahre 1863 für den
Bierbrauer „Friedrich Sexauer" mit eigener Hand gegraben hat.

Wie lange wir für den Rundweg, der am Rathaus endet, brauchen
werden, lässt sich nur schwer sagen. Kehren wir in Hach ein, oder
machen wir unterwegs eine längere Pause, dann kann aus der nor-
malen Gehzeit von 1,5 Stunden schnell ein halber Tag werden. Sicher werden wir uns noch als Mitbringsel einen Auggener Wein
kaufen. Da misst die größte Flasche dann ein Liter. Das war früher
anders, als man noch mit dem „Saum" gemessen hat. Ein Saum war
so viel, wie ein Saumtier tragen konnte. Jene Esel trugen 150 Liter
auf einmal. Der hundertste Teil war dann ein „Maß". Trinken wir
ein Maß als Nachbesinnung auf unsere schöne Rebwanderung zu
Hause alleine, dann ist das Maß für heute wirklich voll.

Als ob es noch immer Wölfe gäbe

Kandern Bahnhof – Behlenrundweg – Böscherzenweg – Wolfsschlucht – Behlen-Eiche – Holzen – Storchenpark und Universität –
Behlenweg – Holzener Ruhebank – Kandern

Markierung: Rotes Rechteck
Länge: 8 Kilometer; Steigung mäßig, kurz steil
Hinfahrt: Mit Linienbus, mit Fahrrad oder Pkw bis
                Bahnhof Kandern
                Bus 264 Fa. Will ab Müllheim Bahnhof,
                oder SWEG, Auskunft Tel. 0761/01803-19449

Wer würde vermuten, dass wir bei unserer heutigen Wanderung inmitten einer wunderschön lieblichen Landschaft eine Schlucht entdecken werden, wie sie uns die Urzeit hinterlassen hat. Es ist so, denn
unser Weg wird uns durch die „Wolfsschlucht" führen. Ausgangspunkt für die 8 Kilometer lange Rundwanderung ist am Bahnhof in
Kandern. Wir erreichen die Stadt mit dem Linienbus, siehe Hinfahrts-
hinweis, oder mit dem Pkw. Ganz Sportliche verbinden die Wanderung mit einer Radtour. Wer mit dem Pkw anfährt, findet am Bahnhof
einen Parkplatz. Gleich oberhalb vom Bahnhof steht das ehemalige
Bierablagegebäude der „Riegeler Brauerei". Dort weist uns eine Holztafel nach links auf den Behlen-Rundweg hin. Die Wegmarkierung ist
ein rotes Rechteck. Der Wanderweg wird uns durch die Wolfsschlucht
bis nach „Holzen" und wieder zurück führen. Zunächst wandern wir
auf dem „Böscherzenweg" durch bewohntes Gebiet bergauf. Bei den
letzten Häusern sollten wir uns umdrehen und zurück schauen. Da
haben wir einen herrlichen Blick auf Kandern und die sich dahinter
aufbauenden Schwarzwaldberge. Dann beginnt die Waldzone. Rechterhand ist ein still gelegter Eiskeller, in welchem man früher den Sommer über das Bier lagerte. Diese in den Berg geschlagene Höhle dient
heute den Fledermäusen als Wohnstätte. Nach dem kurzen Waldstück
kommen wir auf eine Lichtung. Links ist eine Gärtnerei, und rechts
stehen noch wenige uralte Apfelbäume. Wer weiß, wie lange man die
noch halten kann. Dann erreichen wir wieder den Wald. Da er sehr
licht ist, kann sich eine reichhaltige Bodenvegetation entwickeln.

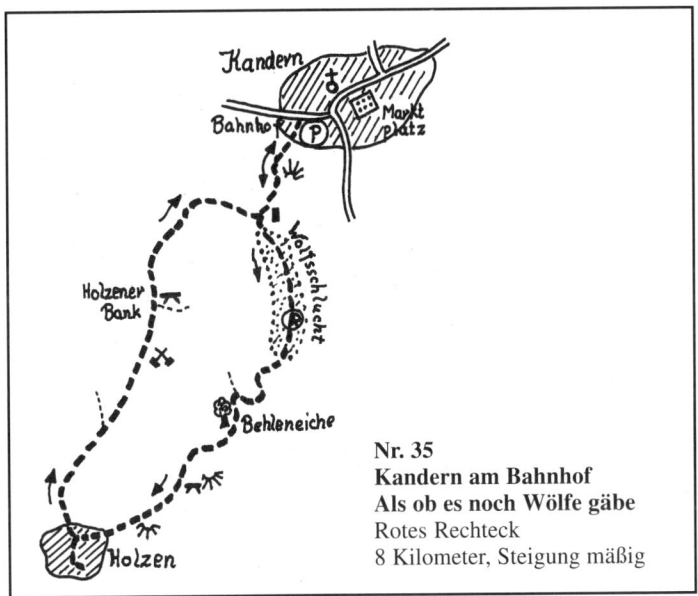

**Nr. 35
Kandern am Bahnhof
Als ob es noch Wölfe gäbe**
Rotes Rechteck
8 Kilometer, Steigung mäßig

Schon im März blühen Lungenkraut und Buschwindröschen. Im zeitigen Sommer bedeckt das „Wald-Bingelkraut" (Mercurialis perennis) neben vielen Farnarten den Boden.

An einer Weggabel stoßen wir auf einen großen Grenzstein aus dem Jahre 1844. Er trägt das Zeichen der Töpferstadt Kandern, eine eingravierte Tonvase und die Buchstaben „GK" für „Gemeinde Kandern". Daneben steht eine grüne Bank. Hier beginnt der eigentliche Einstieg in die Wolfsschlucht. An dieser Stelle werden wir auf dem Rückweg, dann von oben kommend, wieder eintreffen. Wir folgen dem roten Rechteck bergab. Das führt uns mitten in die Schlucht hinein, in der sich die Felsen hoch auftürmen. Von jetzt an klären uns gut gestaltete Hinweistafeln über die Landschaft und ihre Besonderheiten auf. Der Fels ist eine Kalkformation, bestehend aus weißem Jura, der vor etwa 150 Millionen Jahren entstanden ist. Damals lagerten sich im großen Jurameer, das unsere ganze heutige Heimat überflutet hatte, Muscheln,

Schnecken und Korallen ab. Mit der Zeit pressten sie sich so fest zusammen, dass daraus die heutigen Felsen wurden. In den Nischen und Löchern dieser Felsen wachsen jetzt seltene Farne und Moose. Der Kenner findet auch die „Wimpernsegge" und das „wilde Silberblatt". Links vom Weg liegen hausgroße Felsblöcke. Sie sind irgendwann einmal von oben herunter gerollt. Vielleicht geschah das vor hundert eventuell auch schon vor tausend Jahren. Es kann natürlich auch zutreffen, dass der Absturz erst gestern statt gefunden hat, denn hier ist die Natur immer in Bewegung. An der tiefsten Stelle in der Schlucht kommen wir zu einem wunderschönen Rastplatz. Ganz still ist es da, und wer gut aufpasst, der hört aus den vielen Vogelstimmen den harten Ruf „täck-täck" der Mönchsgrasmücke heraus. Mächtige Rotbuchen rahmen den Vesperplatz ein. Von den über 40 Meter hohen Felswänden dahinter hängen bis zu zehn Meter lange Efeugirlanden herab. Das ist ein richtiger Abenteuerplatz für Kinder. In den düsteren Höhlen und Felsgründen ringsum gibt es viel zu entdecken. Da muß es gewesen sein, wo einst die Wölfe gelebt haben. Sicher waren ihre Weggefährten die Luchse und die Bären. Das ist der Ort, an dem der Phantasie freien Lauf gelassen werden kann. Ehe wir unseren Weg fortsetzen, packen wir unsere Abfälle in den Rucksack. Es wäre schade, wenn diese schöne Landschaft durch unseren Unrat verschandelt würde. Bevor es durch einige Serpentinen bergauf geht, müssen wir uns zuerst durch ganz enge Felsspalten zwängen. Da haben Wasser und Frost die meterhohen Kalksteinblöcke gesprengt. Am Hang wachsen Sommerlinde und Bergulme. Dazwischen fallen uns trichterförmige Vertiefungen auf, die zum Teil einen Durchmesser bis zu zehn Meter haben. Das sind sogenannte „Dolinen". Sie sind dadurch entstanden, dass unterirdische Wasserläufe den Kalkstein ausgewaschen haben. In die in großer Tiefe entstandenen Hohlräume rutschte das Erdreich von der Oberfläche aus nach. Solche Erdrutsche finden noch heute statt. Das sehen wir daran, dass manche Bäume in den Trichtern ganz schief stehen.

Den höchsten Punkt der Wanderung erreichen wir bei der „Behlen-Eiche". Diese „Traubeneiche" ist über 300 Jahre alt und etwa 40 Meter hoch. In ihrer zerklüfteten Rinde sucht der „Wendehals" nach Nahrung. Dieser Vogel ist ein typischer Höhlenbrüter, der oft die

ausgedienten Nistplätze anderer Vögel übernimmt. Wenn wir uns
an dieser Stelle Gedanken über den im Markgräflerland so oft vorkommenden Namen „Behlen" machen, dann kommen wir auf folgende Erklärung: Der Begriff stammt aus dem im alemannischen
Sprachraum verwendeten Begriff „belle". Dieses Wort wurde aus
dem Französischen übernommen und heißt „schöne Aussicht". Heute
ist an dieser Stelle Hochwald. Um die wirklich schöne Aussicht genießen zu können, müssen wir noch fünf Minuten weiter wandern.
Leicht bergab erreichen wir dann einen Waldsaum. Rechts grenzen
Hecken den Weg ab, links im Wiesengrund stehen Kirschbäume.
Hier wächst die typische „Markgräfler schwarze Herzkirsche". Am
Ende dieser Wiese kommen wir zu einem Wasserschlössle (Hoch-
behälter). Auch da ist ein schöner Rastplatz mit einer Feuerstelle.
Sicher werden wir an diesem Ort verweilen, denn der Weitblick ins
Markgräflerland ist wunderschön. Im Silberglanz der südlichen Sonne liegt diese Landschaft zu unseren Füßen, in der sich Felder, Wiesen, Hügel und Wälder harmonisch abwechseln. Wie Perlen fügen
sich im Hintergrund die Ortschaften Mappach (Mitte) und Egringen
(links) in das Bild ein. René Schickele sagte: „*Als der liebe Gott die
Segnungen und Wohltaten über die Erde verteilte, da fiel ihm über
dem Markgräflerland der Beutel mit dem besten Inhalt aus der Hand
und ergoss sich über diesem Landstrich. Auf diese Art und Weise kam
dieser Flecken Erde zu seinen vielen Schönheiten*". Unter einer Hoch-
spannungsleitung hindurch führt uns der Weg hinab ins Storchendorf
„Holzen". Dort ist sogar eine Universität, die jedem Besucher – selbst
zur reinen Information – offen steht. Nur hundert Meter unterhalb
können wir im Storchenpark den großen Vögeln beim Brüten zuschau-
en. Wo sieht man so etwas schon in Augenhöhe? Sonst sind die rad-
großen Nester immer nur auf hohen Dächern und auf still gelegten
Schornsteinen. Das Gasthaus „Hirschen", das am Samstag und Sonntag um 11.30 Uhr öffnet, ist ein Besuch wert. Am Mittwoch ist Ruhetag. An den anderen Tagen wird um 16 Uhr aufgeschlossen. Eine in
alemannischer Mundart geschriebene Speisekarte bietet landesübli-
che Gerichte an. In der urwüchsigen Gaststube hängt ein Bild von
„Johann Peter Hebel". Die freundliche Bedienung mit heimischem
Dialekt lässt uns sofort wie zu Hause sein.

Nach einem genüsslichen Mahl, verbunden mit einem - oder mehr – Viertele Markgräfler Gutedel, machen wir uns auf den Rückweg. Der führt uns zurück ans obere Dorfende, wo wir auf den leicht ansteigenden „Behlenweg" treffen. Das rote Rechteck zeigt uns an, dass es nach Kandern noch 3,5 Kilometer weit ist. Nach etwa einem Kilometer sanftem Anstieg erfahren wir auf einer Tafel eine Neuigkeit. An diesem Berghang hat man schon vor vielen hundert Jahren „Bohnerz" im Tagebau geschürft. Das ist ein Eisenerz, das vor 60 Millionen Jahren in den „bohnengroßen" Löchern des Weißjura entstanden ist. Erst als man im Jahre 1865 – bedingt durch den Bau der Eisenbahnlinie im Rheintal – aus anderen Gebieten hochprozentigeres Erz zur Verfügung hatte, stellte man diesen Abbau ein. Noch heute können wir am Berghang die ehemaligen Schürfstellen erkennen. Zwanzig Minuten nach Holzen sind wir oben bei der „Holzener Ruhebank", wo wir eine letzte Rast einlegen können. Dann geht es nur noch bergab. Noch einmal passieren wir die mächtigen Kalkfelsen, aus deren Klüften Efeu, Moose und Farne quellen. Beim eingangs schon beschriebenen großen Grenzstein schließt sich der Rundweg. Jetzt sind es nur noch 15 Minuten bis zum Ausgangspunkt am Bahnhof in Kandern. Hinter uns liegt ein erlebnisreicher, zum Teil wild romantischer Wanderweg, der uns noch lange in Erinnerung bleiben wird. Sicher werden wir zu einer anderen Jahreszeit wieder kommen, bestimmt dann, wenn es im „Hirschen" in Holzen „Ziewelekueche" und „neuer süßer" Wein gibt. Die reine Gehzeit beträgt 2,5 Stunden, doch rechnet man so manche Rast mit ein, dann wird spielend ein halber Tag daraus. Sollten wir zur Rückfahrt noch nicht bereit sein, dann lohnt sich ein Spaziergang ins nahe Kandern mit seinem schönen Marktplatz.

Die Brezel- und Töpferstadt Kandern

Obwohl aus allen vier Himmelsrichtungen Straßen nach Kandern führen, liegt diese Stadt so richtig versteckt zwischen der Vorbergzone und dem nach Süden hin auslaufenden Schwarzwald. Auf jeden Fall war es das uralte Töpferhandwerk, das diese Stadt so bekannt gemacht hat. Aber sicher haben auch die anderen

Naturprodukte dazu beigetragen. Nicht unerwähnt seien die knusprigen „Kanderner Brezele", die ich schon als Kind so liebte. Vielleicht waren es auch die Schlösser und Burgen in der Umgebung? Mit großer Sicherheit aber waren und sind es die Menschen, die mit ihrer Herzlichkeit schon immer Fremde und Erholungssuchende in diesen herrlichen Flecken des Markgräflerlandes gelockt haben. Hören wir uns kurz an, welche charmanten Worte im Vorspann zum großen Kanderner Prospekt geschrieben stehen. Besser kann man es nicht ausdrücken: „Schon die Römer haben seinen (Kanderner) Zauber entdeckt. Die Markgrafen begeisterten sich für die einzigartige Lage. Und die Sonne tut noch heute alles, um die Menschen fröhlich und zufrieden, den Wein vollmundig und charaktervoll und die Ferien auf vielfache Weise zum Erlebnis zu machen. Kandern ist eine behutsam gewachsene und behagliche Kleinstadt mit traditionsreicher Geschichte, idyllischen Winkeln, einladender Gastlichkeit und hohem Freizeitwert".

Bei einem Spaziergang entdecken wir Bauten aus der gotischen Epoche neben denen des Barock. Nirgends in Süddeutschland findet man einen Marktplatz in so stilechtem Klassizismus, bei dem man sich auf vielen Bänkle unter kunstvoll geschnittenen Platanen ausruhen kann. Er trägt den Namen Blumenplatz in Erinnerung an das im Jahre 1837 abgerissene Gasthaus „Blume". Am Haus Nummer 8 entdecken wir eine Tafel, die uns auf den berühmten Arzt, „Professor Dr. Adolf Kussmaul" aufmerksam macht. Bevor er in den Kliniken in Freiburg, Heidelberg, Erlangen und Straßburg arbeitete, übte er in diesem Haus die ärztliche Kunst aus. Jedes Kind weiß uns zu erzählen, dass aus Kandern „Johann August Sutter" stammte, der später als amerikanischer General in die Literaturgeschichte als „Der Kaiser von Kalifornien" einging. Ebenfalls am Marktplatz steht das Wohnhaus von „Carl Christian Mez", das durch einen goldenen Anker auffällt. Dieser Anker soll ein Zeichen der Hoffnung sein, denn in Kandern nahm sein Imperium als Seidenweber seinen Ausgang. Daraus wurde später in Freiburg in der Kartäuserstraße die größte Seiden- und Garnfabrik in Deutschland, nämlich die Firma „Mez und Söhne". Noch in unserer Zeit pflegen große Künstler die „Töpferei". Deshalb sollte man unbedingt dem Heimat- und Keramikmuseum einen Besuch abstatten. Die Töpferei war ausschlaggebend dafür, dass man Soufflenheim im Elsaß als Partnerstadt auswählte. Auch dort wird fleißig getöpfert. Einen ganzen Zyklus von Bildern aus dem Kandern um 1910 hinterließ „August Macke", zu dessen Gedenken man die Schule in Kandern benannt hat. Er war oft am Ort, denn seine älteste Schwester hatte im Jahre 1903 den Kronenwirt „Karl Giss" geheiratet. Heute kennt niemand Mackes Grab, denn am 26. September 1914 fiel er als Soldat bei einem Angriff in Frankreich im Alter von 27 Jahren. Auf keinen Fall darf „Johann Peter Hebel" vergessen werden. Er widmete der „Weserei", dem ältesten Gasthaus der Stadt, sein Gedicht „Gespenst an der Kanderner Straße". Heute steht ein beziehungsvoller Zweizeiler daraus an der Hauswand:

Und wenn er meint, er sei jetzt bald dehei,
so stoht er wieder vor der Weserei

Dieses historische Gebäude war einst der Verwaltungssitz und der Verpflegungsort der Bergleute. Natürlich besuchen wir auch die evangelische Stadtkirche, die 1827 geweiht, von „Friedrich Weinbrenner" erbaut wurde. Ganz egal, ob wir der Stadt Kandern vor oder nach der Wanderung einen Besuch abstatten, wir werden viel zu schauen haben.

Auf dem Westweg zur Sausenburg

Kandern Bahnhof – Marktplatz – Franz von Sales Weg – Hässlerköpfle – Mohrensattelweg – Langen Ebene Hütte – Schlossweg –
Sausenburg

Markierung: Rote Raute = Westweg
Länge: 8 Kilometer, Steigung mäßig, kurz steil
Hinfahrt: Mit Linienbus, mit Fahrrad oder
             Pkw bis Bahnhof Kandern
             Bus 264 Fa. Will ab Müllheim Bahnhof,
             oder SWEG, Auskunft Tel.0761/01803-19449

Kandern ist mit dem Linienbus oder dem Pkw aus verschiednen
Richtungen zu erreichen. Immer mehr nutzen ganze Familien die
Gelegenheit und machen mit dem Fahrrad einen Ausflug, um am
Ziel dann zu wandern. Ausgangspunkt für die heutige Wanderung
zur Ruine Sausenburg ist der Bahnhof in Kandern. Dort ist auch
Parkgelegenheit für das Auto. Von diesem Bahnhof aus verkehrt
nach einem ganz eigenen Fahrplan der historische Dampfzug, „das
Chanderli". Wanderkleidung und stabile Schuhe sind Voraussetzung
für den vor uns liegenden Weg. Da das Wetter sehr schnell umschlagen kann, nehmen wir auch noch ein Regencape mit. Neuerdings ist
auch der Regenschirm beim Wandern wieder in Mode gekommen.
Unterwegs werden uns sicher viele Pflanzen interessieren. Es ist
deshalb gut, wenn wir ein Pflanzenbuch und unbedingt eine Lupe
dabei haben. Dann wandern wir los.

  Vom Bahnhof aus geht es auf der Straße zunächst abwärts in Richtung Stadtmitte. Schon nach drei Minuten erreichen wir eine große
Kreuzung. Zwischen den vielen Hinweisen zu den verschiedensten
Wanderwegen entdecken wir auch die rote Raute. Sie kennzeichnet
den wohl schönsten Wanderweg, den der Schwarzwaldverein markiert hat. Er führt von Pforzheim bis nach Basel. Heute wird er uns
zur Sausenburg geleiten. An der Straßenecke steht das Gasthaus Krone. Hier biegen wir nach links auf die Hauptstraße ab, die uns ins
Zentrum führt. In dem Gebäude mit den Arkaden ist das Verkehrsamt
untergebracht. Gleich danach sind wir beim historischen Marktplatz,

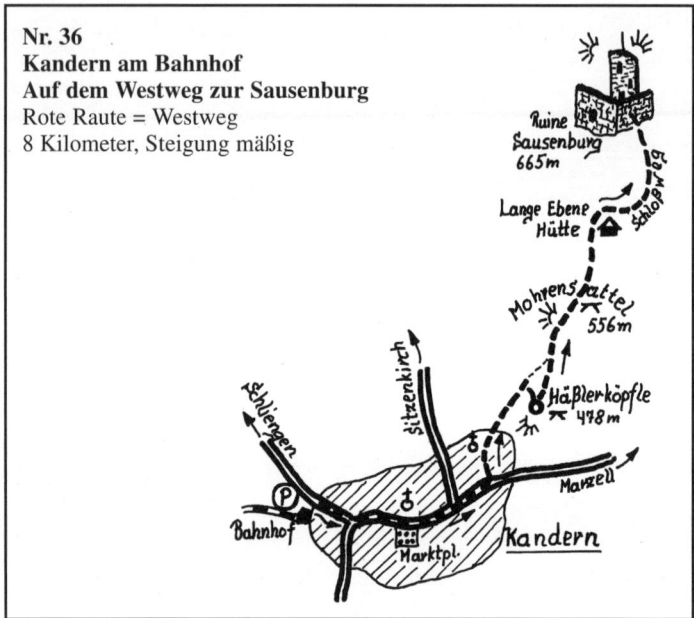

Nr. 36
Kandern am Bahnhof
Auf dem Westweg zur Sausenburg
Rote Raute = Westweg
8 Kilometer, Steigung mäßig

dem „Blumenplatz" (siehe Sonderbeitrag nach der Wanderung Nr. 35). Viele Bänke unter den kunstvoll geschnittenen Platanen laden zum Schauen und Verweilen ein. Dann folgen wir weiter der Hauptstraße aufwärts. Beim Gasthaus „Mohren" lenkt uns die rote Raute nach links auf den „Franz von Sales Weg". Schnell gewinnen wir an Höhe. Bereits bei der Franz von Sales Kirche liegt Kandern weit unter uns. Wir sollten den kleinen Abstecher nach links zur Kirche einplanen, denn von da aus bietet sich ein schöner Tiefblick auf die Stadt und auf das Tonwerk mit seinem schiefen Schornstein. Noch ein Stück weit bleibt die Straße asphaltiert, doch ab dem Wasserbehälter beginnt ein schöner Wiesenweg. Obstbäume, hauptsächlich Kirschen, Äpfel und Birnen säumen das Bild im Vordergrund. Dann wird der Weg etwas steiler, dafür bekommen wir eine tolle Aussicht nach Westen bis in die Rheinebene. Schon hoch über Kandern planen wir einen kleinen Abstecher vom Hauptweg aus nach rechts ein. So kommen wir zum „Hässlerköpfle". Das ist eine steile Erhebung, auf der ein Pavillon steht. Der Ausblick ist wunderschön. Vom Hässlerköpfle aus bringt uns ein schmaler Pfad wieder zurück zum Westweg mit der roten Raute, der jetzt „Mohrensattelweg" heißt. Zunächst steigen wir weiter durch Streuobstwiesen an. Dann erreichen wir die Waldgrenze, und bald sind wir in 556 Meter Höhe beim „Mohrensattel". Von der Bank aus schauen wir über den Wiesengrund hinweg hinunter nach „Sitzenkirch", einem kleinen Ort im „Lippisbacher Tal". Ab jetzt windet sich der Mohrensattelweg in weiten Schleifen bergauf. Dort wo er ebener wird, kommen wir zur „Langen Ebene Hütte". Da kreuzen sich zwei Wege. Wir halten uns an die leicht ansteigende Route links von der Hütte, die jetzt Schlossweg heißt. Das war für die Bewohner der Sausenburg der Verbindungsweg zwischen Kandern und dem damaligen „Kloster Bürgeln", das ja erst nach 1762 zum „Schloss Bürgeln" umgebaut wurde. Es ist sehr ruhig da oben, deshalb fällt uns auch das melodienreiche Vogelkonzert so auf. Im Hochsommer säumt die bis zu einem Meter hoch werdende „Nesselblättrige Glockenblume" (Campanula trachelium) den Böschungsrand. Sie heißt deshalb so, weil ihre Blätter denen der Brennnessel gleichen. An der feuchteren Talseite, oder am Rande von Holzschlägen, steht in ganzen Horsten der bis zu 1,50 Meter hoch werdende „Wasserdost" (Eupatoria cannabinum). Im Volksmund nennt man ihn „Kunigundenkraut". Sein Nektar in den rosaroten Blütenkörbchen schmeckt ganz besonders den Tagfaltern. Sich so mit der Natur befassend, kommen wir schnell in Sichtweite der Ruine der einst stolzen „Sausenburg". Zwischen den Ästen versteckt taucht über uns der mächtige Rundturm auf, der zur Talseite hin von einer hohen Ringmauer eingerahmt wird. Im Burghof wollen wir zunächst einmal vespern. Doch schnell reizt es uns das Gelände zu erkunden und den Turm zu besteigen. Dieser überragt die umstehenden Bäume, was uns einen Rundblick von einmaliger Schönheit bietet. Ganz nahe, von Laub- und Nadelwald eingerahmt, liegt im Nordwesten das „Schloss Bürgeln". Dort beginnen auch schöne Wanderwege, die in diesem Büchle beschrieben werden. Drehen wir uns langsam nach rechts, dann streifen wir den 1165 Meter hohen „Hochblauen", um dann nach einem weiteren Schwenk ins obere

Kandertal unter uns einzutauchen. Weit draußen im Süden liegt im hellen Dunst die „Oberrheinebene". Ja, man darf es nicht auslassen, auf diesen Turm zu steigen, auch wenn die Stufen im unteren Teil in einer gespenstischen Dunkelheit liegen. Sind wir wieder unten im Burghof, dann gehen unsere Gedanken um viele Jahrhunderte zurück in jene Zeit, in der in den einzelnen Räumen reges Leben herrschte. Wir versuchen uns vorzustellen wo der Burgherr und seine Familie gewohnt haben und wo man das „Gesinde" untergebracht hatte. Wie heizte man im Winter so ein riesiges Gebäude? Wie viele Menschen wohnten überhaupt in dieser Anlage, die ja sehr weitläufig war. Der Gesamtbau war über hundert Meter lang und fast 60 Meter breit. Was mag man täglich gegessen haben, als im Jahre 1246 ständig über 100 Leute damit beschäftigt waren die Kernburg zu erbauen?

Obwohl wir auf dem Weg zurück nach Kandern den selben Weg benutzen, auf dem wir schon angestiegen waren, werden wir viele neue Eindrücke gewinnen. Das Waldgebiet unterhalb der Ruine nennt man den „Sausenhart". Die Nachsilbe „hart" kommt aus dem „Althochdeutschen" und ist eine uralte Bezeichnung für den „Bergwald". Noch heute finden wir das Wort in verschiedenen Schreibweisen wie „Hardt, Haardt oder Harz". Jetzt liegt links unter uns das Tal der Kander, die von vielen Rinnsalen, zum Beispiel dem Vogelbach, gespeist wird. Während wir unbeschwert abwärts wandern, finden wir am Wegrand Blumen, die uns beim Aufstieg überhaupt nicht aufgefallen waren. Rechnet man die Aufenthalte unterwegs und auf der Sausenburg mit ein, dann waren wir rund vier Stunden unterwegs gewesen. Sind wir dann wieder unten in Kandern, dann müssen wir uns unbedingt noch im Städtchen umsehen. Würden wir das auslassen, dann würde an dem krönenden Abschluss eines schönen Wandertages etwas Entscheidendes fehlen.

Die lange Zeit vergessene Sausenburg

Auf einem Bergkegel in 665 Metern Höhe, eingerahmt vom Kandertal im Osten und vom Lippisbachertal im Westen, liegt die Ruine der „Sausenburg". Eigentlich ist dieser Bergzug ein Ausläufer des 1165 Meter hohen „Hochblauen", der beim Städtchen Kandern schließlich ausläuft. Was mag einst die Bauherren bewogen haben, inmitten der weitläufigen Wälder eine solche Burg zu errichten? Als Erbauer kommen die Markgrafen von Hachberg in Frage. Ihr Geschlecht war ein nachfolgender Seitenzweig des Zähringer Hauses, also jener Dynastie, der wir im Jahre 1120 die Gründung der Stadt Freiburg zu verdanken haben. Sie waren Vögte über die im Breisgau gelegenen Propsteien des Klosters St. Blasien und die zu diesem Kloster gehörende Propstei Bürgeln. Um in dem etwas abseits gelegenen Herrschaftsgebiet einen Vorposten zu haben, ließen sie zwischen 1236 und 1246 auf der von „sausenden Winden" umgebenden Bergwaldregion eine Burg errichten. Burgen waren damals ein Zeichen von Macht, und sie sollten dem einfachen Volk aufzeigen wer der „Herr" ist. Es handelte sich bei dieser Burg also nicht wie am Rande der Ebene darum Heerstraßen zu überwachen. Nein, wir hatten es in diesem Falle mit einer reinen „Herrenburg" zu tun, die von einem eingesetzten Vogt verwaltet wurde. Durch eine günstige Erbschaft wurde das Territorium um die Herrschaft „Rötteln" bei Lörrach erweitert. Später fiel ihnen auch noch das Gebiet um die Burg Badenweiler zu. Das vornehmste Recht dieser Herren war die „Landgrafschaft". Das heißt, sie durften über Leib und Leben richten, also die Gerichtsbarkeit ausüben. Das führte oft zu Reibereien zwischen den Angehörigen der Verurteilten und dem Landgraf. So kam es nicht selten vor, dass man bei Nacht und Nebel die Burg überfiel, um Rache für ein ungerecht ausgesprochenes Urteil zu nehmen.

In ihrem Grundriss ist die Sausenburg nach der Zähringer Burg bei Freiburg ausgerichtet. Das entspricht den baulichen Regeln, wie sie in der späten staufischen Zeit beim Burgenbau üblich waren. Der mächtige Rundturm stand beschützend vor den dahinter liegenden Wohnbauten. Mit großer Wahrscheinlichkeit ist es dem abgelegenen Standort zuzuschreiben, dass kaum kriegerische Raubzüge auf die Sausenburg statt fanden. Im Bauernkrieg, im Jahre 1525, wurde der Schlossteil von den Untertanen

aus den umliegenden Ortschaften eingenommen und einige
Wochen besetzt gehalten. Als diese aber einsehen mussten, dass
ihnen daraus nur Nachteile erwuchsen, entschuldigten sie sich
beim Burgherrn wegen dieses Eingriffes mit der Ausrede, sie
hätten die Burg ja nur vor den renitenten Bauern aus dem
Schwarzwald schützen wollen. Der Vogt nahm den Vergleich
erleichtert an, und man lebte fortan in Eintracht weiter neben-
einander. Mitten im „Dreißigjährigen Krieg" im Jahre 1633, zo-
gen zunächst die Kaiserlichen, später die Schweden als Besatzer
ein. Doch beide Parteien hinterließen beim Abzug keinerlei Zer-
störungen. Es ist zu vermuten, dass es ihnen während der Besat-
zungszeit so gut gegangen war, dass sie die Burg in der Hoffnung verließen, wieder einmal kommen zu können. Erst 1678
gelang es den Franzosen unter Marschall „Crequi" die Burg zu
erstürmen. Genau wie schon vorher in Rötteln und Badenweiler
ließ er die gesamte Anlage sprengen. Die zurück gebliebenen
Trümmer wurden von Hecken und Bäumen überwuchert und
gerieten in Vergessenheit. Um die Mitte des 19. Jahrhunderts
ließ der Forstmeister von Kandern einen Weg auf den Berg bau-
en. Wenn wir heute so bequem zur Sausenburg wandern können, dann verdanken wir das auch dem Schwarzwaldverein, der
seinen wichtigsten Höhenweg, nämlich den „Westweg" mit der
roten Raute, hier vorbei führt. Es ist klar, dass sich auch die
Sagen der Sausenburg angenommen haben. So wird erzählt, dass
bei Neumondnächten blaue Lichter um den Berg schweben. Da
wo sie erlöschen, da sollen die Schätze der ehemaligen Besitzer
vergraben sein. Doch bisher hat es noch niemand gewagt in einer solchen Nacht den Burgberg zu besuchen. Angeblich ist es
die Angst vor der Rache des „Bösen". Schon lange berichtet
man von einer weißen Jungfrau, die mit einem Schlüsselbund
herum spukt. Sie will am Tag ihrer Erlösung die geheime Türe
zu den unterirdischen Gewölben öffnen, wo sich sagenhafte
Schätze befinden sollen. Bis das so weit ist, wäscht und kämmt
sie sich mit einem silbernen Kamm an dem Brünnlein unterhalb
des Schlosses. Der unbescholtene Jüngling, der in der Neujahrs-

nacht ganz genau punkt Glockenschlag null Uhr an dem Brunnen vorbei kommt, der kann ihr begegnen. Sie wird ihm dann einen goldenen Ring anstecken. Also, wer wagt es?

Mit „Johann Peter Hebel"
durch die Jahreszeiten im Markgräflerland

Der allzeit vergnügte Tabakraucher

Im Frühling
*S'Bäumli blüeiht, und s'Brünnli
springt.
Potz tausig los, wie's Vögeli singt!
Me het si Freud un frohe Muet,
und's Pfifli, nei, wie schmeckt's so guet!*

Im Sommer
*Volli Ähri, wo me goht,
Bäum voll Äpfel, wo me stoht!
Und es isch e Hitz un Gluet.
Eineweg schmeckt 's Pfifli guet.*

Im Herbst
*Chönnt denn d'Welt no besser si?
Mit sim Trübel, mit sim Wii
stärkt der Herbst mi lustig Bluet,
und mi Pfifli schmeckt so guet.*

Im Winter
*Winterszit, schöni Zit!
Schnee uf alle Berge litt,
uffem Dach un uffem Huet.
Justement schmeckt's Pfifli guet.*

Im Frühling
*Es blüht der Baum, der Brunnen
springt.
Potztausend hör, wie's Vöglein singt!
Man ist voll Freud' und frohem Mut,
wie schmeckt das Pfeiflein jetzt so gut!*

Im Sommer
*Volle Ähren, wo man geht,
Bäum' mit Äpfeln, wo man steht!
Und 's ist eine Hitz' und Glut.
Doch das Pfeiflein schmeckt mir gut.*

Im Herbst
*Könnt' die Welt denn besser sein?
Mit den Trauben und dem Wein
stärkt der Herbst mein lustig Blut,
und mein Pfeiflein schmeckt so gut.*

Im Winter
*Winterszeit, schöne Zeit!
Schnee auf Bergen weit und breit,
auf dem Dach und auf dem Hut.
Jetzt grad schmeckt das Pfeiflein gut.*

Was blüht denn da?	Kosmos Naturführer
Unsere Gräser	Kosmos Naturführer
Was grünt und blüht in der Natur	Kosmos Naturführer
Heilpflanzenführer	Kosmos Naturführer
Vogelführer	Kosmos Naturführer
Bodenpflanzen des Waldes	Verlag Neumann
Bäume und Sträucher des Waldes	Verlag Neumann
Der große BLV-Pflanzenführer	BLV-Verlag
Flora von Deutschland, Schmeil-Fitschen	Verlag Quelle & Meyer
Exkursionsflora-Oberdorfer	Verlag Ulmer
Stadtgeschichte Sulzburg	Verlag Kehrer
Das Markgräflerland	Verlag Rombach
Weinparadies Markgräflerland	Verlag Hintereck
Kirchen und Kapellen im Markgräflerland	Verlag A. Schmidt, Müllheim
Warum ich Dich liebe (Badenweiler)	Verlag A. Schmidt, Müllheim
Bergbaugeschichtlicher Wanderweg	Verlag A. Schmidt, Müllheim
Kunstführer Markgräflerland	Verlagsbüro v(on) Brandt
Sagen des Markgräflerlandes	Verlag Braun
Badenweiler	Verlag Schillinger
Rebland am Blauen	Verlag Schillinger
Die Maler des Markgräflerlandes	Verlag Schillinger
Kleinod Markgräflerland	Verlag Schillinger
Atlasco Wanderkarten	Blätter Nr. 222 und 257
Falk-plan, Markgräflerland	Verlag Falk
Auf Schusters Rappen	Verlag Ruppenthal
Karte des Schwarzwaldvereins	Blatt Nr.8
Örtliche Pläne	Im Rathaus